U0910729

基于拍卖与金融契约的地方政府自行发债机制设计研究

The Research on Mechanism Design for Bond Issuance by the Chinese Local Government Based on Auction and Financial Contract Theories

王治国 著

图书在版编目（CIP）数据

基于拍卖与金融契约的地方政府自行发债机制设计研究 / 王治国著. —北京：经济管理出版社，2017.2

ISBN 978-7-5096-4712-7

Ⅰ. ①基… Ⅱ. ①王… Ⅲ. ①地方财政—债务管理—研究—中国 Ⅳ. ①F812.7

中国版本图书馆 CIP 数据核字（2016）第 270839 号

组稿编辑：宋 娜
责任编辑：许 艳
责任印制：黄章平
责任校对：张 青

出版发行：经济管理出版社
（北京市海淀区北蜂窝 8 号中雅大厦 A 座 11 层 100038）
网 址：www. E-mp. com. cn
电 话：（010）51915602
印 刷：三河市延风印装有限公司
经 销：新华书店
开 本：720mm×1000mm/16
印 张：16.25
字 数：267 千字
版 次：2017 年 2 月第 1 版 2017 年 2 月第 1 次印刷
书 号：ISBN 978-7-5096-4712-7
定 价：88.00 元

第五批《中国社会科学博士后文库》编委会及编辑部成员名单

教育部人文社会科学研究青年基金项目（项目编号：16YJCZH110）、中国博士后科学基金（项目编号：2016M600867）、教育部、国务院学位委员会博士研究生学术新人奖（2012）

序　言

博士后制度在我国落地生根已逾30年，已经成为国家人才体系建设中的重要一环。30多年来，博士后制度对推动我国人事人才体制机制改革、促进科技创新和经济社会发展发挥了重要的作用，也培养了一批国家急需的高层次创新型人才。

自1986年1月开始招收第一名博士后研究人员起，截至目前，国家已累计招收14万余名博士后研究人员，已经出站的博士后大多成为各领域的科研骨干和学术带头人。其中，已有50余位博士后当选两院院士；众多博士后入选各类人才计划，其中，国家百千万人才工程年入选率达34.36%，国家杰出青年科学基金入选率平均达21.04%，教育部“长江学者”入选率平均达10%左右。

2015年底，国务院办公厅出台《关于改革完善博士后制度的意见》，要求各地各部门各设站单位按照党中央、国务院决策部署，牢固树立并切实贯彻创新、协调、绿色、开放、共享的发展理念，深入实施创新驱动发展战略和人才优先发展战略，完善体制机制，健全服务体系，推动博士后事业科学发展。这为我国博士后事业的进一步发展指明了方向，也为哲学社会科学领域博士后工作提出了新的研究方向。

习近平总书记在2016年5月17日全国哲学社会科学工作座谈会上发表重要讲话指出：一个国家的发展水平，既取决于自然科学发展水平，也取决于哲学社会科学发展水平。一个没有发达的自然科学的国家不可能走在世界前列，一个没有繁荣的哲学社会科学的国家也不可能走在世界前列。坚持和发展中国特色社会主义，需要不断在实践和理论上进行探索、用发展着的理论指导发展着的实践。在这个过程中，哲学社会科学具有不可替代的重要地位，哲学社会科学工作者具有不可替代的重要作用。这是党和国家领导人对包括哲学社会科学博士后在内的所有哲学社会科学领域的研究者、工作者提出的殷切希望！

中国社会科学院是中央直属的国家哲学社会科学研究机构，在哲学社会科学博士后工作领域处于领军地位。为充分调动哲学社会科学博士后研究人员科研创新的积极性，展示哲学社会科学领域博士后的优秀成果，提高我国哲学社会科学发展的整体水平，中国社会科学院和全国博士后管理委员会于2012年联合推出了《中国社会科学博士后文库》（以下简称《文库》），每年在全国范围内择优出版博士后成果。经过多年的发展，《文库》已经成为集中、系统、全面反映我国哲学社会科学博士后优秀成果的高端学术平台，学术影响力和社会影响力逐年提高。

下一步，做好哲学社会科学博士后工作，做好《文库》工作，要认真学习领会习近平总书记系列重要讲话精神，自觉肩负起新的时代使命，锐意创新、发奋进取。为此，需做到：

第一，始终坚持马克思主义的指导地位。哲学社会科学研究离不开正确的世界观、方法论的指导。习近平总书记深刻指出：坚持以马克思主义为指导，是当代中国哲学社会科学区别于其他哲学社会科学的根本标志，必须旗帜鲜明加以坚持。马克思主义揭示了事物的本质、内在联系及发展规律，是"伟大的认识工具"，是人们观察世界、分析问题的有力思想武器。马克思主义尽管诞生在一个半多世纪之前，但在当今时代，马克思主义与新的时代实践结合起来，愈来愈显示出更加强大的生命力。哲学社会科学博士后研究人员应该更加自觉地坚持马克思主义在科研工作中的指导地位，继续推进马克思主义中国化、时代化、大众化，继续发展21世纪马克思主义、当代中国马克思主义。要继续把《文库》建设成为马克思主义中国化最新理论成果宣传、展示、交流的平台，为中国特色社会主义建设提供强有力的理论支撑。

第二，逐步树立智库意识和品牌意识。哲学社会科学肩负着回答时代命题、规划未来道路的使命。当前中央对哲学社会科学愈发重视，尤其是提出要发挥哲学社会科学在治国理政、提高改革决策水平、推进国家治理体系和治理能力现代化中的作用。从2015年开始，中央已启动了国家高端智库的建设，这对哲学社会科学博士后工作提出了更高的针对性要求，也为哲学社会科学博士后研究提供了更为广阔的应用空间。《文库》依托中国社会科学院，面向全国哲学社会科学领域博士后科研流动站、工作站的博士后征集优秀成果，入选出版的著作也代表了哲学社会科学博士后最高的学术研究水平。因此，要善于把中国社会科学院服务党和国家决策的大智库功能与《文库》的小智库功能结合起来，进而以智库意识推动品牌意识建设，最终树立《文库》的智库意识和品牌意识。

第三，积极推动中国特色哲学社会科学学术体系和话语体系建设。改革开放30多年来，我国在经济建设、政治建设、文化建设、社会建设、生态文明建设和党的建设各个领域都取得了举世瞩目的成就，比历史上任何时期都更接近中华民族伟大复兴的目标。但正如习近平总书记所指出的那样：在解读中国实践、构建中国理论上，我们应该最有发言权，但实际上我国哲学社会科学在国际上的声音还比较小，还处于有理说不出、说了传不开的境地。这里问题的实质，就是中国特色、中国特质的哲学社会科学学术体系和话语体系的缺失和建设问题。具有中国特色、中国特质的学术体系和话语体系必然是由具有中国特色、中国特质的概念、范畴和学科等组成。这一切不是凭空想象得来的，而是在中国化的马克思主义指导下，在参考我们民族特质、历史智慧的基础上再创造出来的。在这一过程中，积极吸纳儒、释、道、墨、名、法、农、杂、兵等各家学说的精髓，无疑是保持中国特色、中国特质的重要保证。换言之，不能站在历史、文化虚无主义立场搞研究。要通过《文库》积极引导哲学社会科学博士后研究人员：一方面，要积极吸收古今中外各种学术资源，坚持古为今用、洋为中用。另一方面，要以中国自己的实践为研究定位，围绕中国自己的问题，坚持问题导向，努力探索具备中国特色、中国特质的概念、范畴与理论体系，在体现继承性和民族性，体现原创性和时代性，体现系统性和专业性方面，不断加强和深化中国特色学术体系和话语体系建设。

新形势下，我国哲学社会科学地位更加重要、任务更加繁重。衷心希望广大哲学社会科学博士后工作者和博士后们，以《文库》系列著作的出版为契机，以习近平总书记在全国哲学社会科学座谈会上的讲话为根本遵循，将自身的研究工作与时代的需求结合起来，将自身的研究工作与国家和人民的召唤结合起来，以深厚的学识修养赢得尊重，以高尚的人格魅力引领风气，在为祖国、为人民立德立功立言中，在实现中华民族伟大复兴中国梦征程中，成就自我、实现价值。

是为序。

王京清

中国社会科学院副院长

中国社会科学院博士后管理委员会主任

2016 年 12 月 1 日

摘 要

发行地方债是地方政府最重要的融资手段之一，定价机制设计和监管机制设计是其中的两个关键环节。定价不合理会引发一级市场的流动性不足、融资成本过高，以及二级市场的剧烈波动等问题，监管机制不完善会导致地方政府较高的道德风险。自2011年中国试点地方债自主发行以来，一级市场持续出现“利率倒挂”，引发社会各界广泛关注。本书指出定价机制不合理是引发“利率倒挂”的主要原因，进而给社会福利带来负面影响，而在信息不对称下，监管机制不完善会导致债务风险增加。本书基于拍卖和机制设计的理论框架，研究了地方自行发债定价机制不合理与中央监管制度不完善的问题。主要工作和创新点如下：

（1）将2011~2014年中国地方政府自行发债的数据与同期相同期限结构的国债数据进行比较，发现存在“利率倒挂”现象。基于Bikhchandani和Huang（1989）讨论国债市场存在再售行为时，检验联系一级市场和二级市场的信息对一级市场竞标者行为影响的模型，本书引入转移支付，构建理论模型，对“利率倒挂”的成因及其对经济的影响进行了理论推导。结果表明，地方政府为承销商提供转移支付时，承销商愿意支付比无转移支付时更高的价格，引发了“利率倒挂”；承销商的利润率不同且承销商的竞标高于无转移支付时，地方政府从捆绑拍卖中获得更高收益，而社会总福利会因此受到损失。

（2）针对地方政府自行发债过程中潜在的问题，提出相应的地方债定价机制设计思路：针对地方债的“准国债”属性，提出推行事实上的“自发自偿”制度安排；通过设定适当的保留价格（或利率）克服地方政府的强势行政干预；针对地方政府与投标机构合谋的问题，提出地方债融资规模与相关业务打包发行的组合投标模式。首先，根据上述设计思路，建立组合投标模型；其次，探讨在以少数大型投标者为主和以多数小型投标者为主的两种市场结构的情形下，荷兰式和美国式两种发行定价机制下潜在投标者的竞投过程，求解得到投标者的均衡报价函数；再次，从融资规模和成交价格的稳定性两个方面比较分析荷兰式和美国式定价机制的市场表现；最后，考虑潜在投标者进入对均衡报价和机制市场表现的影响。研究表明，在以少数大型投标者为主体的地方债发行市场上，美国式定价机制（APM）能够比荷兰式发行定价机制（DPM）获取更多的融资规模；DPM 和 APM 实现的成交价格的稳定性取决于投标者的数量和分布系数，当两者的乘积等于 1 时，两种定价机制下形成的成交价格具有相同的稳定性，当两者的乘积小于 1 时，APM 下形成的成交价格比 DPM 具有更强的稳定性，反之则相反。在以多数小型投标者为主体的地方债发行市场上，DPM 和 APM 能实现相同的期望融资规模；同时，两者形成的成交价格具有相同的稳定性。考虑投标者随机进入地方债券发行市场的情形，相较于 APM，DPM 会有更多的投标者参与投标，但两者均超过实现社会福利最大化的最优进入水平。目前的地方债发行定价机制采用荷兰式机制，出现了“利率倒挂”，本书为决策者选择更合理的定价机制提供了理论依据。

（3）借鉴 Spence（1973）、Rothschild 和 Stiglitz（1976）模型中不完全信息动态博弈的建模思想，在考虑地方政府隐匿信息和中央政府隐性担保的情形下，构建单期和两期的最优监管机制模型，提出求解分离均衡和混同均衡的一般框架，并通过算例进行求解。推导结果表明，单期下，显示原理可以被激励契约促成，得到了分离均衡存在的取值范围。两期重复博弈下，存在高收入地方政府的策略均衡，使中央政府能够实现分离均衡的惩罚范围相比单期模型有所扩大。声誉效应会减弱逆向选择，信息的充分披露能够促进社会福利提高。借鉴 Hölmstrom（1979）不完美信息下道德风险问题的建模思想，在考虑地方政府隐匿行为和中央政府隐性担保的情形下，构建单期和两期的最优监管机制模型，给出中央政府最优契约设计的一般框架。理论推导结果表明，单期下，通过将中央政府对地方政府的分配规则与地方政府的努力程度挂钩，中央政府提供了地方政府增加努力程度的激励；在考虑声誉效应的情形下，地方政府在两期下的第一期会比单期更加努力。本书为中央对地方自行发债的监管机制设计提供了理论依据。中央政府可以根据地方政府的实际情况，将单期和两期模型下的结论结合，设计监管策略。

关键词：地方政府债券；自行发债；定价机制设计；最优监管机制；声誉机制

Abstract

Local debt issuance is one of the most important financing means of local government, and the design of pricing and regulation mechanisms for the local government bond issuance is among the most vital steps. The distortion of pricing mechanism will not only give rise to the problems like liquidity shortage in primary market and excessive cost for government financing, but also may lead to drastic fluctuations in secondary market. Since the pilot of local government bond in 2011, the continuously inverted interest rates in primary market have drawn extensive concern by stakeholders. In this dissertation we argue that the inverted interest rates are mainly casused by unreasonable pricing mechanism, which negatively affects social welfare. Under asymmetric information, regulation mechanism is not perfect and may lead to increased risk of debt. By constructing a theoretical model, this dissertation adopts auction theory and financial contract theory to examine the issues of unreasonable pricing mechanism in local government bond issuance and imperfect central government regulation. The contributions of this dissertation are as follows:

(1) We compare the data of local government bond issuance with that of the Treasury in China from 2011 to 2014, and find local interest rates were upside down. Based on Bikhchandani and Huang (1989) theoretical model which experiments the effect of the informa-tion linking the primary market and the secondary market on the behavior of the bidders of the primary market when there is a resale market, we introduce the transfer payment and construct the theore-tical model, we theoretically deduced to explore the causes of the

inverted interest rates and their impacts on the economy. The results indicate that there is transfer payment from local government to the underwriters in the auction model, and the underwriters are willing to pay a higher price than that without transfer payment, which induces interest rates upside down. The bidding of underwriters is higher than that without transfer payment. That is to say, the local government obtains higher revenue by tied-up auction, but total social welfare suffers the losses.

(2) In response to potential problems that arise when local government issuing debt by their own, we propose design ideas of corresponding local government bond pricing mechanism: aiming at local government bond's feature of semi-treasury bond, propose to carry out " self—issuing and self—liquidating" policy in reality; overcome local government's strong administrative interference by setting proper reserve prices; aiming at collusion between local government and bidding agencies, propose a combined bidding pattern in which local government's financing scale is packed with corresponding business. First of all, build combined bidding model based on the above design ideas; Second, study the bidding process of potential bidders under DPM and APM pricing mechanisms in two different market structures, namely, focusing on minority of large—scale bidders or majority of small—scale bidders, and solve for bidders'equilibrium bidding functions; Third, make a comparative analysis of market performances of DPM and APM from stabilities of financing scale and transaction prices; In the end, consider the effect that the entry of bidders has on the equilibrium bidding prices and market performance of mechanisms. Study indicates that in the issuance market with the minority of large—scale bidders, APM gains larger financing scale than DPM; the stability of transaction prices of DPM and APM depends on the number of bidders and distribution coefficient: when their product is equal to one, two pricing mechanisms have the same stability of transaction prices, when their product

is less than one, the transaction prices formed under APM are more stable than those of DPM, and vice versa. In the issuance market with majority of considerable small—scale bidders, DPM and APM derive the same expected financing scale; meanwhile, the transaction prices of both pricing mechanisms have the same stability. Considering situations when bidders enter local government bond issuance market randomly, compared with APM, DPM has more bidders involved while both pricing mechanisms exceed the optimal entry level that maximizes social welfare.The current Dutch issuance mechanism induces interest rates upside down, and this study provides the theoretical basis for decision makers to choose a more reasonable pricing mechanism.

(3) Based on the dynamic game modeling under incomplete information of Spence (1973) and Rothschild and Stiglitz (1976), this dissertation develops the static and dynamatic optimal regulation mechanism models under hidden information of local government considering the implicit guarantee of the central government, providing the general framework to solve the separating equilibrium and pooling equilibriuma and solved by arithematic examples. The conclusion is that Revelation Principle can be facilitated by incentive contract, which means that we can get the range of separation equilibrium. Under multi—period repeated game, it's favorable for high-income local governments to report their real type. There is an equilibrium strategy for high-income local governments, whose punishment range that central government can achieved by separating equilibrium is expanded from the one in single-period model. We find that reputational effect can mitigate adverse selection, while full disclosure of information promotes the welfare for the whole society. Based on Hölmstrom (1979) model of moral hazard problem under imperfect information, this dissertation develops the static and dynamatic optimal regulation mechanism model under hidden information of local government considering the implicit guarantee of the central government, providing

the general framework to solve the optimal contract design of the central government. We link the distribution rule with effort levels of the local government so that the central government can motivate local governments to increase their effort levels; local governments will devote more efforts at the first stage in the two-stage context than in the one-stage context if the reputation effect is taken into account. This study provides the theoretical basis for the regulation mechanism design from the central government, and the central government can design supervision strategy according to the actual situation of the local government in the single-stage and twice-stage contexts.

Key Words: Local Government Bond; Self Bond Issuance; Pricing Mechanism Design; Optimal Regulation Mechanism; Reputational Effect

目　录

Contents

第一章 绪 论

2014 年 8 月 31 日，全国人大常委会通过了素有“经济宪法”之称的预算法。修改后的预算法对地方政府债务管理作出明确规定，地方政府发行债券资格以及举债规模必须由国务院报请全国人大或全国人大常委会批准，表明地方债券发行得到了国家层面的认可。但涉及地方债的管理等具体问题仍未有明确说法。

近年来，地方债务风险引发了中央政府的担忧，同时也引发了国际社会的广泛关注。在此背景下，如何尽快规范地方政府债券发行机制成为亟待解决的问题。发行定价机制作为发行机制中重要的一环，成为首先需要解决的问题。一级市场定价不合理，可能导致融资成本过高，为地方政府埋下破产的种子；也可能导致投资者积极性不高和政府融资失败；同时，也容易加剧二级市场的金融风险，成为诱发整个金融市场风险的导火索。特别值得关注的是，地方政府自行试点发债过程中多次出现“利率倒挂”①，其影响机理是什么？对经济的危害是什么？最优的地方债发行定价机制是什么？中央政府该如何去监管？显然，对于上述问题的回答有助于深化对地方政府债券发行定价机制及监管机制的理解，对于有效降低地方政府融资成本，进一步推动利率市场化以及管控地方债务风险具有重要而积极的意义。

本书将首先梳理地方债发行的国际经验、中国国债发行经验以及中国地方债发行历程，通过借鉴国外地方债发行经验及中国国债发行经验，梳理出中国的地方债在发行及监管方面存在的问题，提出改进的机制。一是通过分析中国地方政府自行发债中多次出现的“利率倒挂”，引入转移支付，构建

① 根据信用补偿原则，地方债利率水平应高于国债利率。然而，现实中的结果是地方债的利率低于国债利率。本书的“利率倒挂”是指地方政府自行发债的利率低于同期相同期限结构的国债利率这一现象。

理论模型，解释“利率倒挂”之谜，揭示政银合谋[①]对经济的负面影响，提出改进地方政府债券发行效率的机制；二是针对地方政府自行发债过程中潜在的问题，提出相应的地方债定价机制设计思路，根据提出的思路构建理论模型，求解投标者的均衡报价函数，从融资规模和成交价格的稳定性两个方面比较分析荷兰式定价机制（DPM）和美国式定价机制（APM）的市场表现，并考虑潜在投标者进入对均衡报价和机制市场表现的影响，该研究结论为地方政府科学选择地方债的发行定价机制提供了理论基础；三是讨论在地方政府隐匿信息或有隐匿行为的情形下，存在中央政府隐性担保的中央最优监管机制问题。

第一节　研究背景

一、现实背景

2013 年底审计署公布的全国政府性债务审计结果显示，截至 2013 年 6 月末，全口径地方政府性债务合计 17.89 万亿元，中国地方政府负有偿还责任的债务中，2014 年到期需偿还的占比为 21.89%，约 2.39 万亿元。这些债务中，地方政府可能需要承担一定救助责任的债务较 2010 年底增加 159.91%，或有负债风险敞口明显扩大（如表 1–1 所示）。

表 1–1　审计署公布的政府性债务规模对比

单位：亿元、%

政府层级	债务类型	2010 年		2012 年		2013 年 6 月	
		金额	占比	金额	占比	金额	占比
中央	政府负有偿还责任的债务	67548.11	100.00	94376.72	79.42	98129.48	79.24
	政府负有担保责任的债务	—	—	2835.71	2.39	2600.72	2.10
	政府可能承担一定救助责任的债务	—	—	21621.16	18.19	23110.84	18.66
	合计	67548.11	100.00	118833.59	100.00	123814.04	100.00

① 这里指地方政府与金融机构的合谋。

续表

政府层级	债务类型	2010 年		2012 年		2013 年 6 月	
		金额	占比	金额	占比	金额	占比
地方	政府负有偿还责任的债务	67109.51	62.62	96281.87	60.61	108859.17	60.85
	政府负有担保责任的债务	23369.74	21.81	24871.29	15.66	26655.77	14.90
	政府可能承担一定救助责任的债务	16695.66	15.58	37705.16	23.74	43393.72	24.25
	合计	107174.91	100.00	158858.32	100.00	178908.66	100.00
全国	政府负有偿还责任的债务	134657.62	77.07	190658.59	68.66	206988.65	68.37
	政府负有担保责任的债务	23369.74	13.38	27707.00	9.98	29256.49	9.66
	政府可能承担一定救助责任的债务	16695.66	9.56	59326.32	21.36	66504.56	21.97
	合计	174723.02	100.00	277691.91	100.00	302749.70	100.00

资料来源：审计署 2011 年第 35 号公告，2013 年第 24 号和第 32 号公告，中债资信整理。

2014 年的全国两会上，防范和化解地方政府性债务风险成为焦点。李克强总理在政府工作报告中明确提出“抓紧研究调整中央与地方事权和支出责任，逐步理顺中央与地方收入划分，保持现有财力格局总体稳定。建立规范的地方政府举债融资机制，把地方政府性债务纳入预算管理，推行政府综合财务报告制度，防范和化解债务风险”。中共十八届三中全会也已提出“建立规范合理的中央和地方政府债务管理及风险预警机制”。2013 年 12 月 10 日至 13 日在北京举行的中央经济工作会议也提出要把控制和化解地方政府性债务风险作为 2014 年经济工作的重要任务，并首次提出要将地方政府性债务分门别类纳入全口径预算管理，严格政府举债程序，明确责任落实等一系列举措。2014 年 5 月 15 日，中国农业银行首席经济学家向松祚在“2014 中国金融论坛”上表示，目前存在影子银行的风险、地方政府债务的风险、产能过剩行业大规模的兼并重组和破产的风险以及房地产开始调整四大金融风险，并且四大金融风险正在同时发生，发生系统性、全局性金融危机的可能性已经超过 60%，甚至可能超过 70%[①]。种种迹象表明：部分地方政府的债务问题已非常严重，这引起了广泛的关注以及担忧。

中国的城市化进程还远未完成，正处在加速推进过程中，地方政府普遍

---

① 李德尚玉：《向松祚：中国发生金融危机的可能性已经超过 60%》，一财网，2014 年 5 月 15 日，http：//www.yicai.com/news/2014/05/3817677.html，2016 年 12 月 6 日。

存在强烈的融资冲动，债务规模呈现快速增加趋势，地方政府债务处于失控的边缘（牟放，2008）。

不完全信息条件下，地方政府发行债券进行融资，发债所募集资金的用途、效率等信息并不透明，地方政府存在着道德风险，如果缺乏有效的监管，地方债券的投资者将面临巨大风险。在现行体制下，地方政府一旦投资失败或发生违约风险，中央政府不得不为地方政府的负债承担终极的连带责任，成为实际上的“埋单者”。因此，加强地方财政信息的披露力度与透明度，完善对地方政府财政收支状况的监管无疑是非常重要的（王治国和张攀，2015）。此外，如何充分发挥市场机制的作用，最大程度地使操作程序透明化，减少行政干预，更好地兼顾中央政府、地方政府、金融机构以及投资者之间的关系，建立激励相容的发行定价机制和监管机制，提高参与各方的积极性，从而提高效率，同样非常关键。加强地方政府自行发债工作的管理，科学认识现状，从理性视角认识及研究地方政府发债工作，尽快构建科学的地方政府债券发行定价机制和监管机制框架，完善债券市场，实现可持续发展，对中国金融市场的发展做出更大的贡献显得非常迫切。

2011 年启动的地方政府自行发债试点，目的是提高地方政府增量债务的透明度，最大限度规避隐性举债可能引发的系统性财政风险。2014 年 5 月推出地方政府自行发债试点第二季，中央明确将地方政府自行发债模式从“中央财政代为还本付息”彻底改为地方政府“自发自还”，这显然更有助于地方政府通过市场化方式举债，提高自主权，实现与投资者风险分担和收益共享。与此同时，中央政府强有力的监管至关重要，在地方政府发债模式、发债用途等制度规范尚未完善的情况下，如果不对地方发债资格、发债规模、项目收益进行强有力的监管，地方政府出于私人目标的考虑，有强烈的动机挪用资金，大搞政绩工程，这种道德风险行为将会加剧地方债务风险。

近几年的自行发债实践中，地方政府债券利率多次出现低于同期相同期限结构国债收益率的现象，印证了以上担忧。申银万国的一份报告在谈及地方自行发债定价时表示，地方政府自行发债的低利率可能是非市场因素所致，目前的利率并不能真实反映地方政府的信用情况。报告建议完善地方政府债券市场化定价机制，一方面需要减少非市场化因素的介入；另一方面需要建立完善的地方政府债券信用风险评价体系，更多地公开地方政府债务负担信息，减少信息不对称。具体来讲，以下三个方面构成了本书研究的立论基础和现实背景。

第一，转型经济背景下，尤其是分税制改革以来，地方政府财政风险凸显。财政风险是指国家财政出现资不抵债（Insolvency）和无力支付（Default）的风险（张春霖，2000）。该风险是与政府债务密切联系的。20世纪30年代之前，古典学派否定政府借债的作用，斯密（2009）就认为借债对国民经济发展具有危害性。20世纪30年代之后，Keynes（2007）则认为需要鼓励适当举债。进入20世纪90年代，西方政府债务理论的重大发现就是提出了“隐性债务”以及“或有债务”的概念。中国自1981年开始恢复发行公债。理论界的探讨重点一度集中在中央政府公债方面，对相关概念的理解较为狭隘，对隐性债务的认识处于空白阶段。1998年后，理论界开始转向政府隐性债务的研究。樊纲（1999）从处理“银行坏账”的视角探讨了政府债问题，是国内较早关注或有债务的学者。张春霖（2000）也提出需要关注政府隐性债务。刘尚希和赵全厚（2002）根据财政风险矩阵的框架对中国政府债务规模进行了更全面的估算，结论是2000年的中国政府总体债务规模占当年GDP的比重为130.6%，或有债务所占比重为65.6%。那么，究竟是什么原因引发了政府显性及隐性债务产生？国内众多学者已经就这一问题展开了大量研究。

1994年分税制改革以来，中央与地方事权划分不彻底，中央对于财权进行了部分调整，地方财政收入大幅向上集中，公共资源和支出责任的不确定性表现为地方政府财权与事权不对称性（肖然，2010）。“政治锦标赛”（Lazear和Rosen，1981；Nalebuff和Stiglitz，1983；Green和Stokey，1983；周黎安等，2005）体制下，面对巨大的资金缺口，地方政府为了完成经济制度缺陷导致的“风险大锅饭”，不得不采取种种手段发展经济，甚至不惜大肆举债，破坏了收益和风险相对称的原则（刘尚希，2003）。由此引发的矛盾逐步凸显，形成风险累积和房价高企，这种超越常规的发展模式已经引起了人们的广泛质疑。这种地方政府纷纷通过土地出让获得财政资金的方法并不具备可持续性，直接或隐性担保下的“拆东墙补西墙”的做法为引爆政府财政危机埋下了伏笔。风险累积到超过一国经济和社会的承受能力时（张春霖，2002），或者政府拥有的公共资源不足以履行其应承担的支出责任时，将演变为财政危机，可能引发一国的经济、政治危机甚至社会震荡（刘谊，2005）。

地方政府发行债券是使地方政府债务在阳光下运行的重大举措，对于减少隐性债务、降低债务风险无疑有着重要的价值和意义。完善政府发债方式，规避政府财政风险，最大化地方政府发行债券的收益，同时保护投资者的利益，是理论界和实务界关注的焦点。然而关于地方债券自主发行定价机制及监管机制的研究并不多见，基于拍卖理论设计合理的发行制度，对于消除“利率倒挂”以及顺利推进地方自行发债工作具有重要意义。

第二，地方自行发债试点工作启动，中央政府隐性担保导致地方政府道德风险问题突出。2009 年财政部代理发行地方债工作，虽然在一定程度上缓解了地方政府的资金压力，但由于中央政府隐性担保机制的存在，地方政府具有财政机会主义和转移风险的倾向，这种可能出现的道德风险往往埋下财政风险的种子。

隐性担保是相对于显性担保而言的，指中央政府因自身和地方政府的隶属关系，从而非合约性地对地方政府的资信、债务负有道义上的责任。隐性担保与显性担保相比，无论是从产生的根源还是从担保产生的绩效来看，隐性担保都要比显性担保更复杂。隐性担保不但扭曲了行政行为，同时向市场传送了噪音信号（孙培源和施东晖，2002）。基于地方政府发债时机尚不成熟以及经济增长等因素的考虑，为了缓解地方财政压力，2009 年 3 月，国务院同意由财政部代理地方政府发行 2000 亿元地方债。由财政部代理发行地方债可能导致中央财政兜底的责任直接被推向前台，中央不可能允许地方政府破产①，解决违约或破产的办法不可能是停止政府的运转和出售资产，而是对其债务和其他负担进行重组。因此，一旦地方政府无力偿还，债权人不愿意重组债务，中央政府不得不扮演最终还款人的角色，往往面临着提供财政援助的巨大压力。在大型项目配套资金的融资活动中，地方政府通常通过投资公司等地方性的经济实体来完成，中央政府往往对这些政策性的贷款提供了隐性担保（刘尚希和赵全厚，2002）。由于中央政府对地方政府隐性担保机制的存在，地方政府财政风险的一部分必然会通过各种渠道转移到中央政府。同时，这也加剧了地方政府的道德风险，使地方政府热衷于发债，弱化了其风险意识。目前，地方政府普遍具有较高的负债倾向，地方政府从这种机会主义行为中获得短期收益，中央政府通过承担高昂的财政成本来消化这种外部性，最终造成社会福利损失。

隐性担保机制的存在有助于降低集团内部的融资成本。Merton 和 Bodie

---

① 这里指中央不会允许地方政府在名义上破产。实际上，有专家认为一些地方政府已经在事实上破产。

(1993) 合作开展了有关隐性担保问题的研究，认为只要放款者发放一笔贷款，同时就以隐性方式卖出了一份贷款担保。但他们并没有将隐性担保局限在上述微观分析框架内，而是将隐性担保与政府干预化解系统性风险的责任联系起来，结论是政府的权力如此强大，以至于很难拒绝向陷入困境的机构提供帮助。当这种政府救助支持的管理偏离承诺救助的范围时，隐性担保变为显性担保（Lewis 和 Mody，1997）。

地方政府在发行债券的过程中，中央政府如何制定最优监管机制，为其提供合理担保，从而减弱地方政府的逆向选择？学界及理论界一直在努力探索这个问题的答案。政府必须完善监管机制，采取可信的承诺以及行为，与投资者建立新的信任关系。中央政府必须坚定地履行作为监管者的责任，构建完善的监管机制框架，推动市场向理性方向演进。

第三，地方政府自行发债试点以来，多次出现“利率倒挂”。2011 年地方政府自行发债试点以来，多次出现的“利率倒挂”屡屡为人诟病，但是探究其影响机理的理论研究却并不多见。

2011 年，中国开始进行地方政府自行发债试点工作。2011 年四地[①] 合计发行三年期地方债 114.5 亿元，平均利率为 3.055%，五年期地方债 114.5 亿元，平均利率为 3.27%，而当年同期国债的平均利率分别为 3.2761%和 3.59%；2012 年四地合计发行五年期地方债 144.5 亿元，平均利率为 3.245%，七年期地方债 144.5 亿元，平均利率为 3.4225%，而当年同期国债的平均利率分别为 2.9926%和 3.2911%；2013 年六地[②] 合计发行五年期地方债 326 亿元，平均利率为 3.9717%，七年期地方债 326 亿元，平均利率为 4.0767%，而当年同期国债的平均利率分别为 3.5926%和 3.8633%；2014 年十地[③] 合计发行五年期地方债 436.8 亿元，平均利率为 3.92%，七年期地方债 327.6 亿元，平均利率为 4.095%，十年期地方债 327.6 亿元，平均利率为 4.166%，而当年同期限国债的平均利率分别为 4.0115%、4.0871%和 4.1219%。地方债以地方政府信用作为担保，地方政府的信用当然要低于中央政府，作为信用风险的补偿，其利率应该高于同期国债的利率，但是为何会出现“利率倒挂”呢？影响机理是什么？这成为各界普遍关注的焦点。何

① 指上海、广东、浙江和深圳。
② 指上海、广东、浙江、深圳、江苏和山东。
③ 指上海、广东、浙江、深圳、江苏、山东、青岛、北京、江西和宁夏。

骏和郭岚（2013）研究了上海发债的情况，认为在债券种类方面，上海市政府的债券可以设计成以收入债券为主的形式，其定价方式应以利率期限结构及收益率曲线为依据，建立期限分布均衡化的地方债期限结构，债券的发行应从目前的承销逐步过渡到自营商拍卖方式，采用地方柜台交易和证券交易所上市交易并举的方式。目前，中国发债的市场透明度还不够高，而在美国，债券发行的透明度很高，所有的信息都向投资者公开（罗雯和韩立岩，2002）。张平（2011）认为目前的地方债券发行利率走低现象是祸而非福，因为地方债发行需要尊重市场规律，这种行政主导、中央政府兜底的方式必然越走越偏，不可持续。《人民日报》记者李霞也撰文认为地方债利率高于国债利率方属正常。傅智辉（2014a）对现行的发行制度进行了评价，并提出了以财政监管为核心，通过地方债务管理委员会协调各方关系，建立地方政府信息披露、风险隔离和债务审计制度等政策建议。梅琳（2014）也梳理了地方债务面临的一些问题，提出了清理地方隐性债务，加强对中国地方融资平台的管理等政策建议。部分研究发现了自行发债试点中出现的问题，但并未探究问题背后的机理并提出相应的解决方案。

试点发债过程中“利率倒挂”的机理是什么？如果是现行发行制度的问题，那么现行发债制度的缺陷到底是什么？对这些问题的进一步深入探究必然对科学推进地方债自主发行，使信用风险与利率相匹配，推动合理定价，使利率回归到理性水平，进而推动债券市场健康发展有着重要而深远的意义。

地方债发行中的以下问题同样值得关注，这些共同构成中国地方债发行的现实背景。

第一，官员任期与发债期限错配问题。地方政府官员的任期与发债期限的错配，造成官员预算软约束问题。晋升博弈背景下，官员必须从银行获取大量贷款，实现较高的经济绩效，才有较多的升迁机会[①]。而且官员压力越大，获得银行贷款的努力程度越大（何骏和郭岚，2013；钱先航等，2011）。债务责任人、收益人的责、权、利关系被混淆，政府债务并无真正意义上的责任人，最终的债务风险很可能转嫁给中央政府，中央成为名副其实的“埋单者”。

① 当然，这是个有争议的观点。Shih 等（2012）认为人脉资源（社会背景）在官员升迁中发挥决定性作用。

第二，地方债的发行与政府未来现金流的匹配问题，债券发行应与利息支出匹配并与财政预算体制改革结合。发行地方债是实现代际公平的重要途径，有理论和现实基础。GDP 导向的“政治锦标赛”导致官员片面追求政绩，大量举债，大搞建设，相当部分的资金被投入到现金流回收期限较长的基础建设项目，导致债务期限与项目现金流期限结构错配，债务到期，却没有足够的现金流偿还，进而引发银行业的不良资产产生，诱发坏账风险（卢兴杰，2012）。

第三，地方债发行可能引发的区域不公平等问题尤其值得关注。落后地区为何要到发达地区去投资购买债券？某些落后地区的地方债流标，而发达地区的地方债认购倍数高企充分说明落后地区的投资机会少或者投资回报率较低，从而造成落后地区的资本流动到发达地区，形成发达地区到落后地区抽血的情况，这就导致发达地区越来越发达，而落后地区却越来越落后，形成“马太效应”，严重违反了区域发展公平原则。近些年来，这也成为一个引发广泛关注的问题，引起了高层的警觉。

第四，债券市场多头管理，极易造成市场之间的套利行为发生，形成金融市场风险。中国的债券市场非常复杂，国债由财政部负责发行监管，企业债由中国证监会负责发行监管，城投债由国家发展和改革委员会负责发行，地方政府试点自行发债以及国家代理发行的地方政府债券也由国家财政部进行管理。而各个市场间，债券的定价机制存在差异，价格也都不相同，极易造成不同市场间的套利行为出现，如果出现大规模的投机行为，那么极易引发金融市场风险，威胁到中国的经济安全。造成这种现象的原因往往是部门利益作祟。不同部门有不同的利益诉求，一些领导干部为了在未来的权力格局中占有一席之位，避免被踢出局外，往往提前“布局”。

地方政府发债额度的确定还存在不科学、不合理的“拍脑袋”现象，如何科学合理地确定发债额度？发债额度的确定如何与政府信用挂钩，建立信用及额度以及收益匹配的机制？中国地方政府的所有者缺位导致的“约束性”问题同样表现得非常突出。因此，考虑其他金融工具，强化对管理者的激励硬约束效应在中国的现实情境下更具理论和现实意义。地方政府发债后的激励问题，也就是说，地方政府是否有足够的动力去为地方提供公共品，还是仅仅为了满足领导人政绩需要而实施形象工程？这都是亟待探讨和解决的问题。上述问题能否很好地解决，决定了地方政府自行发债是否可以走得更远。

二、理论背景

关于地方政府能否发债、如何发债的讨论由来已久。2011年经国务院批准，上海、浙江、广东、深圳开始试点自行发债。国内关于地方政府债券的研究主要集中在城市举债的理论基础（袁静，2001；范从来，2002）、发债重要性（宋立，2004a；张旺，2002）、国外发债对中国的启示（罗雯和韩立岩，2002；张陆伟，2007；钱怡君和计国忠，2004；宋立，2004b；张磊和杨金梅，2010；曾国安和陈会玲，2011；肖治合，2009；曹鸿涛，2005；安国俊，2011；蒋先玲，2006）、发债可行性（蒋先玲，2006）、中国发债的运作模式（苗丽静，2005；储敏伟和高风敏，2005；朱颂梅和唐德善，2007；杨辉和张丽洁，2008；姚玉萍，2005）、相关风险及控制策略（刘尚希和赵晓静，2005；王刚和韩立岩等，2003；韩立岩等，2003；韩立岩和王哲兵，2004；韩立岩等，2005；李湛等，2010；刘冬雨，2006；裘华鸣，2000；马海涛和马金华，2011）等理论探讨，缺乏系统深入的定量研究。如何尽快深入开展相关研究，为地方政府债券发行工作提供理论依据，迫在眉睫。这个领域的空间广阔，为有志于从事相关研究的学者提供了广阔的舞台。

政府作为唯一合法的公共权力机关，权力和权威的垄断性会强化其“不可能失败”的幻觉，预算软约束进一步强化了这种幻觉。投资者预计到中央政府最终会对地方政府施以援手，导致他们对市政债券偿付能力的高估和对风险的低估。经济和社会无法承担其失败而破产的后果，因而会竭尽全力扶持帮助，一旦违约，中央政府完全兜底，不得不“被迫”成为最后还款人（宋立，2004a）。实际上，政府发债有可能助长地方政府的机会主义行为。为了满足政绩需要，地方官员可能会包装政绩，以取得发债资格。任期短意味着大量长期债务无须任内偿还，举起债来后顾无忧。信息不对称、不完全的背景下，地方领导人强烈的政绩倾向、债务期限与任期的不匹配以及预算软约束都可能导致地方政府采取道德风险行为，如果缺乏有效的监管，投资者将面临高度的风险。中国独特的制度背景下，拍卖或承销过程中，政府与金融机构的合谋成为可能，最终会影响社会目标的实现，损害社会福利，同时加剧地方债务风险。

针对市政债券，国外学者也进行了大量研究。市政债券，尤其是收益债券，虽然风险一般低于普通企业债券[①]，但也并非绝对安全。一般情况下，政府以税收或项目未来的收益为担保，作为偿还到期债券的本息。由于市场环境瞬息万变，未来面临相当高的不确定性。宏观或微观环境的变化，政府领导人的更迭，突发的自然灾害等都可能导致税收的巨大变化，项目的未来收益更是如此。不确定性、信息不对称、交易费用等因素的客观存在，加之代理人与委托人的目标函数不一致，必然导致"委托—代理"问题。总体来讲，国外关于市政债券的研究主要探讨其作为金融衍生工具操作的可能性（Kessel，1971；Kyle，1985；Glosten，1989）。

由于地方债发行中的信息不对称、市场化程度不高以及地方政府道德风险等问题的存在，本书认为通过最优拍卖机制设计、最优金融契约设计思想来构建地方自行发债的发行定价及监管机制框架，可以为决策者推进地方政府自行发债工作提供理论基础。具体来讲，以下三个方面构成了本书的立论基础。

第一，拍卖理论的发展为研究市政债券的发行定价机制提供了重要的理论基础。市政债券最早起源于 19 世纪 20 年代的美国，美国市政债券发行有着悠久的历史、丰富的拍卖经验和较为完备的债券市场。虽然存在较大的国情差异，但是源于美国市场的经验同样对中国市政债券市场的发展具有借鉴价值。自从拍卖理论提出以来，如何设计有效的拍卖机制提高拍卖方的预期收益就一直是理论界和实务界关注的热点问题之一。理论界围绕传统的基于共同价值和私有价值的拍卖、考虑再售市场的拍卖等问题展开研究，产生了许多有价值的研究成果。本书将在梳理和分析已有拍卖理论的相关研究脉络的同时，基于中国地方政府所面临的现实背景提炼出研究主题。

第二，机制设计理论的不断发展为设计中国地方政府债券的发行机制提供了强有力的理论工具。Hurwicz 在《资源配置过程中的最优化与信息效率》（Optimality and Informational Efficiency in Resource Allocation Systems，1977）和《信息分散的系统》（On Informationally Decentralized Systems，1972）中引

---

① 市政债券的风险在严格的发行规则和监控制度下，通常低于一般企业债券。根据标准普尔的资料，美国拖欠偿付市政债券的情况很少发生。1986~2000 年，按照标准普尔的信用分级标准，AAA 和 AA 级市政债券的累计违约率均为 0，A 级为 0.16%，BBB 级为 0.62%，BB 级为 1.34%。美国穆迪公司对 1970~2000 年 31 年间的 28000 个市政债券发行人进行了偿付情况调查，仅有 18 例发生拖欠，而 7000 个企业债券发行人中有 819 例发生拖欠。研究结论是，穆迪评级的全部市政债券的平均信用损失率都低于同期 3A 级企业债券。

入了激励相容的概念，将相关概念形式化，给出了明确的定义和一般性的分析框架，这两篇经典著作成为机制设计理论和执行理论的开山之作。《资源配置的机制设计》(The Design of Machanisms for Resource Allocation，1973) 一文奠定了机制设计理论的分析框架。20 世纪 70 年代，显示原理 (Revelation Principle) 和执行理论 (Implementation Theory) 的提出成为现代机制设计理论发展的里程碑式成果。Gibbard (1973) 第一次正式阐述了显示原理。Myerson (1979、1981、1986) 则对显示原理做了最大程度的推广。Myerson (1981) 与 Baron 和 Myerson (1982) 是机制设计原理分别在拍卖理论领域和规制方面做出重要贡献的成果。Maskin (1985) 则在他的开创性著作中给出了一套关于所谓"执行问题"的完整分析框架。执行理论已经成为现代机制设计理论最关键的部分。这个由 Hurwicz、Myerson 和 Maskin 等学者开拓的崭新研究领域，启迪了大量的学者在这一领域耕耘，涌现出了大量的经典文献。这些研究主要沿着两个方向集中发展：一个方向是运用特殊结构研究具体问题，如最优契约设计 (Faure-Grimaud 等，2001)、拍卖机制设计 (Krishna 和 Tranaes，2002)；另一个方向更为关注抽象层次上一般性的结论。比如从偏好、环境等方面出发进行假设，从而获得一般性的结论。2007 年在机制设计领域做出杰出贡献的 Hurwicz、Maskin 和 Myerson 获得诺贝尔经济学奖，这为研究市政债券的拍卖问题提供了更加坚实的理论基础。

机制设计在各个领域得到了广泛的应用。Dewatripont 和 Maskin (1995) 将预算软约束思想通过不对称信息下的动态博弈模型表达出来。Milgrom 和 Weber (1982) 在美国的国债发行中引进了拍卖机制设计，取得了巨大成功。

田国强 (1989) 最先将该理论引入中国。田国强 (1994、2001) 构建了一个转轨企业可以综合利用其内、外部资源的模型，以研究市场和政府都不完善的非规范经济环境下的最优所有权安排问题。此外，他还从理论层面探讨了和谐社会构建与现代市场经济体系的完善问题，用机制设计思想论证了和谐社会的目标与现代市场经济机制具有相容性 (田国强，2007)。Maskin、Qian 和 Xu (2000) 讨论了中国和俄罗斯的转轨过程中由于组织形式差异形成的激励效率差异，结论是中国的"块块"管理模式比俄罗斯的"条条"管理模式更具激励效果。Qian (1994) 构建模型证明了国有企业预算软约束条件下，价格控制和短缺有助于减少信息扭曲，自由价格体系反而损害了消费者的福利。作为新兴的转轨经济体，中国仍然有污染控制、行业管制、金融体制改革、政治体制改革创新等许多问题亟待解决，如何运用机制设计理论思想求解这些难题的最优机制，将是学者们需要进一步考虑的问题。

第三，自行发债中的最优监管机制设计问题为机制设计理论提供了广阔的应用空间。晋升博弈模式背景下，如果缺乏完善的监管机制，地方政府在自行发债的过程中可能产生道德风险，一是为了取得发债资格并超额发债而谎报真实类型；二是利用发债募集的资金实施形象工程，而并未按照规定开展项目或是提供规定的公共物品。通过设计中央政府的最优监管契约，充分调动地方政府的发债积极性，使其不至于因为过于严厉的惩罚措施丧失发债积极性，而又可以防范其道德风险，实现地方政府与中央政府的激励相容，这是地方债券市场良性、健康发展的重要前提。从机制设计视角来分析地方政府债券的监管机制既与当前国际理论研究前沿相一致，又与当前中国地方政府面临的实际难题相吻合。

如何改进地方政府自行发债以来发行及监管中存在的问题，构建中国地方自行发债的发行定价机制及监管机制框架？显然，对于这个问题的回答，有利于我们为政府发行债券提供理论依据。

第二节 研究问题

一、研究问题界定

关于地方政府是否能发债、如何发债的讨论由来已久。2011 年经国务院批准，四地试水自行发债。财政部印发的《2011 年地方政府自行发债试点办法》（财库〔2011〕141 号）对发行渠道、定价机制、发行利率等相关问题只作了原则性的规定。自行发债以来，多次出现的“利率倒挂”引发了各界的广泛关注。其影响机理是什么？何种发行定价机制更有效率？中央政府该如何针对地方政府隐匿信息下的逆向选择以及隐匿行为下的道德风险进行监管？本书的目的在于通过市场化的定价机制来减少行政干预的影响，推动利率市场化，实现利率由市场定价，构建最优的监管机制框架，为政府发行债券提供理论依据。这种探索将对降低政府融资成本，化解财政风险，促进财政分权，进一步厘清政府间的责、权、利关系产生积极的影响。研究问题界定框架如图 1-1 所示。

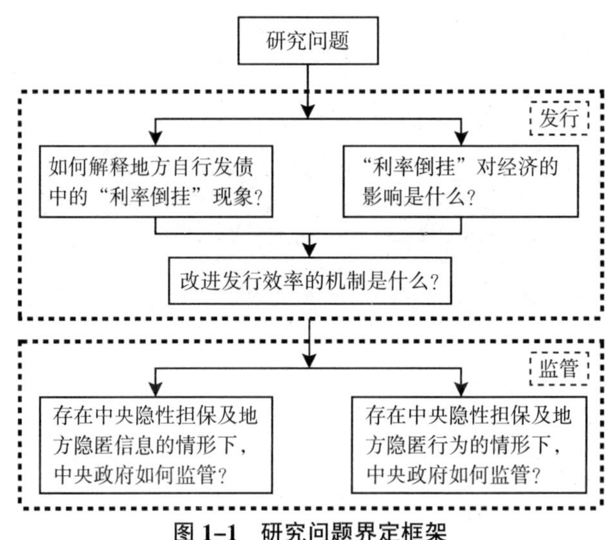

图 1-1　研究问题界定框架

二、研究方法

1. 文本研究

根据中国金融信息网、中国债券网、路透社中文网以及其他公开发行的资料，通过梳理有关地方债券发行的资料，发现地方债发行及监管中存在的问题。

2. 实地调研

根据发现的问题，赴金融界、监管部门实地调研，采取访谈等办法，了解引发地方债发行及监管中所出现问题的原因。

3. 文献研究

系统检索和梳理有关拍卖理论、国债拍卖及其决定因素、机制设计、道德风险、激励问题的理论和研究，探究地方债发行及监管的理论基础。

4. 理论模型构建

借助拍卖理论、博弈论及金融契约理论的思想，综合运用微分方程等数学工具构建理论模型，探究地方债“利率倒挂”之谜以及合谋对经济的负面影响，提出改进发行效率的机制。针对地方政府自行发债中潜在的问题，提出相应的地方债定价机制设计思路，并基于此构建组合投标理论模型，求解投标者的均衡报价函数，从融资规模和成交价格的稳定性两个方面比较分析荷兰式定价机制（DPM）和美国式定价机制（APM）的市场表现并考虑潜在投标者进入对均衡报价和机制市场表现的影响。最终构建了单期和两期下，考虑地方政府隐匿信息和隐匿行为时，存在中央政府隐性担保的中央政府最优监管机制理论模型。

5. 算例研究

通过给出具体的函数形式或具体的取值范围，对理论研究得到的结论进行验证。

三、研究目的

本书的总体研究目标是，梳理地方政府债券发行的国际经验以及中国地方债发行历程，提出中国地方债发行需要改进的思路以及最优的监管机制。本书在新兴转型经济背景下，基于拍卖理论，探究中国发债过程中出现的“利率倒挂”的影响机理，分析其对经济造成的影响。进一步地，针对目前地方债发行的制度缺陷，提出定价机制设计思路并构建模型，从融资规模和成交价格的稳定性两个方面对荷兰式和美国式两种常用发行定价机制进行比较。此外，本书将基于金融契约理论，讨论存在中央隐性担保时，考虑地方政府隐匿信息和隐匿行为下的中央政府最优监管机制设计问题。具体目标包括：

第一，系统梳理有关地方债券发行的国际经验和中国地方债发行历程，找出中国地方债发行中存在的问题以及可以改进的思路。

第二，解释地方政府债券“利率倒挂”之谜，探究政银合谋对经济的负面影响；针对地方政府自行发债过程中潜在的问题，提出相应的地方债定价机制设计思路，并根据设计思路构建组合投标模型。通过考虑存在再售市场的地方债拍卖问题，讨论引发“利率倒挂”的机理，构建理论模型，探究合谋对经济的负面影响。目前的地方债发行存在制度缺陷，本书根据提出的定价机制设计思路构建理论模型，求解投标者的均衡报价函数，从融资规模和成交价格的稳定性两个方面比较分析荷兰式定价机制（DPM）和美国式定价机制（APM）的市场表现，并考虑潜在投标者进入对均衡报价和机制市场表现的影响。目前的地方债自主发行定价机制采用荷兰式机制，出现了“利率倒挂”，存在发行制度缺陷，该研究将为决策者在地方债发行中选择更合理的定价机制提供参考依据。

第三，考虑地方政府隐匿信息以及隐匿行为的中央最优监管机制设计问题，从机制设计角度杜绝地方政府为实现私人目标衍生的道德风险和逆向选择问题。

四、研究意义

对“利率倒挂”原因的探究以及对经济产生的负面影响的研究，揭示了“利率倒挂”的影响机理以及危害性，明确了自行发债中的问题及这一研究的重要意义所在。针对地方政府自行发债过程中潜在的问题，提出相应的地方债定价机制设计思路，并根据设计思路，建立组合投标模型，从融资规模和成交价格的稳定性两个方面比较分析荷兰式定价机制（DPM）和美国式定价机制（APM）的市场表现。为地方政府更科学合理地选择发行定价机制提供了理论依据。中央政府最优监管机制设计的研究将有助于缓解债券市场的信息不对称以及由此带来的逆向选择及道德风险问题。总之，本书对于有效降低投资者信息搜集、加工及决策成本，从而降低整个债券市场的交易成本，拓宽发行机构融资渠道，降低融资成本，防范系统性风险，维护金融市场稳定具有重要而积极的意义。对于深化人们关于地方政府债券交易市场的理解，引导合理定价，实现可持续发展以及化解财政风险，推动财政分权进展，繁荣金融市场都将起到非常积极的作用。

第三节　研究框架

本书通过梳理地方债券发行的国际经验和中国地方债发行历程，提出中国的地方债券发行在发行机制及监管机制中存在的问题。基于拍卖理论探讨地方债券发行中的“利率倒挂”问题，解释“利率倒挂”之谜，分析合谋下的资源错配对经济的影响，提出改进发行效率的机制，构建中央政府的最优监管机制，实现地方政府与中央政府之间的激励相容，减弱地方政府的道德风险和逆向选择，从而实现社会福利最大化。分析过程中，本书特别强调如地方政府的道德风险、中央政府的隐性担保等具有中国特色的现实情境，强调通过理论模型构建，严密的数学分析及推导得出令人信服的结论。最终对分析得出的结论及创新点进行了总结。

从理论层面来讲，本书突破了对地方债券问题开展研究采用的传统的一般性理论探讨方法，通过对现实数据的挖掘，发现地方债券发行中存在的"利率倒挂"问题，基于拍卖理论，结合中国的现实情境，讨论了"利率倒挂"的原因，发现了其背后的机理。同时，本书讨论了存在合谋的地方债拍卖问题，探讨了合谋引发的资源错配以及其对经济的负面影响，这些研究都是现有关于地方债的讨论中所不曾出现过的。特别是本书讨论的存在再售市场的拍卖问题，同时考虑了地方政府与金融机构的合谋，这在理论研究上是有较大难度的，这些研究大大拓展了将经典理论应用于中国实际研究的视野。本书基于金融契约理论，考虑中央政府的隐性担保以及地方政府的声誉效应，提出了中央政府的最优监管机制，是激励理论以及拍卖理论的有益补充。

从实践层面上来讲，如何约束地方政府的行为，降低其道德风险和逆向选择，最大程度地保护投资者收益，同时保证最大化地方政府的期望收益，是实务界关注的焦点。特别是转型经济环境下，我国财政制度的不完善、监管制度的低效率以及政府自身治理机制的不完善，使地方政府有着广阔的攫取收益的空间，严重侵蚀投资者利益，影响中央计划者社会目标的实现。因此，如何规范发债行为，对地方政府行为实施有效监管、保护投资者利益免受侵蚀成为当前中国地方政府自行发债过程中亟待解决的关键问题。"基于拍卖与金融契约的地方政府自行发债机制设计研究"的分析结论将对中国地方政府如何构建合理的发行定价机制及最优监管机制具有重要的借鉴意义。另外，这一研究将微观市场与再售市场联系起来，将对经济转型过程中中国地方政府债券发行和外部证券市场建设产生一定的指导意义。关于中央政府最优监管机制的探讨，也将对监管部门如何更有效地监管地方债的发行，从而防范系统性风险，维护金融市场稳定产生重要的启示作用。

本书重在探索建立科学的市场化定价机制，这种制度性安排，将为决策者在发行债券过程中做出更合理的选择提供决策依据。最优监管机制的设计有助于缓解债券市场的信息不对称，减弱由此带来的逆向选择及道德风险问题，对于降低整个债券市场的交易成本也有重要的价值和意义。总之，本书通过对地方债券发行到监管的系统研究，对于推进地方政府债券发行工作以及建立最优的中央政府监管机制，从而降低金融市场风险，实现可持续发展，具有重要而深远的意义。

一、基本概念界定

1. 市政债券

美国的市政债券（Municipal Bonds），是指州、市、县、镇、政治实体的分支机构、美国的领地以及它们的授权机构或代理机构发行的证券。市政债券最早起源于19世纪20年代的美国，由于城市建设需要筹集大量资金，地方政府开始通过发行债券融资。20世纪70年代以后，市政债券逐步在世界其他国家兴起。

美国的市政债券分为一般责任债（General Obligation Bonds）和收益债券（Revenue Bonds），两者还款的来源不同。一般责任债由州、市、县、镇等政府发行，依靠发行债券的政府的财政税收支持还款，并以发行机构的全部信用为债务提供担保；而收益债券则与特定项目或特定的税收联系，一般是为了建造某一基础设施依法成立代理机构和授权机构，比如修建医院、机场、高速公路或事业机构等所发行的债券，还款的来源为项目或特定税种未来的现金流（韩立岩等，2003）。

1995年开始实施的《中华人民共和国预算法》第28条规定："除法律和国务院另有规定外，地方政府不得发行地方政府债券。"但在地方政府所筹集到的基础设施资金难以满足需要的情况下，地方政府积极寻求替代性的融资方式，于是产生了"准市政债券"。"准市政债券"是指由和地方政府有密切联系的企业发行，资金用于地方基础设施建设的债券。这是在中国特定经济发展阶段下，地方政府为规避法律监管而进行创新的产物，是特定时期的金融产品，具有明显的政府行为特征（宋芳秀，2002）。这种具有中国特色的市政债券，也就是地方政府债券。

2. 地方政府

地方政府，全称"地方人民政府"，指相对于中央人民政府而言的各级人民政府。相比中央政府，地方政府权力有限，如制定税收政策、有限的立法权等。除特别行政区外，中国的地方政府可以分为四级，即省、地区、县和乡。

3. 地方政府债券

地方政府债券一般是指地方政府根据信用原则，以承担还本付息责任为前提而筹集资金的债务凭证。在中国，地方政府债一般由财政部代理发行，并担保还本付息，一般来讲，地方政府债券的票面利率略高于同期限的国债利率。目前，浙江、上海、广东、深圳、江苏和山东六地可自主发行地方政府债券，期限结构为 5 年期、7 年期和 10 年期。地方政府债券发行后可依照相关规定在证券交易所或全国银行间债券市场上市流通。本书的研究对象为自 2011 年以来地方政府试点自主发行的地方债券。

4. 发行定价机制

中国的债券市场由一级拍卖市场和二级交易市场组成，并不存在预交易市场。发行市场是相对于二级市场而言的，一般规定只有银行间债券市场和交易所债券市场的承购包销团成员，才有资格参加政府组织的拍卖活动。在债券发行成熟的国家，对于参与者的资格限制往往比较宽松，但在中国目前的市场环境下，对参与者的资格一般都有较为严格的规定（谢志军，2006）。本书所讲的发行定价机制，是指荷兰式、美国式和维克瑞式三种债券拍卖机制，拍卖机制包含了对于整个拍卖活动的设计，包括规定最低、最高投标量限额，投标价格区间，保留价格，持续时间，最小增幅，拍卖底价等拍卖规则设计，拍卖方式的规定等一整套的机制设计，有效防范串谋（鲁耀斌，1997）和非法的行为发生，保证拍卖的公平合理。拍卖机制对发行利率有着决定性的作用（陈中东和罗敏，2006），而一级市场的价格往往对二级市场有着巨大的影响，一级市场定价不合理，二级市场往往容易大起大落。发行定价机制的设计成为重要的研究课题，也成为实践者非常重视的工作环节。

5. 预期收益

预期收益也称为期望收益，一般是指根据既有的信息进行预测所得到的收益。预期收益并不等于实际收益。由于受宏观及微观环境变化的影响，一般来讲，未来的资产收益是不确定的。预期收益与流动性等有关。

6. 再售市场

金融领域所谓的“二级市场”（Secondary Market、Aftermarket 或 Secondaries），是指金融权益或金融衍生品在首次发行之后，再次进行交易的市场，是针对已经发行的证券产品或者金融衍生品，比如债券、股票、期货、期权等，进行再次买卖的金融市场。

7. 利率倒挂

本书的“利率倒挂”是指中国地方政府自行发债的利率低于同期相同期限结构的国债利率的现象。地方政府的信用低于中央政府，需要相应的信用补偿，也就是说地方政府自行发债的利率需要高于同期相同期限结构的国债利率。然而，目前地方政府债券的定价没有与地方政府的信用水平相匹配。

8. 机制设计

经济机制设计理论由 Hurwicz（1960）开创，是研究在自由选择、自愿交换、信息不完全及决策分散化的条件下，能否设计一套规则或制度，从而达到既定目标的理论（田国强，1995）。Hurwicz（1960）给出的定义是，对于任意给定的一个目标，在自由选择、自愿交换的分散化决策条件下，能否并且怎样设计一个合理机制（即制定什么样的方式、法则、政策条令、自愿配置等规则），使经济活动参与者的个人利益和设计者既定的目标一致。机制设计涉及信息效率及机制的激励相容这两个方面的问题。信息效率是指所制定的机制是否只需要较少的信息成本，较少的消费者、生产者及其他经济参与者的信息；机制的激励相容是指在所制定的机制下，每个参与者即使追求个人目标，其客观效果是否也能正好达到设计者所要实现的目标。20 世纪 70 年代，随着 Gibbard（1973）系统阐述“显示原理”，Maskin（1999）把博弈论引入经济制度分析，证明了纳什均衡实施的充分和必要条件，开创了“执行理论”的先河，机制设计理论获得了重大进展。目前机制设计理论被广泛运用于社会选择（Yew 和 Zhang，2009；Kroft，2008）、最优管制（Flightet 等，2008）以及合谋（Maskin 和 Tirole，2008）等领域。

9. 组合拍卖

组合拍卖（Combinational Auction）表示拍卖品之间是存在某种关系的，投标者需要综合考虑各个物品的投标（梁伟，2009）。组合拍卖是多物品拍卖的一种方式，主要用于不同的拍卖品间存在互补效应，并允许投标人捆绑或在不同物品组合上提交标的的拍卖活动。Song 和 Regan（2003）研究了组合拍卖的例子。关于组合拍卖的研究主要涉及四个方面：竞标、分配、支付额和策略（Nisan，2000），其核心问题是竞标问题。组合拍卖最早被应用于美国航空部门对飞机场停机位的拍卖，后来在全世界不断得到推广。

10. 多物品拍卖

多物品拍卖主要强调出售的标的物间具有互补性，即对投标人而言具有共同价值部分。多物品拍卖已经得到了广泛的应用，比如国债的拍卖

（Bikhchandani 和 Huang，1993；Nyborg 和 Sundaresan，1996；Nyborg 等，2002；Gordy，1999；Gresik，2001；Daripa，2001），排污权的拍卖（Kling 和 Zhao，2000），网上拍卖（Teich 等，2006；Edelman 等，2007；Zhang 和 Feng，2005；Lewis，2011）等。

二、研究逻辑与结构安排

本书突破传统的思路，通过对地方债券发行过程中出现的“利率倒挂”现象的探究，围绕地方债券发行定价机制和监管问题展开研究，运用数学、博弈论等工具，构建理论模型，进行深入研究。本书的各章内容安排如下：

第一章为绪论。从实际问题出发，绪论部分详细论述研究的现实背景和理论背景，指出研究问题的重要性和必要性，提出本书的关键问题，随后对本书中所用到的基本概念进行界定，并对整个研究结构和框架进行说明。

第二章为理论基础与文献综述。本书从拍卖理论的分析框架、不完全契约理论的分析框架、金融契约理论的分析框架和道德风险问题的分析框架四个方面进行梳理，明确当前该领域理论研究存在的主要缺陷及其国际研究前沿动态，指出现有研究并不能解释中国的现实问题，在梳理该领域理论发展脉络的同时，提炼出研究主题。为后续章节开展对地方债发行定价机制设计、中央政府的最优监管机制设计等的相关研究奠定理论基础。

第三章为地方债的发行与监管：实践依据与科学问题。对地方债发行的国际经验、中国国债的发行经验以及中国地方债发行历程进行梳理。本章梳理联邦制国家如美国、澳大利亚、巴西以及单一制国家如法国、日本和南非等国家发行地方债的经验，中国国债的发行经验以及中国在发债过程中存在的问题。借鉴国际市场市政债券发行及中国国债发行的经验，提出中国地方债自主发行在定价机制以及监管机制上应该改进的框架和原则。

第四章为地方政府自行发债的“利率倒挂”之谜及其影响和治理机制。对地方债“利率倒挂”之谜，政银合谋的影响及改进发行效率的机制问题进行研究。本章以 Bikhchandani 和 Huang（1989）为基础，引入转移支付，构建理论模型，通过理论分析解释地方债发行中的“利率倒挂”现象，分析合谋形成的资源错配以及对经济造成的危害，基于目前的发行定价制度，本章提出改进地方政府债券发行效率的机制。

第五章为地方政府自行发债的发行定价机制设计。针对中国地方自行发债过程中的潜在问题，提出相应的地方债定价机制设计思路。首先，根据上述设计思路，建立组合投标模型；其次，探讨以少数大型投标者为主和以多数小型投标者为主的两种市场结构情形下，荷兰式和美国式两种发行定价机制下潜在投标者的竞投过程，求解得到投标者的均衡报价函数；再次，从融资规模和成交价格的稳定性两个方面比较分析荷兰式定价机制（DPM）和美国式定价机制（APM）的市场表现；最后，考虑潜在投标者进入对均衡报价和机制市场表现的影响。

第六章为地方隐匿信息与隐匿行为下的中央政府最优金融监管机制。即当存在中央政府隐性担保时，地方隐匿信息和隐匿行为下的中央政府最优金融监管契约设计研究。本章借鉴 Spence（1973）、Rothschild 和 Stiglitz（1976）模型中不完全信息动态博弈的建模思想，在考虑地方政府隐匿信息和中央政府隐性担保的情形下，构建单期下的最优监管契约模型，提出了求解分离均衡和混同均衡的一般框架，并通过算例进行了求解，同时，得出了八个命题，进行了严格的数学证明。进一步地，讨论考虑地方政府声誉效应时，中央政府的最优金融监管机制设计问题。借鉴 Hölmstrom（1979）不完美信息下道德风险问题的建模思想，在考虑地方政府隐匿行为和中央隐性担保的情形下，构建单期和两期的最优监管契约模型，给出了中央政府最优契约设计的一般框架。本章还讨论了引入信息下，中央与地方的最优分配规则问题，以及引入不同信息集下，契合现实情况时，中央与地方的最优分配规则问题。

第七章为结论与讨论。

本书的逻辑结构安排如图 1–2 所示。

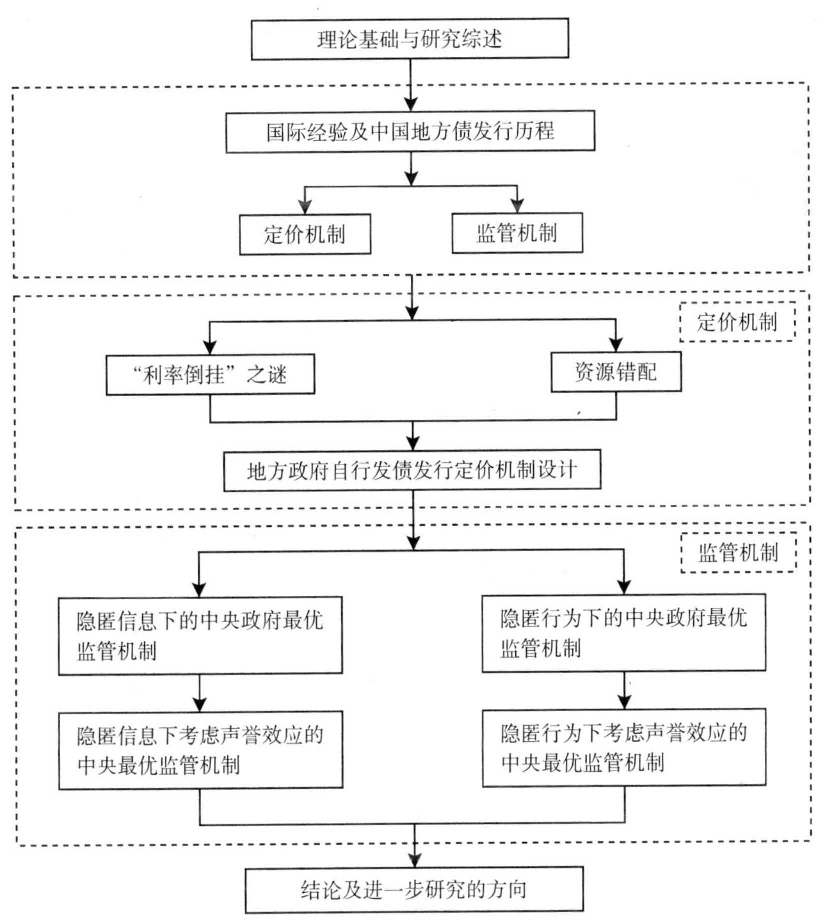

图 1-2 本书的基本结构安排

第二章 理论基础与文献综述

诸多学者从多个不同视角，针对市政债券（地方政府债券）的发行及监管问题开展研究，并取得了大量有价值的研究成果。本书的研究目的主要是基于拍卖理论的框架，在中国现实背景下，探讨现行发行定价机制存在的问题以及可以改进效率的发行机制。针对地方政府自行发债过程中潜在的问题，提出相应的地方债定价机制设计思路，并根据上述设计思路，建立组合投标模型，从融资规模和成交价格的稳定性两个方面比较分析荷兰式定价机制（DPM）和美国式定价机制（APM）的市场表现，供政策设计者进行选择；同时，基于不完全契约理论、道德风险的框架进行分析，探讨最优的中央监管机制，实现对地方政府的有效激励约束，达到分离均衡，将高能力政府与低能力政府区分开来，并通过提供令地方政府增加努力程度的激励，改善社会福利。发行定价及监管机制设计，有效缓解了融资者与投资者之间的冲突，从而保护投资者的利益免受来自被投资者的侵蚀效应。本章将按照拍卖理论、不完全契约理论、金融契约理论以及道德风险的分析框架，对当前国内外的相关研究现状进行述评，并据此延伸出本书的起点。

第一节 拍卖理论的基本分析框架

拍卖是最古老的价格分析机制之一，目前被广泛用于金融市场。拍卖作为具有价格发现功能的重要工具，一方面具有揭示信息、减少代理成本的功能；另一方面还可以通过营造竞争性的环境，实现对社会资源的有效配置（黄瑞刚和张旭昆，2005）。有关拍卖的起源最早可以追溯到2000年以前。实际上，早在公元前500年，古巴比伦就已经开始采用拍卖这种方式进行市场交易，但其被普遍应用于债券发行却是在20世纪80年代之后。金融市场化程度的深化，网络技术以及信息技术的快速发展为债券招标的实现提供了客观条件。近 30 年来，拍卖理论已经成为经济学中最活跃、最成功、最重要、最引人瞩目的理论分支之一，其在国内外的政府以及私人部门的采购、商品销售中得到了大量广泛应用，非常值得研究。然而，业界及理论界对拍卖仍然相当陌生，尤其是有关拍卖制度与行为的研究，涉及合同理论、博弈论以及机制设计等新兴领域，其在微观市场机制领域的深化发展具有深远的价值和意义（蔡志明，1999）。因此，系统梳理拍卖理论的起源、基准拍卖模型、最优拍卖机制等，勾勒有关拍卖的清晰完整的分析框架显得非常必要。

一、拍卖理论及其内涵

在拍卖这种市场制度下，市场参与者参与资源分配，其中，价格的决定形式在明确的市场规则下进行（McAfee 和 McMillan，1987a）。狭义的拍卖具有特定的使用范围以及特殊的交易规则；而广义的拍卖实现了买者与卖者的匹配，并达到出清的均衡价格。实际上，这一过程也就是价格的形成机制，反映了资源配置的内在过程以及机理（Engelbrecht-Wiggans 等，1983）。关于拍卖理论的研究始于 20 世纪 60 年代初，Vickrey（1961）以博弈论为分析工具，构建了拍卖理论的基本框架，开创了拍卖理论的先河。拍卖理论解决了信息不对称或不完全信息条件下，契约的设计与激励和规制的问题。

拍卖包含五个要素，即标的物、保留价格、参与者、策略以及支付函数。

标的物，即被拍卖物体的数量、价值及物理属性。根据属性的差异，标的物可分为单个不可分物品、单个可分物品、多个相同物品以及多个不同物品组合等。单物品拍卖一般采用经典的拍卖形式，而多物品拍卖则是通过在 Vickrey 拍卖的基础上衍生出的同步增价拍卖及序贯拍卖形式进行。有关价值的信息则指市场参与者对于标的物价值的信息为私有信息或是共同知识。如果买方知晓标的物对于其自身的价值，且个人价值服从同一个分布，这一分布独立于其他买方，那么这就是私有价值模型（Private Value Auction）。如果一个标的物对于所有的买方而言价值相同，但是，买方在出价时并不知道该标的物的价值，这称为共同价值拍卖（Common Value Auction）。比如，稀有金属矿藏租赁期的拍卖就属于共同价值拍卖。由于稀有金属提炼的价值对于所有人而言都是相同的，但是，竞标者需要评估这个价值的具体数值。对于稀有金属矿藏的价值评估最高的竞标者将成为拍卖的赢家。

保留价格（Reservation Price），指卖方设置的最低支付金额，或是拍卖成交价应该达到的最低价格。保留价格的设置会影响竞标者的人数。保留价格过低会给卖方带来损失；而保留价格过高则可能导致拍卖失败。因此，科学合理地制定保留价格无疑是拍卖活动中的重要环节。根据是否设定保留价格，拍卖又可分为无保留价格拍卖和有保留价格拍卖。无保留价格的拍卖形式一般要求拍卖方的标的不可撤回。而有保留价格的拍卖形式中，卖方可以撤回标的，并且规定所有竞标者的最高出价不高于保留价格时不能成交。现实的拍卖活动中，卖方往往会设定保留价格。特别需要说明的是，保留价格（Reservation Price）并非保留估价（Reservation Value），保留估价是一个临界值，指竞标者愿意参与到拍卖活动中的最低估价。

参与者，主要包括买方、卖方及拍卖机构，由拍卖机构负责将卖方与买方组织在一起。包括拍卖的形式等在内的拍卖活动规则，需要在卖方提前制定的框架内进行。标的物的价值信息是私有信息。

策略，是指出价者如何执行竞标，并完成竞标活动。Milgrom（1989）将纯竞标策略定义为基于竞标者已经获得的信息的函数。如果所有出价者能成功预测到其他出价者的策略，并在这些信息的基础上选择自己的出价策略，那么，这时达到的均衡是纳什均衡，在此均衡路径下实现的预期效用是最大化的结果。

支付函数，指包括竞标规则、最终成交价格、标的接受者、保留价格、准备和递交竞标、参与者的收费以及其他参与成本在内的一套决定机制。某些情况下，支付价格由最终产品相关价值的特许使用费决定（McAfee 和 McMillan，1987a）。单物品拍卖中，当竞标者的出价低于设定的保留价格时，卖方可以撤回标的物；而当最高出价高于设定的保留价格时，支付规则是按照支付函数将标的交予出价最高的竞标者。

Vickrey（1961）从制度角度划分了拍卖的四种基础模型，分别是“荷兰式拍卖”、“英式拍卖”、“第一价格密封拍卖”、“第二价格密封拍卖”，同时提出了著名的“私人价值模型”（Private Value Model）。这四种拍卖形式相当直观，从而奠定了拍卖理论的基本格局。实际上，在此后 20 多年里，拍卖理论几乎没取得什么进展，更不为主流经济学家认可。20 世纪 70 年代末，越来越多的博弈论专家发现拍卖是分析经济主体间不完全信息博弈的有价值的工具，尤其是在实验研究领域具有非常好的前景。这个时期，很多实验经济学家开始尝试开展有关拍卖的实验，博弈论、实验研究方法等逐步用于拍卖理论并逐渐被主流经济学家接纳。有些学者努力将拍卖与博弈论等主流的经济学理论结合（Klemperer，2004），这个时期，拍卖开始作为独立体系进入高级微观经济学的核心领域。有关多物品最优拍卖机制设计（Maskin 等，1989；Wilson，1979；Back 和 Zender，1993；Hansen，1988；Milgrom 和 Weber，1982b），拍卖在国债（Bikhchandani 和 Huang，1993；Friedman，1960；Chari 和 Weber，1992；Malvey 等，1997）、频谱（McAfee 和 McMillan，1996；Jia 等，2009）等领域的应用以及网上拍卖等问题都得到了广泛而深入的研究。

拍卖品是共同的，但是，参与者人数的多寡、拍卖的程序以及规则的不同都会导致拍卖收益的巨大差异。对于给定的拍卖品，如公共项目、集体土地，如何设计拍卖程序？这是经济学家需要做的工作，也就是设计最优的拍卖机制，使拍卖者可以获取最高的收益。但是，对于社会计划者来讲，则是要追求社会福利的最大化，实现社会长期目标，从而实现社会资源的最优配置。采用拍卖机制，主要目标是最大程度上减少行政干预的影响，充分发挥市场在价格形成机制中的作用，通过市场配置资源实现均衡，达到帕累托有效配置。

二、单物品拍卖

按照交易机制，单物品拍卖可以分为四种拍卖形式，分别为荷兰式拍卖、英式拍卖、第一价格密封拍卖、第二价格密封拍卖。拍卖形式和预定的交易规则都会影响到竞标者的交易效率。

荷兰式拍卖，实际上就是公开的第一价格拍卖（FPA），也通常被人们称为减价拍卖。该拍卖形式起源于荷兰，因人们经常采用这种机制拍卖鲜花而被称为荷兰式拍卖。第一个报高价的人将会获胜。

英式拍卖，实际上就是公开的第二价格拍卖（SPA），也通常被人们称为增价拍卖或者加价拍卖。因世界上最大、最古老的两家拍卖行 Christie's 和 Sotheby's 都起源于伦敦而被称为英式拍卖。这种拍卖方式下，价格会持续增加，直到没有竞标者出价为止，竞标者以最高叫价获胜，此时的成交价格即为最高喊价（Milgrom，1989）。一些专业拍卖行经常采用这种拍卖形式。

第一价格密封拍卖，竞标者需要在规定时间内提交密封标书，并且当众开标，叫价最高者中标，标的为其所喊的价格。美国早期在政府债券的拍卖中常采用此种方式，该方式也常用于物品采购中的招标活动。

第二价格密封拍卖，又称维克瑞拍卖（Vickrey，1961），最早由 Vickrey 于 1961 年提出。这种拍卖形式下，竞标者独立提交竞价，出价最高者中标，标的为所有竞标者中喊出的第二高价。尼日利亚等国家采用此方式进行外汇买卖，此外，邮票以及网上拍卖也多采用此种拍卖形式。

Vickrey 在其构建的对称独立私人价值模型（Symmetric Independent Private Value）[①] 中求解了英式拍卖及荷兰式拍卖的均衡出价策略，结论是这两种拍卖形式都是帕累托有效配置。在此基础之上，他提出了著名的"收益等价原理"（Revenue Equivalence Theorem），也就是说在风险中性、对称性以及估值独立分布三个假设条件下，卖方在四种标准拍卖形式下的期望收益相等。

三、多物品拍卖

实践中更多观察到的是多物品拍卖，其广泛用于包括电信、电力、天然气等在内的政府基础设施建设、公共资源配置以及财政收入渠道等领域。由于应用广泛，多物品拍卖逐渐成为拍卖理论研究中最为活跃的领域之一。通常情况下，多物品拍卖包括同步增价拍卖和序贯拍卖。

同步增价拍卖（Simultaneous Auction），指同时拍卖 N 个物品，竞标者对每一个拍卖品采用公开的方式竞价，每一轮竞价结束后，公布竞价结果。当任一单位拍卖品的竞价保持不变时，竞价结束，出价最高的 N 个人，将获得 N 个物品（McMillan，1994）。同步增价拍卖中，由于信息及时公开，竞标者通过综合评价产品组合能够对其希望获得的产品组合准确定位。同步增价拍卖存在的缺陷是"竞价者之间可能的破坏性的竞标"，即当竞标者不能得到完整的产品组合时，其可能会以高于其自身的价值持有部分标的物。

序贯拍卖，是在标准拍卖形式上进行修正后形成的一种新的拍卖形式。

---

① 对称性是指所有竞价者对标的物的估价服从同一概率分布；独立性是指买方的私人价值为不受其他买方估价影响的独立分布；私有价值是指所有买方只知道自己对标的物的估价，卖方和其他买方都不知道这一估价，但是知道估价的概率分布函数。

机制的执行是在所有标的物拍卖完成后按照顺序依次进行的。实际上，序贯拍卖存在以下严重弊端：一是买方可能陷入恶性竞争，在价格被哄抬，预算约束存在的情况下，被提前排挤为局外人；二是买方不能在后续拍卖中得到互补的产品；三是不同的位置产生不同的竞标价格，并且，位置越靠后，价格越高（McAfee 和 McMillan，1996）。以上问题的存在导致在实践中很少会采用序贯拍卖。

组合拍卖（Combinatorial Auctions）也是一种多物品拍卖形式。近年来，这一拍卖制度已经吸引了包括运筹学、系统工程、经济学以及计算科学等领域学者的广泛关注。组合拍卖又可分为单一单位组合拍卖（Single-unit Combinatorial Auctions）和多单位组合拍卖（Multi-unit Combinatorial Auctions）。如果没有特别约定，组合拍卖一般都指单一单位组合拍卖。单一单位组合拍卖中，标的种类有多个，每种标的可供拍卖的数量只有一个。多单位组合拍卖与单一单位组合拍卖的区别在于，前者的标的可供拍卖的数量可以大于一个，是一种更高维度的组合拍卖（Kelly，2005）。为何采用组合拍卖呢？主要原因在于，组合拍卖可以提高拍卖过程的效率①。组合拍卖中，竞价者可以对一组商品的组合进行投标。这些商品组合一般具有替代或互补② 的关系，拍卖过程中，竞价者可以捆绑或对不同物品的组合提交竞标。对于给定的投标组合及价格，拍卖方计算得到收益最大化的预期，并公示计算结果。组合拍卖弥补了单物品拍卖的不足，使资源与任务的分配效率更高。这一拍卖制度已经在电子购物、通信频谱拍卖、运输服务等诸多经济领域中得到了广泛应用。组合拍卖的主要理论基础是拍卖理论，基本的分析工具是最优及数学规划，此外，还需要计算科学提供支撑。本质上讲，组合拍卖是一种跨学科的交叉科学。

四、再售市场

买方在一级市场竞标成功后，将取得的目标进行再次销售的市场

---

① 组合拍卖形式下，竞标者对拍卖品的替代或互补关系进行出价，通过替代或互补的偏好关系，就可以增加市场参与者的效用以及拍卖人的预期收益。

② 如果两种商品都可以满足消费者的同一种需求，则称这两种商品互为替代品，或说它们之间是可以互相替代的；如果两种商品必须同时使用才可以满足消费者的某种需要，则称这两种商品为互补品，或说它们之间是相互补充的。

(Bikhchandani 和 Huang，1989)，称为再售市场，也称为二级市场。由于拍卖对价格形成提供了重要的理论基础，再售是可能实现的。由于理性的出价者在选择出价的时候，必须考虑再售机会，二级市场的效果保证了这种谨慎考虑的合理性。实际上，再售在很多理论以及实证的文献里已经被频繁地提到。再售机会相当于为出价者的估值增加了共同价值的成分，这为标准的共同价值或关联价值模型提供了激励。关于再售市场的研究很多，Milgrom (1987) 对出价的估值是共同知识时，有关再售市场的竞价问题进行了讨论。实际上，很多拍卖设计中，竞标者不能在再售市场出售物品给竞标失败的人的假定是不符合现实情境的（Zheng，2002）。也有学者证明了，获胜的竞标者设置再售价格的概率越高，则第一价格拍卖产生的预期收益越高。Georganas 和 Kagel（2011）通过实验研究证明，再售市场的存在提高了平均的拍卖价格，而 Xu、Levin 和 Ye（2013）构建含有进入成本和价值的两维私有价值信号的理论模型分析了再售如何影响拍卖，结果表明再售机会影响进入以及竞标。

五、拍卖理论的应用研究现状

拍卖过程中往往会存在合谋的可能性。如果竞标者希望合谋成为现实，那么协议必须是自持的。如果合谋的竞标者数量足够多时，达成一致协议的谈判成本以及事后的“分赃不均”都可能导致合谋联盟的分崩离析。如果双方达成的合谋策略可以被执行，通过预拍卖制度设计使估价最高的竞标者成为合谋协议中的指定获胜者，最终的拍卖结果仍然满足帕累托有效（McAfee 和 McMillan，1992）。实际上，合谋出现与否取决于拍卖环境、标的物性质以及拍卖规则设计。发行机构可以通过最优拍卖合同设计使中标者获得的收益不少于合谋的收益，抵消合谋者的积极性，从而防范合谋。

还有大量学者试图通过多种不同拍卖形式的拍卖组合进行拍卖机制设计。Abbink、Brandts 和 Pezanis-Christou（2001）采用实验研究方法，比较了混合式拍卖与多价格拍卖两种机制后认为，混合式拍卖中拍卖价格的波动性更高，但是，混合式拍卖的拍卖收益显著高于多价格拍卖。Álvarez、Mazón 和 Cerdá（2003）利用西班牙国债数据，使用线性估计方法模拟了多价格拍卖和单一价格拍卖的拍卖结果，并与混合式拍卖的拍卖收入进行了比较，结论是拍卖收益的排序取决于期望收益、竞争性投标者数量及竞争性发行量的变化。近年来，有些学者通过理论研究和实证研究也提出了类似的观点（Wang 和 Zender，2002；Ausubel 和 Cramton，2002；Armantier 和 Sbal，2006）。

六、拍卖在债券发行中的应用

最开始的国债发行主要采用固定收益方式。拍卖作为非常重要的定价机制，被普遍用于国债发行是在 20 世纪 80 年代以后。拍卖方式的兴起有其深刻的现实背景，金融市场自由化程度的加深，以网络技术、信息技术为代表的科技革命为国债拍卖的大规模运用提供了条件。目前，拍卖已经在各个国家的财政政策工具中处于核心位置，被用于国债边际结构的调整，在国债存量结构的调整中也具有不可替代的位置，更是各国在国库券发行工作中重要的基本工具。

拍卖有一些突出的优点，比如，拍卖具有重要的价格发现（Price Discovery）功能，因此有利于发行成本的降低。另外，国债作为特殊的金融产品，其利率在市场利率体系中具有举足轻重的作用。以拍卖方式发行债券，竞标者的参与可以将国债利率调整至市场出清的均衡水平。显然，国债利率市场化的实现，对减弱或消除国债利率对货币政策实施效应的冲击有积极而重要的作用（杨大楷，2000）。国债招标发行的信息为央行提供了包括市场对利率走势预期在内的基本的货币市场信息，显然，国债利率的市场化有利于央行货币政策的实施。此外，拍卖的方式可以实现短期巨额国债的发行，也是其巨大优势之一。

相关文献主要沿着理论研究和实证研究两条脉络进行。理论探索集中于拍卖模型的建立，以确定拍卖方式存在差异的情况下，拍卖收益的差异。同时出现了大量关于合谋的理论研究。实证方面的研究则出现了大量关于拍卖技术的探讨，这些文献集中研究了拍卖者采取何种技术可以实现最优，也有大量文献检验拍卖参与者的特征以及关于串谋的研究。但是，究竟采取何种拍卖方式可以使发债机构实现最高的收益仍无定论。

理论探讨集中在设计最优拍卖机制，以使发债机构可以获得最高收益。许多理论研究发现，单一价格拍卖可以实现这一目标（Bikhchandani 和 Huang，1993；Milgrom，1989；Chari 和 Weber，1992；McAfee 和 McMillan，1987b）。Milgrom（1989）证明了单一价格拍卖是最有效率的资产配置模式，而其他拍卖方式则不是。美式拍卖中，投标者为了中标，通常按照高价投标，即使中标，由于中标价格偏高，往往会出现“赢者诅咒”。为了规避这种情况，投标者就倾向于提交低价进行投标，而这必然会导致发行收入减少，从而影响融资者的收益。而荷兰式拍卖不存在“赢者诅咒”，投标者为了中标倾向于提交较高的报价，从而导致中标价格往往会高于美式拍卖的中标价格。因此，荷兰式拍卖的发行收益通常会高于美式拍卖，发债机构可以获得较高的收益。关于债券拍卖的理论研究在中国还较少，代表性的有谢志军（2006）、奚君羊和马永渡（2005）的综述性文章。也有部分文献集中于串谋（Back和 Zender，1993；Chari 和 Weber，1992）的研究。关于串谋的研究为政府财政部门实施国债拍卖工作提供了政策依据。

关于国债市场拍卖的实证类文献主要集中在信息披露以及何种拍卖技术可以为发债机构带来最高收益。Fleming 和 Remolona（1997）运用 1993 年 8 月至 1994 年 8 月的数据开展了实证研究，结论是国债市场中的价格冲击可以归结为宏观事件宣布中不可预料的外生冲击方面的信息。这个研究结论的重要价值在于证明了债券一级市场的拍卖结果会引起二级市场波动的猜想，也就是一级市场的成交价格具有重要的信号传递作用。

多价格拍卖的收益高还是单一价格拍卖的收益高？相关的实证研究至今仍未定论。但大部分学者倾向于认为单一价格拍卖的收益高于多价格拍卖。

表 2-1 关于收益的实证研究结论

作者	时间区间	金融资产类型	研究结论
Tsao 和 Vignola，1977	1973.01~1976.08	国债	单一价格拍卖收益高
Simon，1994b	1973.01~1976.08	国债	多种价格拍卖收益高
Umlauf，1993	1986~1991	国债	单一价格拍卖收益高
Tenorio，1993	1975.10~1987.01	外汇	单一价格拍卖收益高
Feldman 和 Reinhart，1996	1976~1980	黄金	单一价格拍卖收益高
Nyborg 和 Sundaresan，1995	1992.07~1993.08	国债	无结论

资料来源：根据白艳萍（2007）整理。

Simon（1994b）运用 1973 年 1 月至 1976 年 8 月的数据进行了实证研究，结果表明，荷兰式拍卖较美式拍卖有 7~8 个基点的溢价，单一价格拍卖提高了发债机构的发行成本。而 Tsao 和 Vignola（1977）采用同样的时间截面进行分析，实证检验了财政部在长期国债拍卖中的经验，他们得出了截然相反的结论，即如果所有拍卖都采用单一价格拍卖，发行成本可以降低 6 亿美元。Tenorio（1993）选取1975年10月至1987年1月的时间截面研究了赞比亚的外汇市场，研究结论表明，单一价格拍卖可以产生更高的成交价格。然而有学者提出质疑，认为这一结果的出现是由投标者数量的减少引起的，而非由拍卖技术的变化引发。Umlauf（1993）则运用1986~1991年的数据检验了墨西哥政府的国债拍卖市场，结果发现，采用多价格拍卖方式，6个最大的投标人均获得超额收益，采用单一价格拍卖方式，超额收益全部消失。单一价格拍卖提高了墨西哥政府的收益，降低了竞标者之间合谋的可能。Nyborg和Sundaresan（1996）采用1992年7月至1993年8月的美国国债拍卖数据开展实证研究，结论是无法通过美式拍卖与荷兰式拍卖的溢价比较两者的收入。Feldman和Reinhart（1995）则通过构建数学模型来抵消多价格拍卖中由于“赢者诅咒”而出现的投标者减少的现象，通过比较黄金市场价格与拍卖价格的差别后发现，IMF通过单一价格拍卖可以获得比多价格拍卖更高的收益。谢志军（2006）运用中国的经验数据研究发现，混合拍卖优于单一价格拍卖，单一价格拍卖则优于多价格拍卖。然而，Simon（1994a）的研究发现则并不支持单一价格拍卖可以为发行机构带来更高收益的结论。

关于国债拍卖的最新理论进展主要集中于四个方向：一是Chari和Weber（1992）通过类比单一物品拍卖，认为统一价格拍卖更有优势。二是Back和Zender（1993）、Wang和Zender（2002）、Wilson（1979）已经将统一价格拍卖模型化为份额拍卖，并且证明了存在多重均衡，其中的一些均衡产生较低的收益。三是在可分物品拍卖中，歧视价格拍卖是否可以产生比统一价格拍卖（维克瑞拍卖）更高的收益？Hortacsu和McAdams（2010）运用土耳其的国债市场数据进行研究，结论是，事后发现歧视价格拍卖可以比其他两种方式产生更高的收益，而事前则不能得到这样的结论。四是Reinhart和Belzer（1996）以及Malvey、Archibald和Flynn（1997）已经使用财政部统一定价的实验，与歧视价格拍卖和统一价格拍卖形式做了比较。Ausubel（2004）研究发现，对于卖方而言，维克瑞拍卖和可以替代的升价拍卖有重要的理论优势。没有私人信息的环境里，在占优策略中，作为唯一均衡，这些拍卖形式可以取得最大化的收益。相较而言，歧视价格拍卖、统一价格拍卖和标准的升价拍卖允许一个多重均衡存在，由于均衡解的存在，对卖方而言，产生了较低的收益。Ausubel和Cramton（1998）证明了以上结果如何拓展到出价者有附属的私人信息的环境中，结论质疑了为公众提供债券的标准方式。

总体而言，由于投标价格往往受投标者主观判断以及预期的影响，目前还没有一种可以保证发债机构实现收益最大化的拍卖方式。投标者间的合谋也会导致发行收入的变化。面对不确定性，无论何种拍卖方式都不能确保发债机构获得最大化的发行收益。然而，单一价格拍卖在很大程度上规避了“赢者诅咒”的发生。这可以解释为什么中国的国债发行通常主要采取单一价格拍卖与混合拍卖。

以上是对拍卖理论基本框架进行的简单归纳。不难看出，国际上对于拍卖理论的研究日益成熟，但是，仍然有许多问题需要探索。比如，组合竞价问题、最优支付契约设计问题、防止串谋问题、有关讨价还价问题的双边机制设计等。随着信息技术的飞速发展，过去很多无法执行的复杂机制设计问题变得可以执行，这也使得新兴市场上的混合拍卖机制设计日益活跃。随着我国市场体系的日益完善，作为新兴市场的拍卖市场必将会有一个较大的发展，新兴市场的发展需要理论的指导，国外成熟市场的理论和实践值得借鉴，如国外债券市场、电力市场、公共品拍卖市场、许可证的拍卖等，都为新兴市场的发展提供了很好的经验。如何结合我国的现实情境，将成熟市场的经验用于中国，是需要我们进一步深入探讨的问题。

七、拍卖理论的最新发展动态

拍卖理论出现以后，始终以应用型的研究为主导，理论本身并未获得更深入的发展。难以确定价格及价值的所有商品都借助于拍卖的框架进行分析或是借用拍卖形式来确定价格。拍卖理论与其他经济学理论类似，通过严谨地建立假设，而将其他有关“社会考虑”的因素简化甚至忽略，运用华丽的博弈理论模型设计，进行一系列严密的逻辑推导得出结论，从而提高了其在经济学帝国中的地位，为某些难以确定价值的物品找到了“美丽的突破口”。

拍卖理论与其他经典经济学理论一样，自身难以突破数学公式的演绎，从而日渐成为应用工具。大批经济学巨擘也尝试放宽或者修改预设，随即涌现出了大量的拍卖文献，这些研究却无一例外地对基本的核心预设——所有竞价者之间不存在具有约束力的合作协议（也就是非合作的）无能为力。

“直观地观测到新奇的方面足以产生新鲜方法，新的命题以及对这些命题的验证，必然会引致新的事实的发现。事实会以新假说或限制条件的形式添加在现有的科学结构之上”（赖尔，1992），由此看来，拍卖理论的深入发展会逐渐逼近真实的拍卖活动，即不断放松假设，并借助数学、计算机等工具不断延伸，这无疑是拍卖理论领域的大师们有意识的释放以及更大胆的探索。斯蒂格勒曾经说过：“一般理论必须忽略掉成千上万的细枝末节，否则，它就不可能是一般理论。”（布劳格，1990）

一味地批判经济学的假设与实际的不一致是徒劳的。相反，应在拍卖价格形成过程中找到阐释问题的内在规律，并使得这些规律尽量逼近真实世界。本着这一理念，逐渐形成了初步的研究成果（米尔格罗姆，2006）。主流的经济学理论都以一个核心假定为研究起点，拍卖理论对于核心假定的放宽无疑是对现实无限逼近的大胆尝试，通过将“伦理考虑”、社会因素纳入研究视野，将历史特性和一般性相统一，以非理性因素及价值研究为重点。比如，拍卖系统的信任机制、拍卖价格形成的关系资源的配置、拍卖中产生的寻租现象的研究、中标价格形成的公理以及拍卖品均衡价格形成的演化机理等，无疑都代表了拍卖理论发展的最新方向。

第二节　不完全契约理论的基本分析框架

一、不完全契约理论及其内涵

Ross（1973）、Mirrlees（1974）、Jesen 和 Meckling（1976）、Hölmstrom（1979）、Grossman 和 Hart（1983）从契约视角研究激励问题，逐步发展为契约理论（合同理论），后来发展为委托—代理理论。由于信息不对称、不完全以及有限理性和交易费用等的客观存在，契约总是不完全的。Grossman 和 Hart（1986）等在完全契约理论的基础上发展出了不完全契约理论，并建立了不完全契约理论的基本分析框架。许多学者进一步对契约不完全的特性以及其产生的根源等问题做了进一步的深入分析。Tirole（1999）也认为签约方需要面对不可预料的或然事件，签约的撰写成本和签约的执行成本等交易成本导致契约的不完全性。Tirole（2009）构建理论模型，讨论了认知与不完全契约的关系，并进行了检验。Rasmusen（2001）认为拟定契约、解读契约都存在交易成本，而这必然会导致契约的不完全性。Maskin（2002）则将引发不完全契约的原因概括为三个方面，即签约各方无法观测状态的某些特征、契约的状态对签约各方来讲不可预测以及签约成本过高。

从事不完全契约理论研究的学者认为，剩余控制权是最重要的权利，物质资产的所有权对于投资具有明显的激励效应，是剩余控制权的直接来源，也是剩余控制权的核心所在。而所有权中可预见及可实施的契约权利对资源的配置并没有过多的影响。但在现实的资本市场中，物质并非权威的唯一来源，其他方面例如人力资源也是维护企业稳定和获取权利的来源。“进入权”可以被看作一种资格或能力，一旦拥有“进入权”则往往意味着能够掌握或利用某种关键资源。因此，Rajan 和 Zingales（1998）的关键资源理论学说认为，对关键资源的控制是权利的源泉，拥有这种控制权的一方能够赋予其他方拥有或不拥有“进入权”的资格。这种观点引发了大量学者重新审视企业控制权的内涵及外延。剩余控制权并不能完全解释企业的控制权，企业代理人由于拥有绝对信息优势，对企业资源有绝对的“实际控制权”。随后，Hart 和 Moore（2004）也采纳了“实际控制权”的思想，认为“创意”才是企业真正实际权力的源泉。

不完全契约理论自提出后得到了快速发展，但是，很多学者对其中的假设不断提出质疑。Maskin 和 Tirole（1999b）将风险中性假设修改为风险厌恶后发现，获得最优效率的投资水平并不需要 GHM 理论所倡导的产权分配模式，只要签约各方知道各自的预期成本和预期收益，就不必把不可证实的内容写入正式契约中，也就是说，设计出完全契约是可能的，这就是著名的“不相关定理”（Maskin 和 Tirole，1999a）。Williamson（2002）对此提出了质疑，他认为共同知识以及讨价还价无成本等假设并不合情理，因此，他认为这种观点部分成立。不完全契约理论的迅速发展遭到了来自各方的广泛质疑，因此，部分学者开始尝试通过放松假设、修改条件来不断完善不完全契约理论。Ben-Shahar 和 Gulati（2007）认为达成完全契约的方法只能是部分条款的一致，并且契约各方将达成一致的条款付诸实际行动。完全契约和不完全契约的形式都过于绝对化，因此有学者提出在两者之间存在另一种形式的契约，也就是部分契约。Aghion、Dewatripont 和 Rey（2002）认为部分契约不能全部确定契约各方的关系，但是却能够影响契约各方之间的博弈。

完全契约关注的重点是事后监督，然而，契约各方的交易并不是全部可以实现完全契约化的，现实的情况是仅有部分能够实现契约化，不完全契约关注的重点在于事前权利的机制设计，也就是自然状态显现后的再谈判机制设计。这是完全契约理论区别于不完全契约理论的关键本质。

二、不完全契约理论的应用及最新发展动态

尽管国内外学者对不完全契约理论的认识仍然存在分歧，但一个不争的事实是目前诸多国内外学者将不完全契约理论应用于公司治理、企业融资理论等方面，对利益相关者治理、私有化理论提出新的解释。Bratton 和 McCahery（2001）认为不完全契约条件下，大股东持股和市场机制两种治理模式虽然能够形成均衡，但并不能实现最优，而实现均衡的混合治理机制可以达到最优。

自不完全契约理论诞生之日起，就不乏批评的声音。Bolton 和 Hart 等学者对各种批评做出回应并不断完善不完全契约理论。契约在事前是不完全的，但是在事后可以完全，也就是说，签约各方可以通过短期的“承诺博弈”签订完全契约，Baker、Gibbons 和 Murphy（2006）则对此提出质疑，认为事后的交易不可契约化，而 Hart 和 Moore（2006）则进一步指出交易仅仅是部分可以契约化的。

Hart 和 Moore（2006）提出了参照点契约的思想，进一步拓展了不完全契约理论的内涵。Fehr、Hart 和 Zehnder（2008）则进一步对此进行了实验研究。Hart 和 Moore（2007）认为可以在事前投资扭曲以及事后再谈判机制中引入行为变量，这一研究视角推进了事后无效率理论的发展进程。

围绕不完全契约理论开展的实证研究也不断涌现，强化了对理论的支持。Saiegh 和 Tommasi（1999）研究了南美国家的财政转移支付问题，认为可以通过设计相对完全且有效率的治理机制最大限度地减少政府部门间重新谈判的交易成本。Bolton 和 Rosenthal（2002）研究了债务契约的治理作用，认为债务契约的干预不但可以提高事前效率，对于提高事后效率同样有效。

现有基于不完全契约和产权理论的文献，通常强调资产的所有权，因此公司的边界以这样一种方式决定，那就是鼓励资产专用性投资。一般而言，这适用于公司管理层就是公司所有者的公司。Hart（2008）发展了一个简单的模型，拓展了产权的范围。Hart（2008）认为科斯的企业理论很难取得进展，主要原因是讨价还价的成本很难确定，他提出将讨论的问题前移，使用侵害成本讨论交易是在内部还是市场里去进行。Hart（2013）建立了一个模

型，分析了不可契约化的投资，结果表明，最优契约将限制卖方的出价，很可能造成事后无效率。

过去的20多年间，不完全契约理论迅速发展，并为主流经济学家所认可，成为重要的分析工具应用在诸多领域。但是，其在应用的深度、假设基础、理论验证等诸多方面还需要进一步完善（博尔顿和德瓦特里庞，2008）。

第三节 金融契约理论

地方政府债券的本质是金融契约，合理的契约条款设计保证了政府有足够的动力去发债，调动其积极性，而又不至于使其失去理性，超越自身能力去发债，从而形成较大的违约风险。完全信息下，完全的风险分担是最优的。然而，信息总是不完全、不对称的，因此，委托人只能观测到代理人的部分信息，此时，完全的风险分担不再是最优的。委托人通过提供部分担保，建立激励相容契约。通过金融契约，在地方政府、金融机构为主体的市场参与者之间，建立一套激励相容机制，保证各方的参与积极性。

金融契约理论主要刻画投融资双方之间的交易关系，不同的金融契约反映的是不同的控制权结构。金融契约对控制权的有效配置体现在不同的经营状况下，控制权相机在股东、债权人和企业家之间动态配置。企业是一系列不完全契约的联合体，因为项目而融资发行的企业证券作为金融契约，体现的是与企业所有权相关的控制权配置，如对企业现金流的控制权配置等。企业正常经营时，股东和企业家分别拥有形式控制权和实际控制权，在经营活动中，股东可以干预经营行为或者采取策略约束企业家的实际控制权，但是当企业不能如期偿还债务而需要破产清算时，债权人可以通过某种途径接管企业的控制权（Hart，2001）。Michael（2006）通过研究发现，各种制度健全的国家，交易规模比较大，交易效率也比较高，实际上，他强调的是政府干预的正面作用。但是，政府干预存在“动态不一致”和“非合意谈判”问题，而这并不能激励投资者的投资行为。而解决“动态不一致”问题的机制是将政治风险承担者与利益相关者联系起来，并加大保护投资者的力度。也有实证研究表明，基于理性预期理论的金融契约往往是纯状态依存的，由于缺乏弹性而导致价值常常被低估。面对环境的高度不确定性，设计一揽子方案对应于不同自然状态下的金融契约相当必要。国内学者万迪昉等（2010）将金融契约理论关注的重点聚焦在投融资双方签约后，控制权的分配如何影响现金流和控制权私人收益。金融契约理论的基本思想是企业家与投资者之间的契约关系是动态的，当企业有偿付能力时，股东拥有决策权，而当企业处于破产状态时，债权人拥有决策权。这种观点与代理理论的观点是有区别的。金融契约理论还借鉴了不完全契约理论的最新成果，把有限理性、互惠和公平感知以及认知局限性引入不完全契约设计的研究，从而把行为金融与行为契约理论整合在一起。

信息不完全、不对称的现实环境下，逆向选择和道德风险行为客观存在，最优的金融契约设计通过满足投资方与融资方的激励相容与个体理性约束，从而调动双方的积极性，实现项目的最优绩效。企业作为金融契约的提供者，通过提供不同的融资契约实现企业价值最大化；而投资者作为金融契约的需求方，通过动态调整所持有的金融契约在不同阶段实现自身收益最大化。高度不确定的环境是客观存在的，金融契约设计的本质是在企业家和金融家之间实现最优的资源配置和风险分担，避免或减弱道德风险和逆向选择，显然，这对于妥善解决融资者和投资者之间的权、责、利问题，使得收益与风险相对等，提高交易的执行效率非常必要（张雄和万迪昉，2009）。

投资者对政府所融资的项目的情况并不了解，而对其融资后的努力情况也知之甚少，不能实施有效的监管，逆向选择问题产生。一旦政府项目投资失败，产生违约风险，经销商因为已经拿到了利润，可以全身而退，而风险很有可能转移到终极委托人身上。在包括中央政府、地方政府等在内的市场参与者间建立一套激励相容机制，既可以调动地方政府的积极性，保证其有动力去发债，从而为急需资金的项目融资，为地方提供必要的公共物品，保证中央计划者目标的实现，又不至于使地方政府预期到中央严厉的惩罚措施，失去发债的积极性，显得异常重要。中央政府与地方之间的最优的金融契约条款保证了两者之间激励相容，在参与者理性约束及激励相容约束下实现帕累托最优，实现福利最大化。

第四节　道德风险问题

道德风险（Moral Hazard）是指签约后，具有信息优势的一方采取机会主义行为，而这种行为往往不能被观测，或者即使可以被观测到，但无法证实，从而给其他签约方带来损失，这种信息不对称问题就是道德风险。道德风险最早可追溯到20世纪初，相关研究在20世纪六七十年代逐渐成为热点。Ross（1973）最早提出了“委托人”和“代理人”的概念。而Mirrlees（1974）首先证明了存在不确定性时，违约金可以起到作用，从而建立了道德风险的基本分析框架，因其在不对称信息方面的贡献，Mirrlees荣获1996年的诺贝尔经济学奖。Hölmstrom（1979、1982）继承和发展了Mirrlees的研究，构建了Mirrlees-Hölmstrom模型。

一、道德风险的理论基础

1. 信息不对称理论

信息不对称（Information Asymmetry）指的是参与者中，部分拥有信息优势，而另一部分不具备的情形。信息往往是不对称、不完全的。这种不对称性可以从两个角度进行划分：一是签约之前（ex ante）的“逆向选择”或签约之后（ex post）的“道德风险”；二是隐匿信息的道德风险问题和隐匿行为的道德风险问题（张维迎，2004）。信息不对称问题产生的道德风险使得委托—代理理论得以不断发展和日趋完善。

2. 委托—代理理论

信息经济学和标准的委托—代理理论文献中，通常将拥有私人信息或者信息优势的一方称为“代理人”（Agent），不拥有信息优势的一方称为“委托人”（Principal）。诺贝尔经济学奖得主Mirrlees和Hölmstrom开创了委托—代理理论的基本模型，他们认为需要设计一套规则，使得委托人在保证代理人利益的基础上，实现自身的目标。

标准的委托—代理模型中，委托人期望效用最大化的合同需要满足如下条件：①激励相容约束；②个体理性约束。

委托人的问题可以模型化为：

$$\max V(\pi - s(x)) \cdot f(\pi, x, a)dx \quad a \in A, s(\cdot)$$

$$s.t. \int U(s(x)) \cdot f(\pi, x, a)dx - C(a) \geqslant \int U(s(x)) \cdot f(\pi, x, a)dx - C(a) \quad a \in A$$

$$\int U(s(x)) \cdot f(\pi, x, a)dx - C(a) \geqslant \Delta$$

标准的委托—代理理论建立在对称信息的基础上，因此可以实现最优（First Best）的状态。而非对称信息下的本质是将信息对称的假定修正为信息非对称，此时，我们只能得到次优解（Second Best）。

其中，$V(\cdot)$ 表示委托人的效用函数，$U(\cdot)$ 表示代理人的效用函数，$s(x)$ 表示激励契约，$C(a)$ 表示代理人行动的成本，a 表示努力水平，A 表示努力水平高的集合，$f(\cdot)$ 表示收益随外界因素变化的密度函数，Δ 表示代理人不接受合同时的保留效用（代理人在“不接受合同时能得到的最大期望效用”称为保留效用）。

3. 契约理论

契约的本质是协调和激励。契约理论大致可分为古典契约理论、新古典契约理论以及现代契约理论三种类型。古典契约理论沿袭罗马法体系的框架，要求双方签订面面俱到的完全合约。新古典契约理论可以追溯到瓦尔拉斯、帕累托等的一般均衡理论。后人又进行了不断修正和完善，著名的阿罗—德布鲁范式运用凸性和不动点定理，解释了帕累托效率的配置与竞争均衡之间的相关性，被认为是新古典契约理论的原型。然而这个范式中不存在不确定性以及信息不对称，后来经过不断修正，将两者融入了阿罗—德布鲁范式，新古典契约理论逐渐过渡到现代契约理论。现代契约理论的核心观点认为企业是一系列契约的联合体（Nexus Incomplete Contract）。契约又可分为完全契约和不完全契约。完全契约建立在人的完全理性、预算约束、完全竞争市场等假设之上，与现实世界相去甚远，Hart 和 Moore（1988）就对此提出了批评，认为其与现实不符。环境的不确定性、个人的有限理性以及信息不对称等客观存在导致签订的契约往往是不完全的。不完全契约设计的核心是激励契约机制设计以及机制的执行问题。

实际上，信息不对称理论、委托—代理问题以及契约理论三者是紧密联系不可分割的。由于委托人和代理人之间的信息不对称，“逆向选择”和

“道德风险”不可避免。而激励实际上可以缓解这个问题。机制设计就在于通过设计契约实现委托人与代理人之间的激励相容，解决代理问题和道德风险，实现组织目标。

二、道德风险的理论拓展

委托—代理理论讨论的是单边道德风险，也就是代理人的道德风险问题，然而，委托人也可能存在机会主义行为。这种同时考虑委托人和代理人道德风险的问题就是双边道德风险。由于委托人或代理人都可以是多个，因此，传统的代理人单任务问题也可以拓展到多任务问题（Hölmstrom 和 Milgrom，1991；Dewatripont 等，2000）。

1. 双边道德风险

委托人和代理人都可能存在机会主义行为，称为“双边道德风险”（Golosinski 和 West，1995）。这一表述是从 Cooper 和 Ross（1985）而来的。20 世纪 80 年代以来，先后出现了一系列文献，如 Emons（1988）、Dybvig 和 Lutz（1993）等将这一理论应用于质量保证合同的签订。双边道德风险在保险市场（Rothschild 和 Stiglitz，1976）、产品质量保证书（Priest，1981；Mann 和 Wissink，1988）、特许经营（Golosinski 和 West，1995；Eswaran 和 Kotwal，1985；Lafontaine，1992）、纵向一体化（Banerjee 和 Beggs，1989；Romano，1994）中都有广泛的应用。

2. 多个委托人与代理人

（1）多委托人—单代理人模型。一个代理人同时为多个委托人工作的情形，在现实中是广泛存在的。委托人要求代理人提供不同的努力水平，并以不同的方式对其工作结果进行评价，然而，代理人的策略取决于其可以获得的总的期望支付水平，也就是说，其策略由预期支付水平下的预期收益决定。因此，当委托人以非合作方式行动时，搭便车现象就不可避免地出现了。解决方案是采用类似 Hölmstrom（1982）针对多代理人情形提出的机制，也就是委托人并不直接与代理人签约，而是与风险中性的中间人签约，委托人根据结果决定如何向中间人支付，而中间人向代理人提供一个状态依存的合同。

（2）多代理人模型。组织中存在多个代理人时，情况会变得异常复杂。此时，委托人有两种可供选择的监督方式：一是自己直接监督；二是委托监督者去监督。假定委托人不能保证其控制策略，直接监督的情况下，委托人与代理人签订的契约的内生性决定委托人的控制水平；而选择委托监督者进行监督时，委托人需要设计一个合同，从而使得监督者付出恰当的努力水平，这时，便产生了委托利弊的问题。有关委托利弊的研究众多（Melumad 和 Reichelstein，1987）。

3. 多任务及多期下的道德风险问题

（1）多任务下的道德风险模型。代理人同时承担委托人委托的几项任务时，会出现任务之间的相互作用问题、不同任务间的替代或互补关系问题等。Hölmstrom 和 Milgrom（1991）开展了代理人只完成两个任务的研究，并分析了两者的关系是替代或互补情况下的激励强度和激励效果。Paul 和 De Bijl（1995）则讨论了责任委派的好处，由于允许代理人实施其偏好的项目，因此，代理人会付出较高的努力水平，研究结论是责任委派可能有益于委托人。

（2）多期下的道德风险问题。这本质上是个重复博弈问题，重复博弈的目的在于诱导对方充分披露信息，尽可能地降低信息不对称，从而减弱或是消除道德风险。Schmidt 和 Schnitzet（1995）构建了重复的道德风险模型，他们认为，在显性契约中，如果控制代理人的一些行为是可能的，那么可实施行动的集合就可能增加或者减少。Malcomson 和 Spinnewyn（1988）以及 Fudenberg、Hölmstrom 和 Milgrom（1990）都证明了最优的长期契约存在记忆的特征。此外，在单边无法完全承诺的情形下，Lambert（1983）得到了契约仍然具有记忆特征的结论。Atkeson（1991）分析了在单边承诺的情形下无穷期重复契约的关系。Thomas 和 Worrall（1988）则在无穷期重复博弈框架下讨论了双方都缺乏承诺的情形。在有限期（T）重复博弈的框架下，Dewatipont（1989）讨论了防范重新谈判的劳动契约问题。多期重复博弈下，委托人不断学习到有关代理人的知识，信息被渐进揭示出来，存在这样一个机制，使得第一阶段的转移支付以及产出的种类和空间类型的基数一样多。

4. 信息结构

在道德风险的分析框架下，委托人通过可以验证的信号改进对代理人的激励水平。状态空间模型化方法下（Ross，1973），产出表达式为 $x = x(a, H)$，其中，H 是对产出有影响的随机变量。这种方法下，信息结构体现为通过随机变量 H 形成的努力与产出之间的关系。Hölmstrom（1979）对信号的信息性展开了研究，认为调节代理人补偿计划可以通过运用任何传达代理人努力水平的信号来实现。这一结论在多代理人的情形中也得到了应用，如果多代理人的工作表现有相关性，那么，即使努力不相关，代理人的工作表现也可以用于激励另一个代理人的努力水平（Nalebuff 和 Stiglitz，1983；Mookherjee，1984）。此外，也有部分学者对信息结构比较展开了研究，Grossman 和 Hart（1983）的研究结论是两个信息结构之间的 Blachwell 占优，代表了信息系统内相关的两个代理人的代理成本排序。也有学者将精度定义为信号与未知随机变量之间的相关程度，认为相关程度与精度之间是正相关关系。相关的研究还有 Kim（1994）和 Jewitt（2007）的工作。Laffont 和 Martimort（2002）对信息问题做了更为系统的分析。在已有观测结果的基础上，Fagart 和 Bernard（2002）开展了信息增量结构之间的比较研究，通过对不同审核成本投入和产出的优势和劣势进行比较，他们认为必须扩展更高阶（二阶以上）的随机占优，才能对信息增量结构的优劣做出判断。

审核策略与努力水平之间存在一个权衡（Tradeoff），也就是说，需要解决最优监督与最优努力水平问题（康璞等，2009）。将信息结构进行动态化处理，即可建立内生性的约束力量。在凹性审核技术下，Kim 和 Suh（1992）认为最优审核随着观测的产出而降低，并具有低尾性质。Fagart 和 Bernard（2002）认为随着单位审核成本的增加，审核频率（Frequency）会降低。审核或不审核对代理人没有差异时，随机审核退化为最优审核强度问题。Demougin 和 Fluet（2001）讨论了监督成为内生变量时的情况，认为激励和监督之间存在互补或替代关系，究竟是替代还是互补，取决于收益和成本的比较。Nikolova（2009）将其拓展到了多代理人的框架，结论是代理人之间对于彼此的努力水平相比委托人具有信息优势时，可以替代由委托人提供的激励报酬。

比较不同的激励结构，对于信息结构效率的观测中，信息的丰富和敏感程度是其有效与否的决定因素。监督带来了信息的扩大和精确化，不同的监督技术，监督策略也会呈现出差异。一个激励结构必须同时界定内生的监督策略和激励效率。

5. 混合道德风险

这类模型将逆向选择与道德风险结合在一起，是一种混合模型。Laffont 和 Tirole（1986、1993）在管制和采购理论中建立的模型就是将两者结合在一起，他们的结论是，定价机制与激励机制之间存在某种分离性质。Lazear（2000）利用存在虚假道德风险的模型实证检验了随机表现的支付与生产率之间的关系，Laffont 和 Martimort（2002）对最优的税收模型进行了研究，他们认为，类型和努力水平不再简单叠加，而是和可以被政府观测到的变量综合在一起。

第五节 对本书的启示

本章从拍卖理论的基本分析框架、不完全契约理论的基本分析框架、金融契约理论的分析框架、道德风险模型四个方面对拍卖、不完全契约、金融契约、道德风险的相关研究进行了较为系统的综述。沿袭该领域研究的理论发展脉络可以发现，随着过去几十年来拍卖、不完全契约等理论的不断发展与完善，将拍卖应用于国库券发行、频谱分配等领域的范围不断扩大并成为热点问题，而由于隐匿信息以及隐匿行为而引发的道德风险等问题也成为学者聚焦的领域。

然而，尽管这些理论在过去取得了快速发展，但综观这些领域的现有研究，可以发现仍然存在不足和较大的拓展空间，根据现实问题和已有文献中尚未完善的研究成果，本书的研究将主要集中在以下四个方面：

首先，尽管理论界对于存在合谋的拍卖问题已经取得共识，但是，对于引入转移支付的拍卖问题的研究却少之又少。本书结合中国的现实情境，将转移支付引入拍卖理论模型，同时将再售市场统一到拍卖的框架内进行了讨论。

其次，关于资源错配问题的讨论大都基于 Hsieh 和 Klenow（2009）的框架进行。本书基于拍卖理论框架，讨论了资源错配对经济的影响，这也拓展了拍卖理论的研究视角。

再次，根据中国地方自行发债的现实，总结归纳出发债过程中的潜在问题，提出中国背景下的地方债定价机制设计思路：针对地方债的“准国债”属性，提出推行事实上的“自发自偿”制度安排；通过设定适当的保留价格（或利率）克服地方政府的强势行政干预；针对地方政府与投标机构合谋的问题，提出地方债融资规模与相关业务打包发行的组合投标模式。一是根据上述设计思路，建立组合投标模型；二是探讨以少数大型投标者为主和以多数小型投标者为主的两种市场结构情形下，荷兰式和美国式两种发行定价机制下潜在投标者的竞投过程，求解得到投标者的均衡报价函数；三是从融资规模和成交价格的稳定性两个方面比较分析荷兰式定价机制（DPM）和美国式定价机制（APM）的市场表现；四是考虑潜在投标者进入对均衡报价和机制市场表现的影响。

最后，关于隐匿信息、考虑声誉效应的隐匿信息问题、隐匿行为以及考虑声誉效应的隐匿行为问题的理论模型并不少见。本书结合中国情境，将中国地方政府发债的现实问题模型化，并将中央政府的隐性担保问题统一到理论模型中进行了讨论。相对中央政府而言，地方政府对自己的收入水平以及偿债能力信息具有明显的信息优势，而作为委托人的中央政府只能依靠地方政府报告有关收入、偿债能力的信息，但却无法对地方政府报告的真实性做出完全准确的判断。财政分权及晋升博弈模式背景下，地方政府存在事前逆向选择以及事后隐匿行为的道德风险，本书讨论了这两种情形下的中央政府最优监管机制问题。

基于现有的拍卖理论，将中国地方政府自行发债问题模型化，构建符合中国现实情境的地方政府自行发债定价机制，从而为地方政府债券发行的定价机制设计提供理论基础；本书基于金融契约等理论，讨论了存在中央隐性担保时，地方政府事前逆向选择及事后隐匿行为的道德风险下，中央政府的最优监管机制问题，进一步地，本书讨论了考虑声誉效应时，中央政府的最优监管问题。这种基于理论的分析有利于我们进一步地为政府部门在自行发债工作中的发行定价机制及监管机制设计提供理论依据，为推动财政分权、实现利率市场化、建立多层次的债券市场、推动金融市场的有序发展提供重要的理论支撑。

第三章　地方债的发行与监管：实践依据与科学问题

对于多层级政府的国家而言，中央政府（Central Government）或者联邦政府（Federal Government）以下所有层级的政府和公共机构统称为地方政府（Subnational Government）。地方政府债务是指为满足地方经济与社会事业发展的需要，由地方政府及其授权代理机构发行的债务凭证，地方政府按照有关法律法规承担还本付息责任，从而弥补收支不足造成的支出缺口。

显然，地方政府在提供“地方性公共物品”方面比中央政府更具有信息优势（上海财经大学公共政策研究中心，2010），此外，考虑吸引私人资本进入具有较大正外部性，因此，中央政府允许地方政府通过发行市政债券，实现弥补赤字、筹集建设资金、优化资源配置、增加地方总供给。通过发行地方债募集资金已经成为地方市政建设重要的途径（马海涛和温来成，2013）。实际上，无论是联邦制国家，还是单一制国家，绝大多数是允许地方政府举借债务的。从全球来看，州和州以下地方政府债务的重要性在上升，这种现象在单一制国家同样存在，法国的地方政府负担了超过70%的公共投资，印度尼西亚和土耳其的这一比例也接近50%①。

由于地方政府债务与资产在规模、期限结构上存在不匹配的情况，因此地方政府的债务可能存在不可持续的问题。尤其是显性直接债务、显性或有债务、隐性直接债务、隐性或有债务等复杂的债务形态交织在一起，在特定条件下，风险集中爆发时，将破坏地方政府财政的稳定以及平衡，形成巨大的地方政府债务危机，同时危及上一层级政府。地方政府的借贷必然存在违约风险②，其融资行为可能会给地方政府带来破产风险是个基本现实。

① 数据来源于有关政府的网站和世界银行在各国的研究团队所开展的研究。

② 一个地方政府在债务到期时不能如期偿还被视为无力偿还（Insolvency）。除欠债以外，无力偿还的特点是真实的。

很明显，在没有建立有效的风险控制机制的情况下，地方政府的发债风险很容易外部化。因此，构建地方政府债券发行和监管机制框架体系，成为一般国家中央政府或者联邦政府的政策目标。

地方政府的债务管理目标是在保证地方政府有足够偿债能力的基础上，满足地方政府的举债需要。随着市场化进程的推进以及国际化程度的加深，成本与风险控制成为地方政府债务管理的重要目标。融资必然产生成本，要实现可以持续的融资目标，则必然要求政府的能力与风险水平相对等。缺乏监管的地方债券市场必然产生违约风险，甚至导致政府破产，危及地方性公共物品的供给，不利于宏观经济稳定。过于严格的限制可能削弱地方政府为重要项目实施融资的能力，妨碍他们在危机时刻进行融资，然而，中央为地方提供担保虽然可以提高地方政府的信用等级，但同时也可能导致道德风险（Liu 和 Waibel，2008；Ianchovichina 等，2008；Liu 和 Waibel，2007）。解决这一矛盾的方案是建立完善的监管机制框架。

目前，世界各国都普遍采取债务成本与风险匹配的方法管理债务。允许地方举债的同时，大都建立了较为完善的债务管理和风险控制体系。20 世纪 90 年代，巴西、匈牙利、俄罗斯等国家都经历过财政紧缩或者债务危机，而法国、美国等发达国家也有过地方政府破产的教训，这促进了风险监管体系的建立①。总之，这些国家的地方债发行经历了长期的发展和演变，在发行以及监管方面形成了较为成熟有效的模式，这些国家的经验教训对中国的地方债发行工作有什么启示？改进中国的地方债发行工作应该从哪些环节着手开展？

一个健康的债券市场对一国经济相当重要，本章旨在梳理地方政府债券发行及监管方面的国际经验，并通过回顾中国地方政府自行发债的历程，就中国可能的改革方案进行讨论，重点厘清中国地方政府自行发债工作的关键在于从发行定价机制和监管机制设计着手，构建符合中国现实环境的地方政府债券发行定价机制及监管机制设计框架，这也为后文开展进一步研究奠定基础。

① 法国的分权化改革开始于 1982 年，出现违约案例后，监管体系随即建立起来。美国的地方资本市场有着超过 200 年的历史，进行过一系列的立法和制度改革，其中包括通过宪法对债务实施限制以及通过破产法等。

第一节　国际经验

一、联邦制国家

1. 美国

有研究认为美国市政债券的起源可以追溯到 18 世纪，当时的城市基础建设需要大量资金，地方政府开始通过发债的办法融资。其发展大致经历了内战前、内战后至 1910 年、1910~1956 年和 1956 年后四个阶段。据美国市政债券规则制定委员会（Municipal Securities Rulemaking Board，MSRB）提供的数据显示，目前美国 80000 多个地方政府当中，已经开始发行市政债券的超过了 55000 个。美国的市政债券市场经过 200 多年的发展，已经成为与国债、股票、企业债券并列的第四大资本市场。2001~2011 年美国市政债券市场规模如图 3-1 所示。

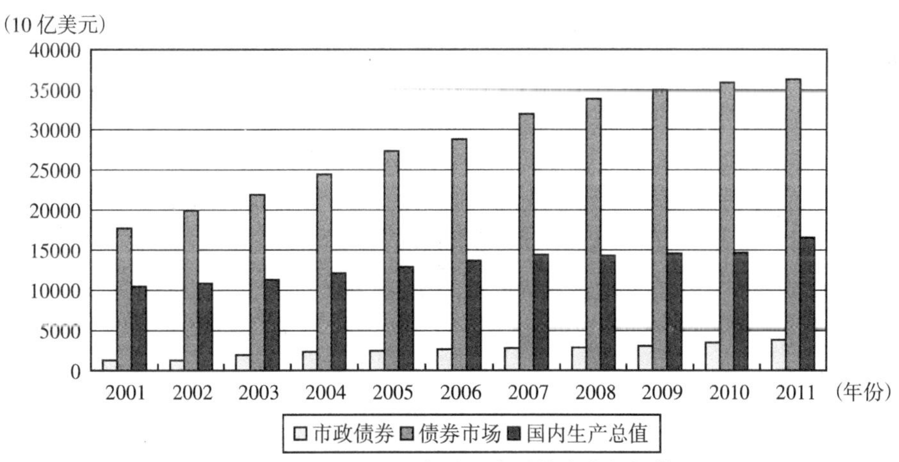

图 3-1　2001~2011 年美国市政债券市场规模

（1）发行。美国市政债券的发行主体包括州及以下层级地方政府和其授权机构。它们无需获得上一级政府的批准即可自行发债，拥有发债自主权。

市政债券的发行有公募和私募两种，公募又分为竞标承销和协议承销[①]两种方式。市政债券的发行价格完全由到期收益率、流动性、违约风险、税收等市场化因素决定，这些因素共同决定了利率水平。特别值得提出的是，美国的免税政策降低了到期收益率，这表现在信用级别高的市政债券的到期收益率要低于联邦政府的国债收益率水平。在美国市政债券市场，一般责任债往往通过公开竞标的方式发行，而收益债券多采用协议承销的方式发行。采取私募方式发行的债券占比很低，一般是那些没有良好信用记录或者债券评级较低的地方政府。但是，如果地方政府的信用水平较低，从而造成其违约风险较高的时候，到期收益率水平将是以上行为综合作用的结果。

（2）监管。美国的法律要求市政债券的发行主体公布其需要承担的责任和义务，向投资者提供包括政府资产、负债、收入和支出的综合性财政报告。为了保证报告的透明度和责任性，政府会计准则委员会多次对其进行修订。此外，还要有“债权律师”对发行债券的合法性、免税待遇出具法律文书。当发生类似本金和利息不能按期偿付、评级变化等情况时，政府需要立即向公众披露相关信息，保证投资者及时了解相关情况。除此之外，美国市政债券分析师协会（National Federation of Municipal Analysis）和美国政府财务师协会（Government Finance Officers Association）等行业组织还制定了指导信息披露的规范性文件，而这些规则事实上已经成为披露市政债券发行信息应该遵循的规则。

经历了 1929 年的股市崩盘、证券市场的信心缺失和经济萧条之后，美国国会认识到，为了维持经济和社会的稳定，有必要对资本形成和投资的方式进行国家层面的监督。对于地方债券市场，联邦政府主要承担监管职责。联邦政府采取市场机制和源于宪法、其他法律、规章结合进行控制管理的模式，具体由美国市政债券规则委员会和美国证券交易委员会负责。信用评级是辨识债券风险的有效工具，监管机构明确规定，发债机构必须同时具有两个信用机构对其出具的信用评级报告。发债之前，具备资格的机构对发行人的财务、债务状况、偿债能力进行审核，并出具信用评级报告以及具体的意见。而且，评级的方式、采用的数据以及结论的依据都需要接受市场检验，通过行贿购买评级报告等不正当操作手段在美国市场非常少见（王刚和韩立

① 竞标承销是指以竞争投标的方式发行债券。一般而言，一般责任债的发行采取竞争承销的方式销售。

岩，2003)，这就保证了评级的客观性。州及以下地方政府发债，必须经过听证、公决、议会或镇民代表大会批准，并由公众投票决定州及以下地方政府是否可以进行发债。为了防止“地方政府无节制”[①]，州宪法对举债规模等有明确的限制，常用指标包括债务率、负债率和偿债率等，具体如表 3–1 所示。收益债券发行则不需要那么高级别的机构批准。

表 3–1 美国市政债券常用规模控制指标

指标	公式	意义	最优区间
债务率	地方政府债务余额/地方政府年度总收入	测算政府还贷能力	90%~120%
负债率	州政府债务余额/州内生产总值	地方经济增长对政府举债的依赖程度	13%~16%
人均债务率	债务余额/当地人口数		
偿债率	债务支出/经常性财政收入		7%以下
偿债准备金余额比例	偿债准备金/债务本金		

美国的市政债券市场起步早，已经相当完备，债券种类多，用途明确，禁止挪用。此外，美国的信用评级制度非常严格，风险较低。由于超过 50%的市政债券具有担保，投资者可以得到较好的保护，投资很安全。由于利息享受免税优惠，美国市政债券利率通常低于联邦政府债券利率，具体如表 3–2 所示。

表 3–2 共同基金收益水平及风险比较

基金类别	收益率（%）	税收收益率（%）	平均信用等级
市政债券基金	4.5	4.5	AA
国债基金	5.6	3.4	AAA
高收益公司债基金	9.2	5.6	BB

资料来源：美国证券业与金融市场协会（Securities Industry and Financial Markets Association）。

① 19~20 世纪的经济大萧条期间，发生了多起地方政府债券违约的案例。这些案例当中，有些是因为地方政府无节制的发债引起的。参见楚钢：《以邻为鉴：美国地方债券市场对中国的启示》，中国证券网，2009 年 6 月 8 日，http：//www.cnstock.com/08gupiao/2009–06/08/content_4335912.htm，2016 年 12 月 6 日。

一般责任债由负债的地方政府使用项目收费收入、地方税收进行偿还，而收益债券则以项目的收费收入进行偿还。“偿债准备金”制度为防止地方政府违约提供了屏障，随着债券被分期偿还，准备金的规模也会减少。总之，从申请发行到债务偿，有包括法律法规在内的保障体系。因此，相比其他国家的市政债券市场，美国的市政债券风险较低，根据穆迪公司统计，1970~2000 年，美国市政债券市场的累积违约率为 0.042%。

正是有了一套从发行到监管的严密制度设计，美国的市政债券市场已经成为美国资本市场的重要分支，为美国州及以下地方政府的融资做出了巨大贡献。

2. 澳大利亚

澳大利亚的地方债管理经历了自由竞争（1901~1927 年）、严格管制（1927~1951 年）、放松管制（1951~1983 年）、总量控制（1983~1992 年）、市场运作（1992 年至今）五个阶段，这个过程本质上就是由市场运行为主到政府管制为主，再到市场运行与政府管制结合的过程。2002~2011 年，澳大利亚的地方债余额呈现增加的趋势，截止到 2011 年，该余额达 1040500 万美元。经过多年的探索，澳大利亚形成了目前独具特色的国库公司“公司债券”的融资模式。国库公司吸收州政府多余资金的工具包括定期存款、活期储蓄以及沙漏投资便利[①] 等。澳大利亚地方政府负债率较低，负债规模不大，地方财政风险很低。

（1）发行。《澳大利亚联邦宪法》赋予州政府举债权。获得财政部长批准后，地方政府可以通过贷款、透支等方式举债。澳大利亚建国初期，地方政府拥有自主发债权，20 世纪 30 年代后，开始实行中央代发模式，代发模式的弊端在于信息不对称会引发道德风险，这一问题严重困扰着联邦政府，始终无法很好地解决。20 世纪 80 年代后，出现了国库公司债券融资模式，融资活动完全按照市场化方式运作，地方发行的债券要经过严格的信用评级。20 世纪 90 年代后，地方政府重新获得独立发债权。由此，澳大利亚存在地方政府直接发行债券进行融资和国库公司的“公司债券”融资两种方式，后者占有更大比重。

① 沙漏投资便利是指客户将资金交给国库公司，然后由国库公司将资金交给经过选择的专业化投资公司获取收益（国库公司相当于“沙漏”，客户资金类似于“沙漏”中的“沙子”）。

（2）监管。澳大利亚财政部内设借款委员会，由其专门负责协调、监督以及管理公共部门的债务。澳大利亚政府要求地方政府定期向借款委员会提交筹资战略和下一年度的净融资需求，由该委员会成员根据国家的宏观经济状况决定各地方政府的融资额度。如果需要调整债务预算，也由该委员会内部进行研究后决定。同时，地方政府需要按照权责发生制原则，及时披露所有负债情况（包括直接负债和间接负债）。

债务由举债机构进行偿还。借款委员会根据地方政府的报告进行跟踪管理和综合平衡。此外，《澳大利亚联邦法案》对解决州政府的债务问题具有明确的举措。当存在债务偿还风险时，澳大利亚的地方政府创造出了很多化解方案。如金融资产私有化、增加税收等。当地方政府出现来自国际资本市场的兑付危机时，联邦政府会出面干预并进行救助，但是，对于违约的州政府，澳大利亚政府会采取严厉的惩罚，这是其重要的监管措施。

联邦政府通过一系列严格的措施对地方债务进行管控。实践证明，澳大利亚的地方债管理工作非常成功，没有出现过地方债过度膨胀、政府破产等现象。

3. 巴西

2000 年 5 月，巴西政府颁布了《财政责任法》，该法的制定确立了公共财政规则，强化了政府的债务管理责任。此外，巴西还通过参议院的决议案强化地方债务管理，这一系列的法律法规重建了巴西财政的管理框架，通过严格的供给约束、政府预算约束形成了严格的债务管理体系。

（1）发行。巴西的地方政府拥有举债权，中央政府对地方债务发行进行监管。大多数的地方政府债券通过巴西国内的市场发行，但是，巴西的地方政府也在外国司法管辖区内的国外市场发行国际债券。

（2）监管。巴西的地方债务管理高度透明，地方政府以四个月为周期向联邦政府汇报财政账户收支的详细情况，报告由地方行政长官签署后公布于众。巴西的国家信息系统是与银行联网的，地方政府报告的信息需要进入这个信息系统，因此，政府以及银行都可以随时查询到包括债务规模、借贷交易情况、申请的先后次序等信息。

为了应对反复出现的地方债务危机，巴西大幅加强了事前监管。第三次危机的救助以进行财政改革和结构性改革作为先决条件①。中央政府通过发行中央债券成为地方政府的债权人。同时，中央政府要求地方政府每月支付其净收入的13%作为担保。巴西的中央政府利用宪法的权力通过决议②和法律条文的形式形成了地方债券发行的控制机制，对地方政府的借款条件有清晰的约束，如政府签发的担保余额低于经常性净收入的25%；每年的发债额度不能超过当年实际纯收入的18%；禁止地方政府向其所有的企业或者供应商借款；借款额应小于资本预算规模等。巴西财务双向的控制手段双管齐下，既对地方政府的发债行为、规模进行控制，同时也严格约束金融机构的贷款规模，即巴西的中央银行作为州政府从国内银行部门举债的监管人，对州政府的举债进行监督，中央银行禁止私人银行以任何形式增持州政府债务。但是，这些规则自身比较混乱，虽然后来做了调整，但仍然无法增加其可信度（Dillinger和Webb，1999）。此外，巴西的《财政责任法》对于违约地方政府的责任人的处理也做了清晰规定，如根据情况采取免职、人事处分和禁止在公共部门任职甚至判刑等处理方法。

实际上，巴西的发债经验对中国具有很重要的启示意义。巴西三次地方债务危机都以中央政府"兜底"结束，这种事前地方政府无约束举债引发危机，风险倒逼导致中央引火烧身，事后中央不得已作为最终担保者出现的教训非常深刻。巴西吸取经验教训，通过完善立法加强了对地方债的监管。巴西的《财政责任法》对地方政府的借债行为进行了严格设定，对其发债额度有清晰的限定，消除了联邦政府为地方政府"兜底"的任何可能。这一点对于地方政府树立责任意识和建立健康完善的地方债券市场是极其重要的。中国与巴西同属发展中国家，债务规模庞大。吸取巴西的教训，尽快采取得力措施，加强管理，设计从事前到事中的严格监管机制，加强对地方债务的监管对于中国而言显得非常紧迫而又必要。

---

① 巴西的中央政府在20世纪90年代加强了监管，最终在2000年形成统一的地方债监管框架。

② 为了规避三次地方债券危机，巴西参议院利用宪法权力于1998年通过了第78号决议，建立了地方债券发行的控制机制。

二、单一制国家

1. 法国

法国的地方债券制度也经历了一个演变的过程，目前形成了包括事前审核、事中跟踪控制、事后监管的从发行到监管的完善的制度体系，值得中国借鉴。

（1）发行。发行制度设计根据预算规则确立。1982 年之前，经国家特许后，地方政府可以举债；1982 年后，法国的省级政府不需要经过中央政府批准可以直接发债，举债的主要形式是银行贷款。市政债券的发行要遵循市场规律，同时必须以地方政府的资产作为抵押或者进行担保。

（2）监管。地方政府债务的形成和偿还必须严格遵循预算编制程序，并完全纳入公共预算的框架内。举债的地方政府必须按时向审计部门报告财务状况，及时接受其审计监督。国家建立了地方分权总基金、运行总基金以及装备总基金等一系列专项基金，这为地方债券以及国际财政改革提供了财政保障。发行地方债券募集到的资金只能用于投资或者基础设施建设，严禁用于弥补预算产生的缺口。

法国的财政部设立了专门的债务管理办公室，由这个办公室负责管理全国的地方债务。管理策略逐步从被动执行地方债务发行和还本付息转向统筹考虑政府的债务与风险，逐步将地方政府的债务组合纳入一个统一的框架进行系统化管理。法国的中央与地方政府之间在职责权限划分上清晰科学，并在宪法里确立了中央监督与地方自治相结合的治理模式。法国的地方政府在承担事权的同时，拥有相应资源的掌控权，比如税率的决定权，因此，事权和财权相匹配。中央对地方具有事后的监督权，并在法律上予以确认，但是，地方政府可以自行审批预算。法国建立了包括行政、立法、司法和金融部门在内的立体化网络，通过议会、审计法院、财政部、金融部门对地方债券实行严格的监管，这种由事前行政审批为主转变为事后合法性监督为主的监督手段，确保风险降到最低程度。地方债务除了接受来自司法、行政、立法部门强有力的监控外，还受到来自金融机构的监控。地方债由银行代为发行，因此，银行系统对地方财政状况非常了解，一旦地方财政出现风险，银行就会向地方政府提出警告。

立法、司法、行政、金融形成的协同监管网络保证了法国地方债券市场的有序运行，大大降低了地方债券市场的风险，保护了投资者的利益。

2. 日本

日本的地方债制度最早可以追溯到 1879 年，当时的制度设计实际上是中央集权国家的某些过渡性的债券市场制度安排。近年来，日本重要的财力来源就是发行地方债，除 2008 年外，地方债券的发行规模一直呈现上升趋势，1985 年为 172790 亿日元，2003 财政年度末，达到 19 万亿日元，地方政府对债券的依赖程度高达 17.5%。2008 年，日本地方债券余额占 GDP 的比重为 40%，高于美国 15%~20%的水平，2011 年日本地方债券的发行规模已达到 901960 亿日元。目前，日本的地方债券市场位居全球第二。

（1）发行。都道府县和市町村两级地方政府发债，由其直接发行，地方公共团体不能随意发债。地方政府主要通过三种方式发行地方债：一是销售。地方政府先公布发行条件和有效的销售时间范围，有购买意向的投资者在规定时间内提交申请，并将按照提交的先后顺序获得债券。二是支付。也就是说地方债到期的时候，地方政府兑付。三是募集。地方政府公布地方债的发行条件，投资者提交竞价并按照其报价高低缴纳现金，之后由地方政府发债。此外，日本地方债券的发行期限较长，一般都在 5 年以上，发行利率也偏低，在 1.1%~3.2%之间。

（2）监管。日本地方政府的发债行为受到中央政府的严格监管。地方政府的发债额度、发行条件、募集资金用途、偿还方式都要通过监管部门的严格审核。地方政府必须及时公布实际偿债率、赤字率、综合赤字率以及未来债务负担率，并且所有指标必须符合固定标准。符合标准的地方政府需要向内务省申报发债额度、建设项目以及资金来源等情况，审查批准后，财务省下达发债额度。

通过审计进行监督也是监管的一部分。地方监察委员会负责对地方政府的财政收支以及政府行为进行审计，并出具审计报告，提交给国会或委托审计的政府机关，并针对出现的问题提出改进措施。

总之，作为中央集权的国家，日本的地方债券市场非常具有特点。日本的地方债管理实行严格的资格审查，依据法律确定发债主体资格，根据不同主体的情况确定发债规模，从而控制了发债风险。这些举措都说明，日本的中央政府针对地方债的发行建立了严格的管理制度，因此其地方债券风险较低。

3. 南非

南非建立了比较完善的制度约束型的地方债务管理模式。

（1）发行。《市政财政管理法》明确规定，城市可以发行公债。负债以兰特为计量单位，保证债务数额不受兰特与外币之间的汇率变动的影响。

（2）监管。南非的地方债发行是高度透明的，地方政府必须披露影响投资人决策的所有重大信息，并确保其准确性。年度预算、调整预算及长期借款合同等有关资料必须在官网公布。为保证财政风险透明化，南非政府采用 Polackova 提出的财政风险矩阵来鉴别其承担的风险，并寻找可能的补救方案。《市政财政管理法》明确规定，市政委员会决议后，市政府可以为政府的任何债务提供抵押。但是，不得为任何政府机构或自然人的责任或债务提供担保。此外，除了《公共融资管理法》规定的担保范围之外，中央及省级政府也不能为市级政府或实体的负债提供担保。

发生违约风险时，市政府可以处置抵押的资产或者权益，但需要保证继续提供最低限度的基本市政服务。如果在可以预见的未来，市政府并无能力偿还债务，省政府将制定偿债计划，妥善处理所有债权人的合法权益，这一计划需要法院审核批准。出现债务危机时，省政府可以强制介入市政府的财政管理过程，提出编制财务复苏计划的具体方案，这一方案包括收入目标、支付限额、详细的特殊收入募集办法等。实际上，干预过于强烈可能导致地方政治自治权的大量丧失[①]。债务危机出现后，市政府可依法向法院申请暂停或终止偿还全部或部分债务。法院则会启动相应的调查程序，对地方政府的偿债能力进行审核，如其能够按照财务复苏计划履行还债义务，则裁定可以在不超过三个月的期限内暂停还债计划。同时，市政府将在保留最低限额的公务员队伍的基础上，解聘其余所有雇员。《市政财政管理法》对于政府管理人员的惩罚也有明确规定。如果政府的会计长、负责财务管理的高级官员、财务总监等人经调查的确存在违反财政管理的规定或者其决策造成财政浪费及存在提供错误的信息等行为，那么惩戒程序将被启动，给予上述相关人员行政处罚。如果他们被认定犯罪，视其情节将被判处五年以下有期徒刑或者按照有关规定进行罚款。政府认为，明确贷款者的权利和补救办法对于拓展融资渠道和实现金融市场多样化具有重要意义。

---

① 南非内部对潜在干预是否过度的问题存在许多不同意见。

南非的地方债发行实践无疑是成功的。实际上，南非的地方债发行也经历了一个不断探索的过程。中央政府也曾经采取直接对地方政府的预算赤字进行补贴的政策，但是，这种做法减弱了地方政府财政税收管理的决心，导致地方政府的预算软约束，直接引发大量违约现象出现。南非通过立法，建立合理的政府间关系，硬化地方政府的预算约束，规范政府担保行为，建立透明政府，强化监管，建立完善的地方债发行制度框架，这些都非常值得我们借鉴。然而，南非的地方债券市场规模仍然较小①，这是个值得我们反思的问题。

第二节　中国地方债的推进历程

1994 年分税制改革以来，政府基础设施投资所需资金的缺口越来越大，各级地方政府都在不同程度的举债度日。近几年，债务规模更是迅速扩大，2008~2010 年第一季度，发展中国家的地方债规模达到 1028 亿美元，其中，中国是最大和最主要的发行国。根据国家统计署的数据，截至 2012 年底，中国地方政府的债务规模达到 15 万亿元人民币。尽管这些资金在城市发展中发挥了重要的作用，但也不能忽视其已经对地方政府造成了较大的压力，地方财政面临严峻危机的事实。下面，我们将梳理地方债的发展历程，总结其中的问题，同时借鉴国际经验，提出适合中国现实环境的发行及监管机制。

一、禁止发债阶段

1993 年，国务院禁止地方政府发债，并在 1995 年的《中华人民共和国预算法》（以下简称《预算法》）中明确规定“除法律和国务院另有规定外，地方政府不得发行地方政府债券”，这个禁令一直持续到 2009 年。然而，地方政府的基础设施建设项目需要大量资金却是不争的事实，并且地方的这一情况并没有因为中央的转移支付或税收补偿而好转。因此，大量的地方

① 给定地方债务监管的明确框架，市场规模仍然较小，可能的解释是什么？

政府融资行为通过地方政府的融资平台实现。这些平台的“老板”实际上就是地方政府，由于存在地方政府的隐性担保，这些准地方政府债券本质就是地方债券。

二、中央转贷阶段

1998 年发生了亚洲金融危机，为了规避金融风险，中国首次采用了中央转贷的地方债务管理模式，即由财政部将一部分国债转贷给省、自治区、直辖市和计划单列市的政府。转贷后，中央成为债权人，而地方政府成为债务人，但地方政府不需要直接面对投资者（如图 3-2 所示），因此，投资方无法约束融资方，投资者也无法约束地方政府。如果地方政府发生违约行为，财政部将从对地方政府的税收返还中如数扣除。

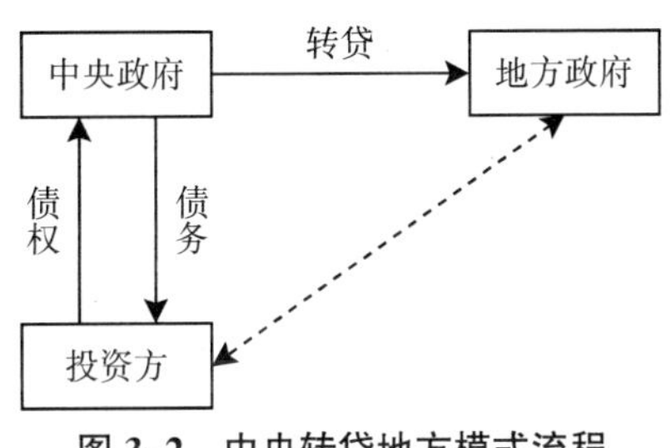

图 3-2 中央转贷地方模式流程

然而，现实中常常存在的一个突出问题是，不能按时履约的往往是财力不济的中西部地区地方政府，如果扣减掉税收返还，它们往往无法运转，从而陷入财政危机。因此，政策执行的结果是转贷资金成为财政拨款。从发行到监管的制度设计都存在严重的漏洞，故这种发债模式与真正意义上的地方债还有较大差距。这种发债模式被看作中央发行国债并转贷给地方，从而成为地方转移支付的一种方式。

三、财政部代发阶段

2008 年始于华尔街的全球金融危机中，中国并不能独善其身，经济同样遭受了严重的负面影响。2008 年的“四万亿”刺激政策为中国的金融市场注入了强大动力。与此同时，中国的《预算法》不允许地方政府借贷①。也就是说，2009 年以前，中国地方政府并没有实际的发债权。为实施积极的财政政策，中央政府代地方政府举债并转贷地方用于国家确定项目的建设，这些都不在中央或地方政府预算中反映。2009 年 2 月，我国决定由中央财政代理试点地方政府发行 2000 亿元地方债，标志着中国逐步放开了地方政府发行债券的法律约束。

1. 发行

地方政府是发债主体，但具体哪级政府拥有发债资格以及具体的发债额度，需要由国务院统筹后决定。与国债发行基本相同，代发地方债的利息免征所得税。

2. 监管

募集的资金必须用于中央投资配套、地方项目配套的公益类型项目或者地方政府投资的用于改善民生的项目。地方政府将本息资金如期缴付至财政部专门账户，由财政部代还。地方政府自行承担还本责任以及相应的违约责任。如不能按期缴付，监督结算时，将由财政部扣缴本金及罚息。

发债额度纳入地方政府本级财政预算，并报请人民代表大会审核。国务院对地方债的使用进行监督检查，具体由财政部负责。

从以上不难看出，财政部代发的地方债并非真正意义上的地方债，虽然地方政府在发债过程中受到了较强的约束，但仍存在以下突出问题：

一是发行方式存在问题。财政部代发弱化了地方政府发债的主体地位。即使地方不能按时缴付，中央必须承担“兜底”责任，加上地方政府政治锦标赛、政府首长任期错配等问题的存在，地方政府具有强烈的超额发债冲动，这自然增加了地方政府的道德风险。

二是发行制度设计存在问题。如监管体系建设还不够完善，存在巨大的制度漏洞。尤其是在地方政府信息严重不透明的情况下，中央政府对地方政府上报的发债数量、资金用途等难以进行监管，因此难以确保实现中央的政策目标。

此外，由于发债额度有限，而需要发债的地方政府较多，难免引发恶性竞争，导致权力寻租等腐败行为。管理层更多地考虑如何融资，而对如何完

---

①《预算法》（1995 年）禁止地方政府在未得到国务院批准的情况下通过金融市场融资。

善债券市场的顶层设计考虑不足，这也导致代发地方债券的政策设计严重不完善。

四、地方自行发债试点阶段

2011 年 10 月，国务院批准上海、广东、浙江和深圳 4 个省（市）开展自行发债试点，还本付息依然由财政部代办。为了推进地方政府债券发行的市场化，2014 年国务院批准上海、浙江、广东、深圳等 10 个省（市）试点地方债券自发自还，表明地方政府债券管理的自主化程度提高。

考察财政部公布的 2011~2013 年《地方政府自行发债试点办法》和《2014 年地方政府债券自发自还试点办法》，以及各试点省（市）2011~2014 年的招标发行和考核规则，可以发现各个省（市）的招标规则之间几乎无差异，且与同期国债的发行机制类似，但是投标限制条件更多，利率定价的市场化程度较低。

1. 发行

地方政府是发债主体。具体的额度需要由财政部核定，并且实行年度发行额管理，额度当年有效，不得结转下年。

现有地方政府债券发行机制采用发债额度行政审批、代理发行和自行组织发行并存、财政部统一代理兑付和自行组织兑付并行的模式。目前，根据地方政府的融资需求和偿债能力，国务院统一批准各省发债额度和期限，募集资金用于本级或市县政府转贷，最终用途一般为基础设施建设，即中国地方政府债券主要为一般责任债券。由财政部代办还本付息的省份将本息资金足额上缴中央财政，财政部代理兑付；2014 年试点的 10 个省（市）自行组织兑付。地方债券若为财政部代理发行，则由财政部国债承销团认购和分销债券；若为省政府自行组织发行，则承销团成员由省政府聘请，但主承销团成员的选择范围由财政部确定，具体如图 3-3 所示（傅智辉，2014b）。

比较 2011~2014 年地方债自发试点省（市）的招标发行规则可以发现，各省之间差异较小，都是借用“财政部国债发行投标系统”招标发行，采用单一价格的荷兰式招标方式，招标标的为利率，全场最高中标利率为当期政府债券票面利率，各中标承销团成员按面值承销。在投标过程中，各省分别规定了承销团成员最高最低标位差、最高最低投标限额、单一标位投标量、投标标位区间以及最低承销额。各省的最高最低标位差之间差异较小，为

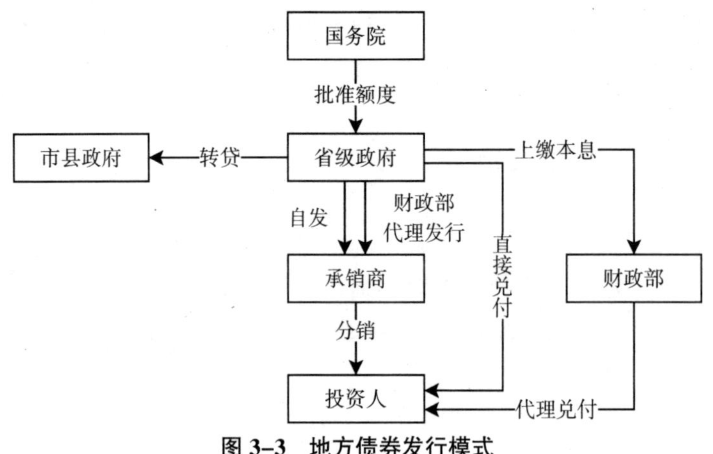

图 3-3 地方债券发行模式

25 个或 30 个标位。各省招标规则分别对主承销商和其他一般承销商的最高、最低投标限额做了具体规定：对于主承销商，最低投标限额为每期债券发行量的 3%、10%、15%或 20%，最高投标限额为每期债券发行量的 10%、30%、50%、60%或 100%；对于其他一般承销商，最低投标限额为每期债券发行量的 1%、2%、3%、5%、10%或无限制，最高投标限额为每期债券发行量的 30%、50%或 100%。单一标位的最低投标量为 0.1 亿元，最高投标量为 3 亿元或 10 亿元。最高投标标位区间主要根据招标日前 1~5 个工作日（含第 1 和第 5 个工作日）中国债券信息网公布的中债银行间固定利率国债收益率曲线中，待偿期与地方债期限相同的国债收益率算数平均值上下各浮动 15%（四舍五入到 0.01%）。对于承销团成员的最低承销额，各省的规定差异较大，有些省份要求主承销商最低承销每期债券发行量的 2%，但是部分省份将这一比例规定为 15%，而对于一般承销商，大部分省份没有设置最低承销额限制或者设置的额度较低。

2. 监管

地方政府在规定时间将财政部代办债券的还本付息资金足额缴入中央财政专门账户。地方政府自行承担还本责任以及相应的法律责任。《财政部代理发行地方政府债券发行兑付办法》明确规定了地方政府不能按时足额向中央财政专户缴付发行费、应还本付息等资金时，要按逾期支付额和逾期天数，以当期债券票面利率的两倍折成日息向财政部支付罚息。同时还规定中央财政垫付资金和罚息最迟在办理中央与地方财政结算时如数扣缴。罚息计算公式为：

罚息＝逾期支付额×(票面利率×2÷全年天数)×逾期天数

地方政府自行发债，地方自主权有限，但相对于中央代发地方债的模式，地方政府自行发债有了一些积极变化。我国对发债主体的资产状况以及债券基本信息的披露做了更明确的规定，逐步提高了地方债发行的透明度和市场化程度。2011 年①和 2012 年②，财政部发布的地方债试点办法中规定“试点省（市）应当通过中国债券信息网和本省（市）财政厅（局、委）网站等媒体，及时披露本省（市）经济运行和财政收支状况等指标”。2013 年的地方债试点办法除了规定上述信息披露内容，还建议各试点省（市）“逐步推进建立信用评级制度”③。2014 年的自发自还试点办法则明确规定试点地区要“及时披露债券基本信息、财政经济运行及债务情况”和“按照有关规定开展债券信用评级”④。同时，财政部单独发布了《关于 2014 年地方政府债券自发自还试点信息披露工作的指导意见》和《关于 2014 年地方政府债券自发自还试点信用评级工作的指导意见》，可见国家对地方债券信息披露和信用评级的重视。

在这样的背景下，地方政府需要直接面对资本市场，因此，地方政府有动机加强自身的财政管理，这对地方政府转变旧有的思维定式是一次考验，相对于中央代发地方债券是明显的进步。然而，由于在制度设计上还缺乏系统性的思考，这种模式仍然不是完全意义上的自主发债，主要表现在以下两个方面：一是发行。监管缺位、失位的情况下，由于存在合谋的强烈动机，极易造成地方政府与承销商之间合谋，从而损害社会福利。从近几年的实践来看，地方政府自行发债持续出现“利率倒挂”就充分印证了这一点。二是监管。监管机制设计不健全，晋升博弈背景下，地方政府仍然存在通过伪装取得发债资格以及拆东墙、补西墙和大搞政绩工程等道德风险。虽然地方政

---

① 财政部：《2011 年地方政府自行发债试点办法》，2011 年 10 月 20 日，http：//www.gov.cn/zwgk/2011-10/20/content_1974229.htm，2016 年 12 月 6 日。

② 财政部：《2012 年地方政府自行发债试点办法》，2012 年 5 月 14 日，http：//www.gov.cn/gzdt/2012-05/14/content_2136666.htm，2016 年 12 月 6 日。

③ 财政部：《2013 年地方政府自行发债试点办法》，2013 年 7 月 4 日，http：//www.gov.cn/gzdt/2013-07/04/content_2440520.htm，2016 年 12 月 6 日。

④ 财政部：《2014 年地方政府债券自发自还试点办法》，2014 年 5 月 21 日，http：//www.gov.cn/xinwen/2014-05/21/content_2683802.htm，2016 年 12 月 6 日。

府需要直接面对资本市场，但是由于中央政府隐性担保“兜底”地方债务，因此地方政府的风险意识、责任感并不强烈。

第三节 中国地方政府债与国债的比较

一、发行和监管机制的比较

在中国，国债也被称为“国库券”，从1981年恢复发行国债以来，其发行方式也经历了一些演变。目前，中国国债的品种有记账式国债和储蓄国债，其中储蓄国债又分为凭证式国债和电子式国债。记账式国债主要采用承销团竞争性招投标方式确定发行利率或价格，储蓄国债主要由财政部和中国人民银行比照储蓄存款基准利率确定发行利率或价格。为了方便与地方债券发行机制进行比较，本节主要介绍关键期限（1年期、3年期、5年期、7年期、10年期）记账式国债的发行规则。

中国关键期限记账式国债主要采用混合式招标方式，招标标的为利率或价格。当标的为利率时，全场加权平均中标利率为当期国债票面利率，低于或等于票面利率的中标标位，按面值承销；高于票面利率的中标标位，按各中标标位的利率与票面利率折算的价格承销。标的为价格时，全场加权平均中标价格为当次国债发行价格，高于或等于发行价格的中标标位，按发行价格承销；低于发行价格的中标标位，按各中标标位的价格承销。关于承销商投标量限定的规定为，甲类承销商为当次国债招标额的3%~30%（可追加25%），乙类承销商为当次国债招标额的0.5%~10%。单一标位投标限额为0.2亿~30亿元。与地方债券相比较，国债没有规定具体的投标区间，但存在投标剔除、中标剔除的规定。对于承销商的最低承销量，甲类和乙类承销商的最低承销量分别为当期国债发行额的1%（含追加投标量）和0.2%。

通过比较地方债券和国债的发行机制可以看出，地方债和国债发行机制的基本规定和发行流程基本相似，但是一些细节的限定存在一定的差异，如表3-3所示。首先，国务院对地方债券募集资金的额度和使用进行审批，地方债券投标过程的规定更为严格，对承销商投标的限制更多，包括对投标区

间、投标量和承销额的限定。其次，债券信息披露和信用评级在 2014 年前并未作出具体的要求，只是建议逐步完善。对地方债券发行的行政干预越多，意味着债券发行、定价、交易等的市场化程度越低，可能导致地方债券发行失败或不能真正体现债券的市场价格，进一步出现“利率倒挂”等违背市场规律的现象。同时，债券信息披露不完全则不能反映债券风险的差异化，投资者无法估计债券的收益和买卖价格。

表 3-3　地方债券发行与监管机制同中国国债相应机制的比较

	国债	地方债
发行期限	1~10 年期	5~10 年期为主
发行方式	竞争性招标	竞争性招标
限制性条款（包括资金使用、招标限定等）	少	多
信用评级	无	2014 年起必须开展评级
信息披露和透明度（债券信息及发债主体信息）	低	逐渐详细
偿债监管（如偿债基金、偿还次序等）	无	有

资料来源：根据 2011~2014 年各自行发债试点省（市）政府债券招标发行规则以及 2011~2014 年记账式国债招标发行规则整理自制。

二、地方债利率与国债利率的倒挂

根据 2011~2014 年试点地方政府自行发债数据，得到图 3-4 至图 3-7。

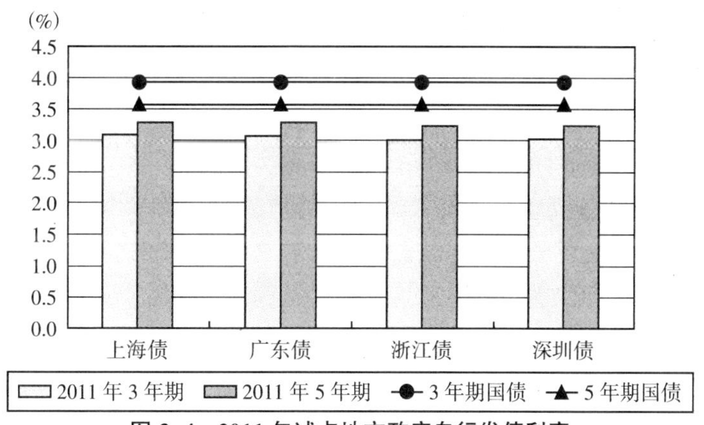

图 3-4　2011 年试点地方政府自行发债利率

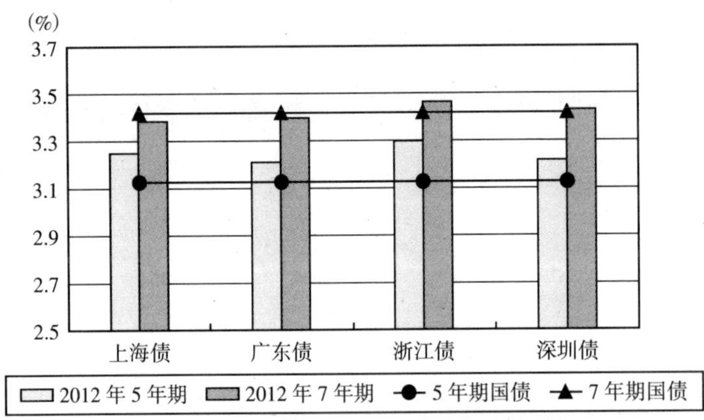

图 3–5 2012 年试点地方政府自行发债利率

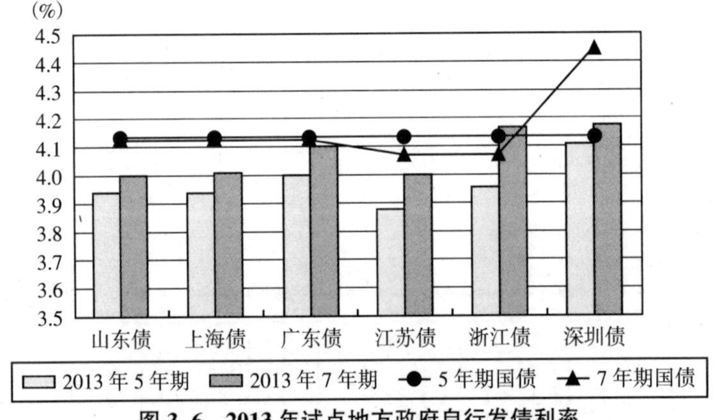

图 3–6 2013 年试点地方政府自行发债利率

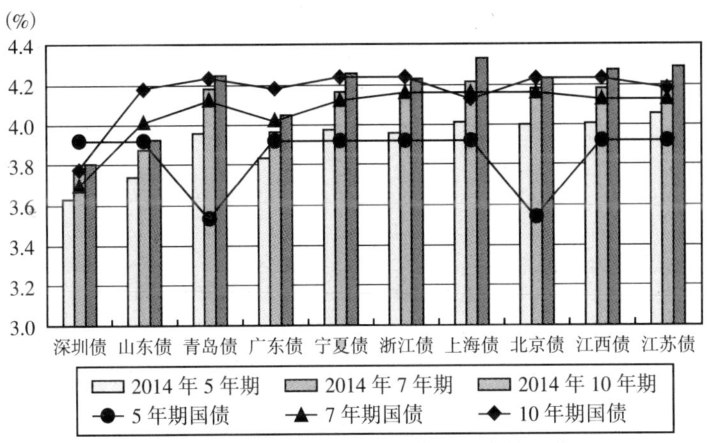

图 3-7　2014 年试点地方政府自行发债利率

注：柱状表示地方债券的票面利率，折线表示相应的国债利率，比较相同期限的柱状图和折线图，若折线在柱状之上，则存在“利率倒挂”现象，否则不存在。

资料来源：根据中国债券信息网、路透社中文网数据整理。

从图 3-4 至图 3-7 可以得出，同一年份不同期限结构的地方债与同期相同期限结构的国债相比，2011 年试点的 3 年期和 5 年期地方债均存在“利率倒挂”；2012 年试点的 7 年期上海债和广东债存在“利率倒挂”；2013 年试点的 5 年期地方债都存在“利率倒挂”，7 年期地方债除了浙江债外也全部存在“利率倒挂”；2014 年试点中的广东、山东、深圳 5 年期地方债，广东、山东 7 年期地方债以及广东、山东 10 年期地方债，也出现了“利率倒挂”。地方政府的信用低于中央政府，投资者却没有得到相应的信用补偿。债券定价没有与地方政府的信用水平相关联，风险与收益不匹配的状况在竞争性的资本市场中必然不可持续。

第四节 地方自行发债中的问题

一、行政干预地方债券市场化定价机制

从地方债的发行规则[①]不难看出，虽然地方政府是债务人，但相对强势。地方政府对债券价格设定区间，同时要求承销商的行为符合一些行政性规定，这显然不利于通过更市场化的方式形成地方债券的价格。比如，将招标利率区间限制在招标日前的 5 个工作日银行间同期限固定利率国债收益率的平均值上下浮动 15%，这直接导致地方债发行利率基本紧贴投标区间下限，甚至低于同期国债利率。2015 年，四川省发行的地方债利率高出投标区间下限 1~2bp，打破了这一规律（滕飞，2015）。可见，行政干预虽然能够防止债券发行失败和降低地方的融资成本，但是直接阻碍了市场定价机制更好地发挥作用，降低了市场效率，导致整个社会的福利水平下降。同时，地方债作为一种安全性低于储蓄、信用水平低于国债的投资品种，理论上利率应高于国债，略低于企业债，因此，实际较低的发行利率直接降低了投资者的积极性。规定地方债的发行程序等同于国债，降低了市场化的定价水平。

二、财政部代办兑付为地方债偿还提供隐性担保

除了 2014 年 10 个试点省（市）实行地方债自发自还，各省（市）债券依然由财政部代办兑付。地方政府按时上交本息，由财政部代理偿还。这种代办偿还的机制实际上是为地方政府提供一种隐性担保，因此，地方债也被视为“准国债”。2011~2014 年，财政部各年发布的《代理发行地方政府债券发行兑付办法》第二十条明确规定：“地方财政部门未按时足额向中央财政专户缴入还本付息资金的，财政部采取中央财政垫付方式代为办理地方政府

① 文末附录 B 做了详细的梳理和总结。

债券还本付息。”这表明，当地方政府出现偿债风险时，财政部会承担“兜底”责任，变相为地方债提供担保，使得地方债已经具备国家信用水平。这种隐性担保可能加剧地方政府的道德风险。发债主体不明确不利于地方债市场化融资，债券定价中的信用风险溢价几乎为零。

三、地方债券信息披露不完全

信息披露制度作为证券法律制度的核心内容，在证券业的发展过程中发挥了极大作用，成为判断证券募集市场成熟程度的标准之一。地方债作为证券业的组成部分，也需要依照信息披露制度对债券资金的投资去向、地方政府负债情况、还本付息状况进行及时、真实、准确的披露（何骏、郭岚，2013）。然而，中国目前只有部分省市公布债券信息披露文件或者地方经济运行及财政收支主要指标。2013 年，江苏省、浙江省和深圳市分别公布了 2012 年和 2013 年 1~6 月的经济运行主要指标和财政收支情况。2014 年，10 个自发自还试点省（市）中，只有上海市、浙江省和深圳市分别公布了地方债券信息披露文件，包括债券的基本信息、发行方式和募集资金投向说明，信用评级状况，地方中长期经济规划情况、经济基本情况，财政收支状况，地方债务总体情况、省（市）本级政府债务情况以及加强债务管理和防范债务风险的政策措施①。

可以看出，大部分发债省（市）未进行债券信息完全披露。一方面，这导致投资者缺乏对债权人资信状况的了解，进而降低其投资热情、阻碍市场对债券的价格发现，出现二级市场交易不活跃；另一方面，债券发行成功后，投资者可能无法及时了解债券的风险收益情况，缺乏有效的市场监管可能导致地方政府募集资金的使用效率低。未来，我国应加强地方财务和地方债务的公开化、透明化，投资者、学者和财务人员可据此判断地方财政的稳健性，比较地方的偿债能力，对地方政府形成一定的制约。对债券募集资金的使用情况、偿债计划、项目进展进行及时披露，维护投资者的知情权（郭濂，2014）以及如何通过最优机制设计，激励地方主动披露信息（王治国，2015b），都成为监管者需要考虑的重要课题。

---

① 2013 年和 2014 年各省（市）债券信息披露的状况主要根据中国债券信息网公布的信息整理、统计得到，可能存在网站列示信息不完全的情况。

第五节　国际市政债券发行及中国国债发行经验对中国地方债发行的启示

发行地方债券是地方政府融资的重要手段和途径，适度发行地方债券可以促进地方经济发展，反之，则可能引发金融风险。综观国际市场上地方债券的发展历程，美国、巴西等经济体都出现过多次地方债务危机，对中国而言，应该吸取其经验教训，形成中国地方债券市场从发行到监管的完善的机制框架。

从以上分析可以看出，发达经济体或者转型经济体都建立了比较健全和完善的地方债券融资体系，发行地方债券已经成为其融资的重要模式。但由于国家类型、财政体制类型、历史传统各不相同，这些国家的地方债各具特点。美国和澳大利亚是典型的联邦制国家，具有发达的市场机制，而法国和日本属于单一制国家，市场化程度同样较高，巴西和南非分别属于联邦制国家和单一制国家，均属于转型经济体。从分税制的类型来看，美国和日本实行集权和分权结合的模式，而法国以集权为主。总体来说，这些国家的地方债在很多方面具有共同之处，包括法制化管理，发债的目的明确等。最关键的是它们建立了系统性的监管体系，包括发行、审核、破产机制设计等在内的一整套制度保证了市场的健康有序运行。国债发行起步早，有较为完善的市场，但与地方债的属性并不相同，发行与监管的模式必然有差异。

通过对我国地方政府自行发债存在的问题、其他经济体地方债以及中国国债发行及监管制度的梳理，下面将从发行定价机制设计以及监管机制设计两方面进行中国地方债发行与监管的制度设计。

1. 地方债的发行定价机制设计

地方债发行是地方债券出售或者被承销商认购的过程，其核心是确定地方债券的发行方式，而发行方式中最核心的是定价机制[①]。从全球经验来看，地方政府债务市场主要通过两种模式融资：一种是银行贷款，以西欧为代表

① 中共十八届三中全会明确提出要“完善主要由市场决定价格的机制，凡是能由市场形成价格的都交给市场，政府不进行不当干预”。

(Peterson，2002)；另一种是资本市场，以美国为代表。对于地方债，大家的共识是发展竞争性的地方政府信贷市场，而其核心在于使地方债券定价趋向于市场定价，这样就会使得资源的利用更有效率。因此，对于中央计划者而言，重要的政策目标就是建立有竞争力的市场，竞争性的资本市场能够对地方政府贷款的风险和收益进行定价，从而有助于资本市场对发债机构进行约束（Inman，2003）[①]，同时满足贷款的最低成本以及信贷的可持续性要求[②]。然而由于国情的差异，具体的实施过程中仍然存在种种问题。在中国，自2011年地方政府试点自行发债以来，持续出现的地方债券发行利率与同期相同期限结构的国债发行利率的倒挂就是其中一个非常突出的问题。地方政府债券的利率并没有客观反映发行人的真实信用水平，其中的影响因素复杂，可能与地方政府与承销商的合谋有关，也可能与中央政府的隐性担保有关。某种意义上来讲，中国目前发行的地方债并不是真正意义上的地方债。利率不能真正反映地方政府的真实信用水平，投资者面临风险，这种发债模式必然不可持续。如何保证地方债券实现合理定价，确保其利率水平趋于合理？中国的地方债券发行仅仅从2011年开始试点，实际上，定价机制可以有多种方式，而不仅仅是荷兰式拍卖机制。哪种方式更好且更能满足地方政府管理者的发债需要，还需要从理论上寻找依据。

2. 地方债的监管机制设计

地方债的健康运行关系到国家和地方经济发展。对于地方债的发展而言，直接监管地方发债是有效的（王治国，2015a），监管框架的确立无疑是非常重要的，预算软约束可能导致地方政府入不敷出、竞争动力减弱以及腐败等行为（Weingast，2009），对于各国而言，监管框架建立的主要动机之一是防止预算软约束。在中国，中央政府向地方政府提供了隐性担保，往往有助于形成地方政府的机会主义行为，地方债发行过程中存在着较大的道德风险，来自其他国家的经验也表明，地方政府破产是发展过程中反复出现的事件[③]。不挽救一家面临违约风险的地方政府在政治上是不可行的，尤其是这种违约

① 成熟的银行体系和竞争性的债券市场是约束地方政府债务违约和组织策略性借款的重要因素。

② 指地方政府可以长期维持其财政政策而始终保持偿债能力。

③ 本章所使用的无偿债能力（Insolvency）和破产（Bankruptcy）是可以互换的，这两个词汇均指地方政府的财务状况。而破产机制（Bankruptcy Mechanism）或破产程序（Bankruptcy Procedure）则指相应的法律框架。

可能会影响大量人口的时候。这些危险已经促使许多国家探寻“正确的”地方政府债务监管框架。然而，在中国，地方债务监管体系还没有成熟完善的制度设计，存在相当大的隐患，可能会带来财政风险，甚至引发金融危机。如何规避中国地方债在发行过程中的巨大的监管漏洞？既要避免地方政府的道德风险，同时鼓励有能力的地方政府发债，为地方发展提供公共品拓展融资渠道，保证其在获得资金后努力经营项目，完善的监管机制设计显得迫切而必要。

总结起来，建立和完善从发行到监管的制度设计，提高风险控制能力，最主要的是事前、事中与事后的监督与控制。

事前主要是审核地方政府的资格，其是不是具有“高能力”的政府？高能力的政府一般具有较强的还债能力。是不是“低能力”伪装成“高能力”的政府发债？即是否需要给予这个地方政府发债的资格以及具体的发债额度的问题。事中，即发行阶段，最核心的就是发行定价机制，发行定价机制不合理，不但会导致一级市场的波动，而且容易引发二级市场的大起大落。显然，合理的定价机制设计具有重要的意义。而事后的监管主要是对地方政府融资活动完成后的监管。地方政府获得资金后，是否会存在“拆东墙补西墙”等事后机会主义行为或者偷懒的道德风险行为？如何设计最优的金融契约杜绝这类道德风险行为的发生？

总之，发行定价机制以及监管机制设计无疑是地方债发行中最重要的两个环节。发行定价机制不合理，不但会导致地方政府融资成本高，而且会引发二级市场大起大落。现行发债制度下出现的“利率倒挂”说明定价制度出了问题，这种发债模式必然不可持续。中央政府隐性担保的客观存在，要求设计完善的监管机制，否则必然引发地方政府的道德风险行为。在地方自行发债试点背景下，建立完善的发行定价机制及监管机制显得重要而迫切。

第六节　本章小结

本章系统梳理了联邦制国家以及单一制国家发行地方债券的经验、中国国债发行及监管经验以及中国在推进地方债券发行过程中存在的问题。发达国家经过多年的实践，在地方债券发行工作中积累了丰富的经验，地方债券的发行、监管等各个环节都建立起了完善的制度体系，国债市场起步早，也有可供地方债发行及监管借鉴之处。然而两者的属性不同，地方债的发行并不能照搬国债发行的定价及监管机制。中国的地方债发行工作起步较晚，制度设计还存在大量不合理的地方，很不成熟，但是，中国可以借鉴成功的经验，逐步完善自己的发债机制。由于国外的制度环境与中国存在巨大的差异，不能照搬国外的经验。如何根据国外的实践经验设计中国地方债的发行定价机制以及监管机制？这是一个现实的课题。接下来的章节将讨论现行发债机制中存在的“利率倒挂”问题，探究引发“利率倒挂”的内在机理、合谋下的资源错配对经济的负面影响及改进发行效率的机制，探讨中国情境下克服现行制度缺陷的地方政府债券的发行定价机制以及中央政府的最优监管机制设计问题。

第四章 地方政府自行发债的“利率倒挂”之谜及其影响和治理机制

利率是债券的价格，合理定价是关系到地方政府债券市场健康持续发展的重要前提。一级市场定价不合理，极容易导致二级市场大起大落，影响地方政府债券市场的健康发展。2011 年中国开展地方政府自行发债试点以来，多次出现“利率倒挂”，现有关于地方自行发债问题的研究主要集中于地方债券定价方式及期限结构（何骏和郭岚，2013）、“利率倒挂”（张平，2011）、发行制度（傅智辉，2014a）等理论层面的探讨。这些研究尚未触及地方债发行过程中“利率倒挂”的深层次原因。很显然，深入探讨“利率倒挂”之谜，解释其影响机理，分析其产生的危害，并进行新的发行定价机制设计在地方政府自行发债试点的背景下显得非常重要而迫切，对于建立可持续发展的地方债市场也有重要的价值和意义。

债券拍卖过程中，到底拍卖给哪些买方？债券配置在不同的买方当然会有不同的福利配置。是配置在最需要的一方？还是配置在没有预算约束的一方？其本质是资源是否会错配，资源错配的影响是什么？本章首先构建了理论模型，分析了引起“利率倒挂”的原因。承销商在一次招标中蒙受了损失，仍可以获得地方政府为其提供的转移支付，相当于地方政府为承销商提供了隐性契约，逃避中央政府的管制。其次探究了地方政府与承销商如何通过合谋造成社会福利的损失以及危害二级市场买方福利的渠道。最后提出了将地方政府财政收入存放资格招标与地方债券发行分离以及合谋下政府债券再拍卖的机制，防范与化解资源错配对经济造成的负面影响，为顺利推进地方债券的发行工作提供了理论借鉴。

地方债的拍卖形式和中央政府的隐性担保都是影响地方债发行利率的重要因素。存在隐性担保而不存在合谋时，“利率倒挂”是一定不会出现的，原因是中央政府的最高担保程度为 100%，也就是说，地方政府的最高信用与国家信用相同，不存在合谋时，地方债发行利率不可能低于国债利率。当不存在隐性担保时，合谋能否引起“利率倒挂”取决于地方债的质量。如果地方债质量较高，与国库券差异较小，单纯的合谋就可以引起“利率倒挂”。当地方债质量较差，与国库券质量相差甚远时，单纯的合谋是不足以导致“利率倒挂”的。综上所述，合谋是导致“利率倒挂”的关键因素，而隐性担保是否发挥作用，依赖于地方债的质量。本书第六章将通过监管机制设计，甄别地方政府的类型，授予高能力类型的地方政府发债资格来避免低质量的地方债在市场发行，从而规避“利率倒挂”。本书通过构建理论模型解释“利率倒挂”之谜，并讨论了合谋下的资源错配对经济的负面影响，并进一步提出了改进发行效率的机制。

本章其余部分安排如下：第一节介绍了 Bikhchandani 和 Huang（1989）的理论模型，并结合中国利率管制、非市场化的现实背景，介绍了拓展思路；第二节在该模型基础上进行了拓展，研究了不存在合谋的债券拍卖问题，证明了纳什均衡的存在性以及唯一性；第三节引入地方政府的转移支付，解释了地方政府债券的“利率倒挂”之谜；第四节探讨了合谋下的资源错配对经济产生的负面影响；第五节提出了改进发行效率的机制；第六节对本章进行了小结。

第一节　建模依据及拓展思路

自从 Vickrey（1961）首次构建拍卖模型以来，诸多学者关于如何设计最优债券拍卖机制的讨论一直没有停止过，特别是随着信息经济学以及机制设计理论的发展，理论学派的研究从英式拍卖、荷兰式拍卖、第一价格密封拍卖、第二价格密封拍卖转向了多单位拍卖（Ausubel，2004；Krishna 和 Perry，1997）以及考虑再售市场等复杂的信息不对称下的拍卖机制设计。Filiz-Ozbay 和 Ozbay（2010）研究了存在再售市场时，竞标者有一单位或多单位需求的多单位拍卖模型，结论表明出现再售市场的多单位拍卖或许将导致再售出现；局部对称下，当再售行为被阻止时，即使拍卖的产出是有效率的，允许参加维克瑞拍卖分离的竞标者进行再售，或许仍然会变得无效率。该模型为研究考虑再售市场以及存在多个对所有商品的组合感兴趣的竞标者的拍卖机制设计提供了思路。与非政府资产的拍卖不同，政府资产的拍卖更加注重拍卖品配置的效率而非收益最大化。本章主要基于中国现实情境构建了理论模型，对不存在合谋以及存在合谋的情况进行了讨论，清晰刻画了“利率倒挂”的原因和资源错配的负面影响，提出了中国情境下化解现行地方债券发行制度扭曲的机制。

一、B-H 模型

Bikhchandani 和 Huang（1989）发展了存在再售市场的竞争性招标的模型。对一个共同价值拍卖的市场进行了模型化，在这个模型里，竞标者为了再售而参与到市场中来。拍卖完成后，获胜的竞标者在二级市场销售竞标获得的债券，二级市场的买方收到拍卖中提交的关于竞标的信息。该研究检验了联系一级市场和二级市场的信息对一级市场竞标者行为影响的模型，比较了歧视价格拍卖和统一价格拍卖下的一级市场拍卖者的期望收益，结果表明，统一价格拍卖将产生更高期望收益的条件是充分的。

一般而言，竞争性招标者都是规模较大的机构，他们更清楚关于利率期限结构的信息，而这些信息优于二级市场的投资者拥有的信息。再售市场的买者拥有了解公共信息的途径，包括财政部门披露的竞标者在拍卖中提交的信息。某种程度上，二级市场的再售价格将是对一级市场竞标的响应。这为一级市场的交易商提供了激励，那就是传递他们的私有信息给二级市场的参与者。联系竞争性招标者采取的行动与再售价格的信息在现有的共同价值拍卖的模型中是无关的（Milgrom 和 Weber，1982b），这是作者主要关注的地方[①]。

二、主要启示及模型拓展思路

Bikhchandani 和 Huang（1989）讨论了存在再售市场时，美国国库券市场的拍卖问题。即在利率市场化条件下，不存在合谋时的债券拍卖情形，存在对称纳什均衡。但他们研究的市场是西方发达国家完全竞争性的市场，理论模型构建的背景是利率市场化，这与中国利率非市场化的背景并不完全相符。但是，这篇文章的建模思想为我们构建中国情境下的地方债券发行机制

① 当竞标者的估值是共同知识时，存在再售市场的竞标的分析。

提供了重要的思路。中国的地方政府官员与中央政府签订显性契约，在这个框架外，还存在其私人目标及私人收益，晋升博弈制度下，这显得尤其重要。作为理性经济人的地方政府为了实现预期收益最大化，往往想尽办法逃避中央政府监管，地方债的风险虽高于国债，却没有风险补偿。显而易见的是，地方政府举债时会采取与承销商合谋的方式最大化自己的收益，而不惜损害第三方的利益，即地方政府除了向承销商支付资金使用成本外，还向承销商提供了转移支付。换句话说，承销商的预期收益中还需要再增加一部分收益。

本书在 Bikhchandani 和 Huang（1989）基础上进行了拓展，考虑了中国利率非市场化的背景下存在地方政府对承销商的转移支付行为，讨论了与中国现实情境相符的地方政府发债行为，提出了改进地方政府发债效率的机制。

第二节　不存在合谋的债券拍卖

不存在合谋的债券拍卖主要参考了 Bikhchandani 和 Huang（1989）的模型，然后在其基础上进行了拓展，讨论了存在转移支付情况下的拍卖模型。

一、模型假定

假定 4-1：考虑一个荷兰式拍卖的情况，有 n 个风险中性的竞标者竞标 k 个同一的、不可分的物品，$k = 1$。

假定 4-2：物品的真实价值对所有竞标者都相同，对所有竞标者而言，提交标的的时候，这一真实价值是未知的。每个竞标者观测到一个关于真实价值的信号 X_i，并在此基础上提交一个标的。市场上不存在非竞争性竞标者，且每一个竞标者对债券的需求至多是一单位，竞争性招标者竞拍目标债券的唯一目的是在二级市场再次进行销售。

假定 4-3：竞争性招标者对债券的私有价值总是低于再售市场买者的估值，买者希望再次销售这些债券。主要的交易商或许有资本约束，由于将要建立的模型中，竞争性竞价者在拍卖中取得正的期望利润，他们或许更偏好于在预期知道公共信息条件下的价值的情况下卖掉债券[①]。

假定 4-4：允许存在一些关于待售物品价值的额外信息的可能性，这些信息在二级市场开放前成为公共信息，也就是说，拍卖结束后，拍卖者公开宣布关于拍卖的一些信息。为了简化起见，假定获胜的竞标者以及在拍卖中提交标的最高的失去标的者的信息都被公布出来。n 个在一级市场获胜的竞标者在二级市场将这些债券卖给那些风险中性的买者。二级市场的买者没有任何途径知道关于他们真实价值的私有信息。因此，无论二级市场的机制是什么，再售价格将是债券在所有公共信息条件下的期望值。

假定 4-5：所有的变量，$x\in[\underline{x},\ \bar{x}]$，并且，$v\in[\underline{v},\ \bar{v}]$ 是相关的。

也就是说，对于所有的$\vec{x}$，$\vec{x}'\in[\underline{x},\ \bar{x}]^n$，并且 v，$v'\in[\underline{v},\ \bar{v}]$

$$f((v,\ p,\ \vec{x})\vee(v',\ p',\ \vec{x}'))f((v,\ p,\ \vec{x})\wedge(v',\ p',\ \vec{x}'))\geqslant f(v,\ p,\ \vec{x})f(v',\ p',\ \vec{x}') \tag{4-1}$$

其中，∨表示最大的一组；∧表示最小的一组。

在这里，我们特别对关联性做出解释。

（1）解释一：关联性意味着，假如 H 是增函数[②]，那么 $E[H(\tilde{V},\ \tilde{P},\ \tilde{X}_1,\ \tilde{X}_2,\ \cdots,\ \tilde{X}_n)|c_i\leqslant\tilde{X}_i\leqslant d_i,\ i=1,\ \cdots,\ n]$ 是 c_i，d_i 上的增函数。

为了简化起见，进一步假定 H 是连续可微的，对于所有的 c_i，$d_i\in[\underline{x},\ \bar{x}]$，$[H(\tilde{V},\ \tilde{P},\ \tilde{X}_1,\ \tilde{X}_2,\ \cdots,\ \tilde{X}_n)|c_i\leqslant\tilde{X}_i\leqslant d_i,\ i\leqslant n]$ 在 c_i，d_i 上连续可微成立，并且在$\underline{x}$上的导数是右导数，在$\bar{x}$上的导数是左导数。另外，$(\tilde{V},\ \tilde{P},\ \tilde{X}_1,\ \tilde{X}_2,\ \cdots,\ \tilde{X}_n)$ 是严格相关的。因此，假如 H 在 $(\tilde{V},\ \tilde{P},\ \tilde{X}_1,\ \tilde{X}_2,\ \cdots,\ \tilde{X}_n)$ 中是严格增的，那么，在$\tilde{X}_1$上，对于所有的 c_i，$d_i\in[\underline{x},\ \bar{x}]$，$E[H(\tilde{V},\ \tilde{P},\ \tilde{X}_1,\ \tilde{X}_2,\ \cdots,\ \tilde{X}_n)|c_i\leqslant\tilde{X}_i\leqslant d_i,\ i\neq 1]$ 在 c_1，d_1 上是严格增的。

（2）解释二：假如一个函数满足 $g(x'\vee x'')+g(x'\wedge x'')\geqslant g(x')+g(x'')$，那么，这个函数就是超模函数。因此，当且仅当 lnf 是超模时，f 是关联的，换句话说，f 是对数超模。

---

① 竞争性竞标者的私人价值相同，并将其作为再售市场卖方的价值，假如他们具有信息优势，那么再售市场将崩溃。

② 这里使用弱相关。比如，增意味着非减，正意味着非负。假如一个关系是严格增的，称为严格增。

假定密度函数 $f: X \to \mathbb{R}_+$ 在 X 的内部是严格正的，并且二阶连续可微。$f(x' \vee x'')f(x' \wedge x'') \geqslant f(x')f(x'')$ 成立时，很容易证明，当且仅当所有的 $i \neq j$ 时，$\frac{\partial^2}{\partial x_i \partial x_j} \ln f \geqslant 0$ 成立，那么 f 是关联的。换句话说，lnf 的海塞矩阵对角线上的元素是非负的。

（3）两个变量的情况：假定随机变量 X 和 Y 有联合密度 $f:[0,w]^2 \to \mathfrak{R}$。假如 X 和 Y 是关联的，对所有的 $x' \geqslant x$ 和 $y' \geqslant y$，有：

$$f(x', y)f(x, y') \leqslant f(x, y)f(x', y') \tag{4-2}$$

或者等价于：

$$\frac{f(x, y')}{f(x, y)} \leqslant \frac{f(x', y')}{f(x', y)}$$

令 $F(\cdot|x) = F_Y(\cdot|X = x)$ 表示给定 $X = x$ 时 Y 的条件概率分布，通常来讲，令 $f(\cdot|x) = f_Y(\cdot|X = x)$ 表示相应的密度函数。那么 $\frac{f(x, y')}{f(x, y)} \leqslant \frac{f(x', y')}{f(x', y)}$ 等价于：

$$\frac{f(y'|x)f(x)}{f(y|x)f(x)} \leqslant \frac{f(y'|x')f(x')}{f(y|x')f(x')}$$

因此，

$$\frac{f(y|x')}{f(y|x)} \leqslant \frac{f(y'|x')}{f(y'|x)} \tag{4-3}$$

假定 4-6：对于 $\tilde{v}$，$(\tilde{X}_1, \tilde{X}_2, \cdots, \tilde{X}_n, P)$ 满足信息互补。

$\frac{\partial^2 E[\bar{V}|\bar{X}_1 = x_1, \cdots, \bar{X}_n = x_m]}{\partial x_i \partial x_j} \geqslant 0$，$\forall i \neq j$，$\forall x_1, x_2, \cdots, x_m$。

随机变量 $(\tilde{Z}_1, \cdots, \tilde{Z}_m)$ 是互补信息，$\frac{\partial^2 \phi(z_1, \cdots, z_m)}{\partial z_i z_j} \geqslant 0$，$\forall i \neq j$，$\forall z_1, \cdots, z_m$。

其中，$\phi(z_1, \cdots, z_m) \equiv E[\tilde{T}|\tilde{Z}_1 = z_1, \cdots, \tilde{Z}_m = z_m]$。

因此，随机变量 $(\tilde{X}_1, \cdots, \tilde{X}_n, \tilde{P})$ 表示 $\tilde{X}_1$ 对 $\tilde{V}$ 的条件期望的边际贡献率分别相对 $\tilde{V}$ 的互补信息是随着 $\tilde{X}_j$ 增加到 $\tilde{P}$ 的时候的互补信息。信息互补条件通过大类分布得到满足。比如，如果 $\phi(z_1, \cdots, z_m)$ 在 z_i 上是线性的，那么 $(\tilde{Z}_1, \cdots, \tilde{Z}_m)$ 是互补信息。因此，如果 $(\tilde{T}, \tilde{Z}_1, \cdots, \tilde{Z}_m)$ 是多元正态分布，那

么，（$\tilde{Z}_1$，…，$\tilde{Z}_m$）是分别对于$\tilde{T}$上的互补信息。

假定 4–7：二级市场是竞争性的，买方是风险中性的，并且，他们对债券价值的评估通过以下公式进行：$r^d(\hat{b}^{-1}(b), \tilde{Y}_1) \equiv E[\tilde{V} | \tilde{X}_1 = \hat{b}^{-1}(b), \tilde{Y}_1]$。考虑这样的情况，竞标者 1 竞标 b 并且获胜，$\hat{Y}_j$ 是（$\tilde{X}_2$，…，$\tilde{X}_n$）的第 j 个序。$\hat{b}$表示公共信念，所有的竞标者采用竞标策略$\hat{b}(X_i)$。假如（$\tilde{X}_1$，…，$\tilde{X}_n$，P）是分别对$\bar{v}$求导的互补信息，并且$\hat{b}$是 x 的增函数时满足唯一性，那么，贝叶斯纳什均衡存在。

假定 4–8：采用的拍卖形式为歧视价格拍卖。在歧视价格拍卖中，竞标者提交密封标，第 k 个最高标赢得拍卖。获胜的竞标者付出所提交标的的价格。当竞争性竞标者的私人信号是互补信息的时候，存在一个对称纳什均衡，策略关于竞标者的私有信息是严格增的。

存在再售市场的模型中，竞价者提交的标的归因于他为再售市场发信号的激励。假如拍卖者的私有信息是竞标者信息的替代，公开宣告信息将降低再售价格对竞标信息的响应。这依次降低了竞标者发信号的激励，或许引起期望的销售价格下降。另外，当拍卖者的私有信息是其他竞价者的互补信息时，拍卖者宣告他的私有信息总是会得益的。

二、对称纳什均衡的存在

假定 f(v，p，x) 在最后的 n 个参数是对称的，这是一个对称博弈。下面来考察对称纳什均衡的存在性。从其他竞价者视角的分析是对称的，我们将从竞价者 1 的视角检验这一博弈①。当竞标者 1 提交标的的时候，仅仅可以观测到他的私人信息$\tilde{X}_1$，因此，竞价者 1 的策略是$\tilde{X}_1$的函数。我们通过得到 n 元组的一阶必要条件开始进行分析，当二级市场的买方相信（$\hat{b}$，…，$\hat{b}$）是接下来的竞标策略时，在严格增并且可微的策略上存在一个纳什均衡。

由于二级市场的买方有渠道得知公共信息，再售价格是所有公共信息条

① 为了简化分析，我们假定在出现平局的时候，获胜者不是随机选择，而是宣布竞价者 1 为获胜者。这个假定是无关紧要的，即使竞标者是随机选择，均衡策略依然保持不变。

件下$\tilde{V}$的预期。假定拍卖者宣布获胜的竞价者支付的价格，并且最高出价者失去了标的。竞价者 i = 2，…，n 采用策略$\hat{b}$，竞标者 1 收到信息$\tilde{X}_1 = x$，并且提交一个等于 b 的标的。那么，假如竞价者 1 以标的 b 获胜，而且，二级市场买方相信他正在跟随$\hat{b}$，再售价格将是：

$$r^d(\hat{b}^{-1}(b),\ \tilde{Y}_1,\ \tilde{P}) \equiv E[\tilde{V} | \tilde{X}_1 = \hat{b}^{-1}(b),\ \hat{b}^{-1}(\hat{b}(\tilde{Y}_1)),\ \tilde{P}] = E[\tilde{V} | \tilde{X}_1 = \hat{b}^{-1}(b),\ \tilde{Y}_1,\ \tilde{P}] \tag{4-4}$$

其中，$\hat{b}^{-1}$ 表示$\hat{b}$的逆[①]，$\tilde{Y}_j$ 表示（$\tilde{X}_2$，…，$\tilde{X}_n$）的第 j 个序。我们定义如下：

$$v^d(x',\ x,\ y) \equiv E[r^d(x',\ \tilde{Y}_1,\ \tilde{P}) | \tilde{X}_1 = x,\ \tilde{Y}_1 = y] \tag{4-5}$$

当竞价者 1 获胜，并且二级市场买方相信他的私有价值信号等于 x′在$\tilde{X}_1$和$\tilde{Y}_1$的条件下预期的再售价格。r^d 和 v^d 在其参数集合上是严格增的。当$\tilde{X}_1 = x$，竞标者 1 的预期利润和他提交一个等于 b 的竞价是：

$$\begin{aligned}\pi^d(b|x) &\equiv E[(r^d(\hat{b}^{-1}(b),\ \hat{Y}_1,\ \tilde{P}) - b)1_{\{b \geq \hat{b}(\tilde{Y}_1)\}} | X_1 = x] \\ &= E[E[(r^d(\hat{b}^{-1}(b),\ Y_1,\ \tilde{P}) - b)1_{\{b \geq \hat{b}(\tilde{Y}_1)\}} | \tilde{X}_1,\ \tilde{Y}_1] | \tilde{X}_1 = x] \\ &= E[(v^d(\hat{b}^{-1}(b),\ \tilde{X}_1,\ \tilde{Y}_1) - b)1_{\{b \geq \hat{b}(\tilde{Y}_1)\}} | \tilde{X}_1 = x] \\ &= \int_{\underline{x}}^{\hat{b}^{-1}(b)} [v^d(\hat{b}^{-1}(b),\ x,\ y) - b] f(y|x) dy \end{aligned} \tag{4-6}$$

这里，第一个等式服从递归期望法则，f_k（y|x）表示给定$\tilde{X}_1$下，$\tilde{Y}_k$的条件密度函数。($\hat{b}$，…，$\hat{b}$) 是一个纳什均衡，当竞标者 i = 2，…，n 采取策略$\hat{b}$，并且再售市场的参与者相信所有竞标者采取$\hat{b}$时，$\hat{b}$是最优响应。也就是说，方程（4-6）的一阶条件在 b = $\hat{b}$处的值必须为 0：

$$0 = \frac{\partial \Pi^d(b|x)}{\partial b} | b = \hat{b}(x) = [v^d(x,\ x,\ x) - \hat{b}(x)] f(x|x) [\hat{b}'(x)]^{-1} - F(x|x) +$$

① 假如 b < $\hat{b}$(x)，我们定义$\hat{b}^{-1}(b) = \underline{x}$。假如 b > ($\underline{x}$)，那么有$\hat{b}^{-1}(b) = \bar{x}$。因此，我们需要考虑存在于$\hat{b}$范围内的 b 的唯一值。

$$[\hat{b}'(x)]^{-1}\int_{\underline{x}}^{x} v_1^d(x, x, y)f(y|x)dy \tag{4-7}$$

其中，$\hat{b}'(x)$ 是$\hat{b}(x)$ 的导数，$F(y|x)$ 是给定$\tilde{X}_1$下，$\tilde{Y}_1$的条件分布函数，v_1^d是对其第一个参数组 v^d 的偏导。重新安排方程（4–7），给出一个序微分方程：

$$\hat{b}'(x) = [v^d(x, x, x) - \hat{b}(x)]\frac{f(x|x)}{F(x|x)} + \int_{\underline{x}}^{x} v_1^d(x, x, y)\frac{f(x|x)}{F(x|x)}dy \tag{4-8}$$

通过 v^d 的定义和迭代期望法则，我们有：

$$v^d(x, x, x) = E[\tilde{V}|\tilde{X}_1 = x, \tilde{Y}_1 = y] \tag{4-9}$$

包括方程（4–8），$\hat{b}$必须满足：

①$v^d(x, x, x) \geqslant \hat{b}(x)$，$\forall x \in [\underline{x}, \bar{x}]$；

②$\hat{b}(\underline{x}) = v^d(\underline{x}, \underline{x}, \underline{x})$。

因为竞价者 1 的期望利润在均衡中必须为正，条件①成立。根据条件①可知，条件②同样成立。事实是，假如$\hat{b}(x) < v^d(\underline{x}, \underline{x}, \underline{x})$，当$\tilde{X}_1 = \underline{x}$时，若竞标者增加到$b(\underline{x}) + \varepsilon$，预期利润能从 0 增加到一些正的数量。

方程（4–8）在边界条件满足$\hat{b}(\underline{x}) = v^d(\underline{x}, \underline{x}, \underline{x})$时，方程的解为：

$$\hat{b}(x) = v^d(x, x, x) - \int_{\underline{x}}^{x} L(u|x)dt(u) + \int_{\underline{x}}^{x} \frac{b(u)}{f(u|u)}dL(u|x) \tag{4-10}$$

其中，

$$L(u|x) = \exp\left\{-\int_{u}^{x}\frac{f(s|s)}{F(s|s)}ds\right\} \tag{4-11}$$

$$t(u) = v^d(u, u, u) \tag{4-12}$$

$$b(u) = \int_{\underline{x}}^{u} v_1^d(u, u, y)f(y|u)dy \tag{4-13}$$

注意，$L(u|x)$ 和 $t(u)$ 是 u 的增函数，定义域限定在$[\underline{x}, \bar{x}]$上。接下来，证明什么条件服从方程（4–10）中的$\hat{b}$，同时满足条件①，$(\tilde{X}_1, \cdots, \tilde{X}_n, \tilde{P})$是分别相对$\tilde{V}$的互补信息的假设下，最大化的预期利润是严格增的。很有必要说明的是，互补信息条件保证了再售价格对提交的竞标的响应，正如 v_1^d

测度的一样，随着竞标者信息的实现而增加。因此，每一个竞标者随信息实现而对信号增加的激励，确保方程（4-10）中的$\hat{b}$是一个分离均衡策略。

到此，就找到了不存在转移支付时的纳什均衡，并推导出了该纳什均衡下承销商的竞标策略函数。下面对纳什均衡的存在性进行证明。

引理 4-1： 假定（$\tilde{X}_1$，…，$\tilde{X}_n$，$\tilde{P}$）是分别对$\tilde{V}$的互补信息。那么 $v_1^d(x, x', y)$ 在 x' 和 y 上是严格增的，v_1^d 表示 v^d 对第一个参数的偏导。

假如（$\tilde{X}_1$，…，$\tilde{X}_n$，$\tilde{P}$）是分别对$\tilde{V}$的互补信息，那么方程（4-10）满足条件①，也就是说，$v^d(x, x, x) \geqslant \hat{b}(x)$，$\forall x \in [\underline{x}, \bar{x}]$。

命题 4-1： 假定（$\tilde{X}_1$，…，$\tilde{X}_n$，$\tilde{P}$）是分别对$\tilde{V}$的互补信息，那么，$\forall x \in [\underline{x}, \bar{x}]$，$v^d(x, x, x) \geqslant \hat{b}(x)$，并且，不等式 $x > \underline{x}$ 严格成立。

推论 4-1： 方程（4-10）中定义的策略$\hat{b}$是严格增的。

定理 4-1： n 元组（$\hat{b}$，…，$\hat{b}$），方程（4-10）中已经定义过的$\hat{b}$是一个歧视价格拍卖中的纳什均衡，那么，（$\tilde{X}_1$，…，$\tilde{X}_n$，$\tilde{P}$）是分别对$\tilde{V}$的互补信息。

当参与歧视价格拍卖的竞标者仅仅是为了消费时，Milgrom 和 Weber（1982b）已经识别出了一个存在如下竞标策略的对称纳什均衡：

$$b^d(x) = v^d(x, x, x) - \int_{\underline{x}}^{x} L(u|x)dt(u) \tag{4-14}$$

L（u|x）和 t（u）已经在方程（4-12）里进行了定义。对每一个 $x \in [\underline{x}, \bar{x}]$，定理 4-1 中识别过的为了再售目的的竞价策略严格高于 b^d，其数量等于：

$$\int_{\underline{x}}^{x} \frac{bq(u)}{f(u|u)} dL(u|x) \tag{4-15}$$

提交标的的再售价格，维度依靠 v_1^d①。正是再售价格和竞标者在歧视价格拍卖中提交的标的的信息联系，给予了竞标者发出信号的激励。当然，由于$\hat{b}$是严格增的，再售市场的买方能转换拍卖者宣告的标的信息从而得到竞标者的私有信息，这与 Milgrom 和 Roberts（1982a）的结论一致，也就是说，

① 假如 $E[V|P] = E[V|X_1, Y_1, \cdots, Y_k]$，不存在发送信号的动机，并且均衡策略如方程（4-14）中指明的，那么，$v_1^d(\cdot) \equiv 0$ 并且 $b(\cdot) \equiv 0$。

均衡中没有人可以被欺骗。

值得强调的是，假如再售市场买方有更好的渠道得知关于真实价值的信息，那么竞争性竞价者得益。假如，$\tilde{P}\equiv\tilde{V}$或$\tilde{P}\equiv\tilde{V}$包含$\tilde{X}_1$，$\tilde{X}_2$，…，$\tilde{X}_n$中所有的相关信息，那么竞标者将没有信号激励，拍卖中预期的价格将更低。一个人或许预期到$\tilde{P}$的信息的获知将发生在一级市场的结束和再售市场的开始之间，并且随着时间长度而增加。

假如二级市场买方的信念满足一个单调条件，那么上面是唯一的对称均衡。假如提交的竞标是递增的，那么，二级市场买方关于竞价者私有信息的信念是单调的。比如，当竞标者 1 竞标 b 的时候，假如二级市场的买方相信竞标者的信息存在于区间［$x_1^l(b)$，$x_1^u(b)$］，那么有关信念的单调性条件将意味着 $x_1^l(\cdot)$ 和 $x_1^u(\cdot)$ 是增函数。由于拥有私人信息的竞标者将预期更高的再售价格，自然地会预期竞标更多的拍卖品。因此，信念的单调性看起来是强加的一个自然的限制。当然，当标的在竞价策略的均衡范围内的时候，信念可以通过转换竞价策略得到。

当再售市场中的买方信念单调的时候，因为一个对称均衡是有对称博弈方的博弈中的一个自然不动点，因此，$(\hat{b}, \cdots, \hat{b})$ 在增加的策略中是唯一的对称均衡。由此，得到下面的定理 4–2。

定理 4–2：假如二级市场买方有单调的信念，那么 $(\hat{b}, \cdots, \hat{b})$（$\hat{b}$在方程（4–10）中已经定义过）是增策略中唯一的对称均衡。

综上所述也就证明了不存在转移支付的情况下，纳什均衡的存在性和唯一性。正是因为存在纳什均衡，我们下面关于存在转移支付的情况的讨论才有价值和意义。

第三节 “利率倒挂”之谜

这部分，我们考虑存在地方政府对竞标者进行转移支付时的拍卖，找出此时的贝叶斯纳什均衡以及相应的竞标策略函数。我们发现，考虑到转移支付的拍卖模型可以很好地解释“利率倒挂”之谜。

一、模型假定

本模型延续不存在转移支付的债券拍卖的所有假定（假定 4-1 除外）。此外，我们添加如下假定。

假定 4-9：竞拍结束后，地方政府会对赢得招标的承销商进行部分转移支付，转移支付的数额为 $b \times z$，b 为最终成交价，z 是承销商的利润率，$0 < r < z < 1$。r 是中央政府允许的最高存款率的上限。

在此，我们要对利润率做进一步的解释。在中国，利率是非市场化的，存款利率往往低于金融市场出清时的利率，存款机构会赚取额外的利润率。而在地方债券拍卖过程中，许多地方政府会承诺给予赢得债券拍卖的承销商接受财政存款的资格，故此处的 z 指银行的超额利润率。这一假定是符合现实的。与传统的转移支付不同，这一部分转移支付并不需要地方政府埋单，而是来源于接受地方政府财政存款的特权。为简单起见，假定所有承销商的利润率是相同的，我们将在第四节中考虑承销商的利润率不同时的拍卖结果。

假定 4-10：二级市场的买方知道地方政府会对赢得标的的承销商进行转移支付，并且知道转移支付形式，即知道 z 的值。

假定 4-11：与 Bikhchandani 和 Huang（1989）不同的是，为了更接近中国的发债实际，我们考虑一个荷兰式拍卖的情况，即有 n 个风险中性的竞标者竞标 k 个同一的、不可分的物品，为了简化问题，我们假定 $k = 1$。

二、模型推导及均衡

这一部分，除了竞标策略之外，所有的记号与前面相同。含有转移支付的竞标策略记为$\tilde{b}(x_i)$。与本章第二节的拍卖模型相同，如果承销商以 b 的价格中标，并且当二级市场认为其竞标策略为$\tilde{b}(x_i)$ 时，再销售价格为：

$$r^d(\tilde{b}^{-1}(b),\ \hat{Y}_1,\ \tilde{P}) \equiv E[\tilde{V} \mid \tilde{X}_1 = \tilde{b}^{-1}(b),\ \tilde{b}^{-1}(\tilde{b}(\tilde{Y}_1)),\ \tilde{P}]$$

$$= E[\tilde{V} \mid \tilde{X}_1 = \tilde{b}^{-1}(b),\ \tilde{Y}_1,\ \tilde{P}] \tag{4-16}$$

与本章第二节相同：

$$v^d(x',\ x,\ y) \equiv E[r^d(x',\ \tilde{Y}_1,\ \tilde{P}) \mid \tilde{X}_1 = x,\ \tilde{Y}_1 = y] \tag{4-17}$$

当竞价者 1 获胜，并且二级市场买方相信其私有价值信号等于 x' 在 $\tilde{X}_1$ 和 $\tilde{Y}_1$ 的条件下预期的再售价格。r^d 和 v^d 在其参数集合上是严格增的。当 $\tilde{X}_1 = x$，竞标者 1 的预期利润和他提交一个等于 b 的竞价是：

$$\pi^d(b|x) \equiv E\{[r^d(\tilde{b}^{-1}(b),\ \tilde{Y}_1,\ \tilde{P}) - b + zb]1_{\{b \geqslant \tilde{b}(\tilde{Y}_1)\}}|X_1 = x\}$$

$$= E[E[(r^d(\tilde{b}^{-1}(b),\ Y_1,\ \tilde{P}) - (1-z)b)1_{\{b \geqslant \tilde{b}(\tilde{Y}_1)\}}|\tilde{X}_1,\ \tilde{Y}_1]|\tilde{X}_1 = x]$$

$$= E[(v^d(\tilde{b}^{-1}(b),\ \tilde{X}_1,\ \tilde{Y}_1) - (1-z)b)1_{\{b \geqslant \tilde{b}(\tilde{Y}_1)\}}|\tilde{X}_1 = x]$$

$$= \int_{\underline{x}}^{\tilde{b}^{-1}(b)} [v^d(\tilde{b}^{-1}(b),\ x,\ y) - (1-z)b]f(y|x)dy \tag{4-18}$$

对应此模型的一阶条件为：

$$0 = \frac{\partial \prod^d(b|x)}{\partial b}|b = \tilde{b}(x) = [v^d(x,\ x,\ x) - \tilde{b}(x)]f(x|x)[\tilde{b}'(x)]^{-1} - F(x|x) + [\tilde{b}'(x)]^{-1}\int_{\underline{x}}^{x} v_1^d(x,\ x,\ y)f(y|x)dy = [v^d(x,\ x,\ x) - (1-z)\tilde{b}(x)]f(x|x) [\tilde{b}'(x)]^{-1} - (1-z)F(x|x) + [\tilde{b}'(x)]^{-1}\int_{\underline{x}}^{x} v_1^d(x,\ x,\ y)f(y|x)dy \tag{4-19}$$

整理后，可以得到下面的微分方程：

$$\tilde{b}'(x) = \frac{[v^d(x,\ x,\ x) - (1-z)\tilde{b}(x)]}{1-z}\frac{f(x|x)}{F(x|x)} + \int_{\underline{x}}^{x}\frac{v_1^d(x,\ x,\ y)}{1-z}\frac{f(x|x)}{F(x|x)}dy \tag{4-20}$$

其边界条件为：

①$v^d(x,\ x,\ x) \geqslant \tilde{b}(x)$，$\forall x \in [\underline{x},\ \bar{x}]$；

②$\tilde{b}(\underline{x}) = \dfrac{v^d(\underline{x},\ \underline{x},\ \underline{x})}{1-z}$。

解微分方程，可以得到：

$$\tilde{b}(x) = \frac{\tilde{b}(x)}{1-z} = \frac{v^d(x,\ x,\ x)}{1-z} - \int_{\underline{x}}^{x}\frac{L(u|x)}{1-z}dt(u) + \int_{\underline{x}}^{x}\frac{b(u)}{(1-z)f(u|u)}dL(u|x) \tag{4-21}$$

也就是说，在接收到同样信号的情况下，存在转移支付时，承销商的竞标值是无转移支付时的 1/(1 - z) 倍，这一结论是显然成立的。因为，公众知道政府会对承销商提供转移支付，他们能预期到承销商的竞标策略函数为 $\tilde{b}(x)$，因此会将$\tilde{b}(x)$ 转化为承销商的信息 x，所以：

$$\begin{aligned} r^d(\tilde{b}^{-1}(\tilde{b}(x)),\ \hat{Y}_1,\ \tilde{P}) &\equiv E[\tilde{V}\,|\,\tilde{X}_1=\tilde{b}^{-1}(\tilde{b}(x)),\ \tilde{b}^{-1}(\tilde{b}(\tilde{Y}_1)),\ \tilde{P}] \\ &= E[\tilde{V}\,|\,\tilde{X}_1=x,\ \tilde{Y}_1,\ \tilde{P}] \\ &= r^d(\hat{b}^{-1}(\hat{b}(x)),\ \hat{Y}_1,\ \tilde{P}) \end{aligned} \tag{4-22}$$

也就是说，当承销商接收到同样的信号 x 且赢得竞标时，债券再销售的价格是一样的。但是，存在转移支付时，由于承销商之间的相互竞争，最终成交价格必然会是原来价格的$\frac{1}{1-z}$倍。通俗来说，相同价值的债券在充分竞争的市场上，售价肯定相同。

这也和我们在第二节中证明的纳什均衡的唯一性相符。可以用反证法说明，如果新的纳什均衡下的竞标策略函数$\tilde{b}\neq\frac{\hat{b}}{1-z}$，则 n 维 $((1-z)\tilde{b},\ \cdots,\ (1-z)\tilde{b})$ 必定是第二节中的纳什均衡，这就与第二节中证明的纳什均衡的唯一性相矛盾。

正如假定 4-10 所说，尽管存在转移支付时的债券一级市场售价是无转移支付时的$\frac{1}{1-z}$倍，但是新的纳什均衡下的二级市场售价与本章第二节中的二级市场售价相同，这一结论与中国经验相符。地方债券在一级市场的售价高于国库券，即发行利率低于国库券利率。

中标利率之所以远低于市场预期，出现地方债与国债“利率倒挂”的现象，其根本原因在于地方政府掌握的行政资源过多。聚焦到金融市场，在地方政府掌控财政存款具体在哪家银行开户的情况下，商业银行为了能参与分享地方财政存款这块大“蛋糕”，只能积极与地方政府合谋，同时，为了保证地方分行的财政存款不流失，商业银行大多只能尽力支持发行工作，主动低位投标，从而拉低中标利率。即使这些项目的投资回报率存疑甚至明确无法收回投资，但只要地方政府有融资需求，商业银行一般都会竭力满足地方政府，否则，不仅无法分享地方财政存款这块“蛋糕”，而且地方分行的国有企业对公业务也会大幅减少。这一点是与现实经验相符合的。

这一经验结果也是合理的，因为无论从风险角度还是从流动性角度，国库券都要优于地方债，自然而然地，售价也应该高于地方债。但是，如上面所谈到的，地方债券在一级市场的售价却高于国库券，发行利率要低于国库券利率，即所谓的“利率倒挂”，这是由地方政府对承销商进行转移支付的招标形式引起的。当公众知道地方政府存在对承销商的转移支付并知晓承销商利润率的情况下，一级市场的“利率倒挂”并不能愚弄二级市场的买者，他们并不会认为“利率倒挂”意味着地方债较国库券有更高的质量。他们知道这是地方政府转移支付的结果，因此，他们愿意为地方债支付的价格要低于国库券的价格。

那么，地方政府为何偏好这种拍卖方式？如式（4–21）所示，存在转移支付时，承销商愿意支付的价格是无转移支付时价格的$\frac{1}{1-z}$，由于$0<z<1$，存在转移支付时的价格高于无转移支付时的价格。更深层次的原因是中国的利率非市场化。地方政府有两项收入：一项是拍卖地方债所得；另一项是财政存款所获利息收入。由于中央政府允许的利率上限低于市场利率，如果将两项收入分开拍卖，两项收入之和要低于将两者捆绑起来进行拍卖所获得的收入。因为，当将两者捆绑起来进行拍卖时，承销商之间的竞争将会导致他们愿意为财政存款支付市场利率，也愿意为地方债券支付相同的价格，而中央政府不对地方政府债券的发行价格进行限制，所以，承销商总的支付价格要高于分开拍卖时的价格之和。

证明：将地方债与财政收入存放资格捆绑拍卖时，地方政府的收益为$\frac{\hat{b}(x_i)}{1-z}$，而将两者分开进行拍卖时的收益为$(1+r)\hat{b}(x_i)$。下面我们将证明：

$$\frac{\tilde{b}(x_i)}{1-z}>(1+r)\hat{b}(x_i) \tag{4–23}$$

成立。

式（4–23）等价于$\frac{1}{1-z}>1+r$，因此，我们只需证明，$(1-z)(1+r)<1$成立，即$1+r-z-zr<1$成立，也就是$r-z-zr<0$。由于，我们假定$z>r>0$，所以，$r<z+zr$。

证毕。

地方政府将地方债销售给承销商，承销商又将地方债在二级市场销售，我们可看作地方债由政府销售给二级市场的买方。承销商购买地方债需要向地方政府提供资金，而其在二级市场销售地方债时可以得到二级市场买方的资金（如图 4-1 所示）。社会福利为地方政府收益及承销商利润之和乘以承销商的利润率，即承销商的利润率与承销商利润以及地方政府收益两者之和的乘积。实际上，承销商的行为是真正可以创造利润的行为，地方政府与公众并不真正创造财富，承销商的利润率与二级市场拍卖价格的乘积就是创造的社会福利。

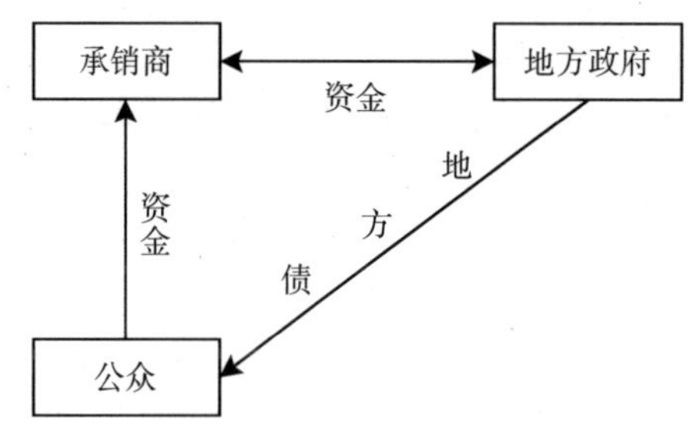

图 4-1　地方政府、承销商、公众关系示意图

因为我们假设承销商的利润率水平相同且公众知晓这一利润率水平，所以一级市场的债券价格能够有效反映地方债的质量，二级市场的买者不会受到损失，而模型中的拍卖是零和博弈，故整个社会不存在效率损失，只是将承销商的部分利润 $(z-r)\times\hat{b}(x)$ 转移到了地方政府手中。但是，现实中承销商的利润率水平并不相同，且公众很难了解到承销商的利润率水平，我们会在第四节中拓展本节的模型，并讨论新的模型下的福利结果。

第四节　存在合谋的债券拍卖

一、模型假设

本模型延续本章第二节的所有假定（假定 4-1 除外）以及本章第三节的假定 4-11。此外，我们添加如下假定。

假定 4-12： n 个承销商的利润率为 $0<r<z_1<z_2<\cdots<z_n<1$。r 表示中央政府允许的存款利率上限。结束竞拍后，地方政府会对赢得招标的承销商

进行部分转移支付，转移支付的数额为 $b \times z_i$，b 表示最终成交价，z_i 表示赢得招标的承销商的利润率。

假定 4–13：二级市场的买方知道地方政府会对赢得标的的承销商进行转移支付，并且知道转移支付形式，即知道 $z_1 < z_2 < \cdots < z_n$ 的值，但不能辨别赢得招标的承销商的类型。

二、模型推导及均衡

现在定义一些新的记号。

$\bar{b}(x_i|z_i)$ 表示利润率为 z_i 的承销商在观测到信号 x_i 时的竞标值。

$\bar{b}^{-1}(b)$ 表示公众将一级市场成交价格转化为承销商私人信号的函数，此处 $\bar{b}^{-1}(b) \equiv E[\bar{b}^{-1}(b|z_i)]$，即承销商采用竞标策略函数 $\bar{b}(x_i|z_i)$ 时，公众在观测到成交价格后对赢得竞标的承销商的私人信号的最优猜测。

$H_i \equiv Max\ [b_j]$，$j \neq i$，表示除承销商 i 之外，其他承销商所提交的最高价格。

与本章第三节的拍卖模型相同，如果承销商以 b 的价格中标，第二高价格为 H，并且二级市场认为其竞标策略为 $\bar{b}(x_i|z_i)$ 时，再销售价格为：

$$\begin{aligned} r^d(\bar{b}^{-1}(b),\ H,\ \tilde{P}) &\equiv E[\tilde{V}|\tilde{X}_1 = \bar{b}^{-1}(b),\ H,\ \tilde{P}] \\ &= E[\tilde{V}|\tilde{X}_1 = \bar{b}^{-1}(b),\ \bar{b}^{-1}(H),\ \tilde{P}] \end{aligned} \tag{4–24}$$

$0 < r < z_1 < z_2 < \cdots < z_n < 1$，$X_1 < X_2 < \cdots < X_n$，并且服从独立同分布：

$$\bar{b}^{-1}(b) = E[\bar{b}^{-1}(b|z_i)] \tag{4–25}$$

$H_i \equiv Max[b_j,\ j \neq i]$，记 $f_i(h|x)$ 为已知 x_i 时 H_i 的条件分布率。

$$r^d(b,\ H_1,\ \tilde{P}) \equiv E[V|X_1 = \bar{b}^{-1}(H_1),\ \tilde{P}]$$

$$v^d(b,\ x,\ h) \equiv E[r^d(b,\ H,\ \tilde{P})|x_1 = x,\ H_1 = h]$$

$$\begin{aligned} \pi(b|x) &\equiv E[(r^d(b,\ H,\ \tilde{P}) - b + z_1 b)I_{b \geq H_1}|X_1 = x] \\ &= E[E[(r^d(b,\ H,\ \tilde{P}) - b + z_1 b)I_{b \geq H_1}|X_1,\ H_1]|X_1 = x] \\ &= E[[v^d(b,\ x,\ h_1) - (1 - z_1)b]I_{b \geq H_1}|X_1 = x] \\ &= \int_{b(\underline{x}|z_2)}^{b} [v^d(b,\ x,\ h) - (1 - z_1)b]f_1(h|x)dh \end{aligned}$$

$$\frac{\partial\pi(b|x)}{\partial b}=[v^d(b,\ x,\ b)-(1-z_1)b]f_1(b|x)$$

$$=\int_{b(\underline{x}|z_2)}^{b}[v_1^d(b,\ x,\ h)-(1-z_1)]f_1(h|x)dh \tag{4-26}$$

如果（$\bar{b}(x_1|z_1)$，…，$\bar{b}(x_n|z_n)$）是一个纳什均衡，那么，$b=\bar{b}(x_1|z_1)$ 必须满足下面的一阶条件：

$$0=[v^d(\bar{b}(x|z_1),\ x,\ \bar{b}(x|z_1)-(1-z_1)\bar{b}(x|z_1))]f_1(\bar{b}(x|z_1)|x)+$$

$$\int_{\bar{b}(\underline{x}|z_2)}^{\bar{b}(x|z_1)}[v_1^d(\bar{b}(x|z_1),\ x,\ h)-(1-z_1)]f_1(h|x)dh \tag{4-27}$$

方程（4-27）给出了$\bar{b}(x|z_1)$ 的隐函数表达式。类似地，$\bar{b}(x|z_i)$ 的隐函数表达式为：

$$0=[v^d(\bar{b}(x|z_i),\ x,\ \bar{b}(x|z_i)-(1-z_i)\bar{b}(x|z_i))]f_i(\bar{b}(x|z_i)|x)+$$

$$\int_{\bar{b}(\underline{x}|z_i)}^{\bar{b}(x|z_i)}[v_1^d(\bar{b}(x|z_i),\ x,\ h)-(1-z_i)]f_i(h|x)dh$$

此外，（$\bar{b}(x_1|z_1)$，…，$\bar{b}(x_n|z_n)$）必须满足$\bar{b}^{-1}(b)=E[\bar{b}^{-1}(b|z_i)]$。

在此，我们需要解释一下，$\bar{b}^{-1}(b)$ 并不是$\bar{b}^{-1}(b|z_i)$ 的简单算术平均。这是因为，x_i 是独立同分布的，而$\bar{b}(b|z_i)$ 是 z 的增函数，所以，第 i 个承销商较其前面的承销商赢得竞标的概率更大。

综上所述，上面的 n+1 个方程共同定义了一个纳什均衡。

下面，我们给出一个 $\forall j>i$，$\bar{b}(b|z_j)>\bar{b}(x|z_i)$ 成立的简单证明。

证明：当 n 个承销商都以 b 的竞价赢得招标时，且当 x 和 h 相同时，他们在二级市场所获得的收益是相同的，即 $v^d(b,\ x,\ h)$。

但是，后面的承销商较前面的承销商可以获得更大的转移支付，所以他们愿意出更高的竞价。

证毕。

与第二节和第三节中的拍卖模型不同，第四节中的拍卖模型可能会带来效率损失，这种效率损失来源于三个方面，我们下面加以讨论。

1. 资源错配

在第二节和第三节的拍卖模型中，无论哪一个承销商赢得竞标，对社会

而言都是无差异的，不会存在任何效率损失。但是，在第四节的拍卖模型中，承销商的利润率不同，$\bar{b}(x|z_i)$ 不仅是 z 的增函数，而且是 i 的增函数。利润率高的承销商所观测到的信号不一定高，利润率高的承销商未必能赢得拍卖的标的，也就未必能获得政府存款，社会资金不能得到充分利用，从而产生了社会的效率损失。

2. 一级市场价格传递债券质量信息的无效性

在第二节和第三节的拍卖模型中，二级市场的买者能够正确预测承销商的竞标策略函数，当观测到一级市场的成交价格时，他们能准确地将成交价格转化为承销商所观测到债券质量的私人信息，并在得到的信息基础上，对债券价值进行正确评估。故一级市场的成交价格可以有效传递债券的价值信号。在第四节的拍卖模型中，二级市场的买者只能观测到债券的成交价格，但不能辨别赢得竞标的承销商的类型，即承销商的利润率，因此也就无法获悉该承销商对债券价值的私人信息。二级市场的买者只能根据不同类型承销商赢得竞标的概率对承销商的私人信号做出最优预测。当利润率较低的承销商赢得竞标时，债券质量被低估，当较高利润率的承销商赢得竞标时，债券质量被高估。

因为，$\bar{b}^{-1}(b)=E[\bar{b}^{-1}(b|z_j)]$，

所以，$\bar{b}^{-1}(b|z_n)<\bar{b}^{-1}(b)<\bar{b}^{-1}(b|z_i)$。

因为，$\bar{b}^{-1}(b|z_i)$ 严格递减，

所以，必定存在 $N\in[1, n]$，使得 $\bar{b}^{-1}(b)=\bar{b}^{-1}(b|z_N)$。

对于，$i>N$，$\bar{b}^{-1}(b|z_i)<\bar{b}^{-1}(b)$ 成立；

对于，$i<N$，$\bar{b}^{-1}(b|z_i)>\bar{b}^{-1}(b)$ 成立。

也就是说，当前 i 个承销商赢得竞标时，债券的质量被低估了，当其他承销商赢得竞标时，债券质量被高估了。

3. 中央政府监管的难度增加

因为中央政府与二级市场的买者一样，存在甄别赢得竞标的承销商的类型的困难，也不能准确获知承销商的私人信号。中央政府可能会根据地方债的成交价格来评估地方政府的财政状况，并在此基础上加以监管，如提供担保的程度以及允许地方政府发债的数额。本书在第六章里做进一步的讨论。和上面讨论的一样，中央政府只能根据不同类型承销商赢得竞标的概率对承

销商的私人信号做出最优的预测。当利润率较低的承销商赢得竞标时，债券质量被低估，当较高利润率的承销商赢得竞标时，债券质量被高估，这就导致了监管的无效率。

与第三节中的拍卖模型相同，第四节中的拍卖模型中也存在地方政府对承销商的转移支付，承销商的竞标也高于无转移支付时的竞标，即地方政府从捆绑拍卖中获得了更高的收益，社会的总福利因此受到了损失。我们称这一拍卖模型为存在合谋的拍卖。

第五节　中央政府改进地方政府债券发行效率的机制

一、允许财政存款资格与债券发行相分离的机制

地方政府将地方债和财政存款资格捆绑拍卖的深层次原因是利率非市场化，解决方法是取消财政存款利率的上限，地方政府也就没有了将地方债和财政存款资格捆绑销售的激励。在单纯的存款资格拍卖中，当承销商利润率不同时，存款资格这一标的就变成了私人价值拍卖，对每个承销商而言，存款资格的私人价值是确定的，并且承销商利润率越高，这一私人价值也就越大。根据传统的拍卖理论，利润率最高的承销商一定会赢得竞标。而将地方债和财政存款资格分开拍卖之后，地方债的拍卖也就变成了本章第二节中的拍卖。所以，地方债和财政存款资格分离开来之后，两项拍卖的综合结果是有效率的。

二、允许财政存款资格再拍卖

具体的解决方法是维持本章第四节中的拍卖方式不变，但允许财政存款资格在承销商之间再拍卖。这样一来，即使在第一次拍卖中，利润率最高的承销商没能赢得竞标，他也一定会在二次拍卖中赢得竞标。根据传统的拍卖理论，二次拍卖中的成交利率为承销商的第二高利润率，预期到财政存款资

格在再拍卖中的价值，每个承销商在第一次拍卖中的竞标策略函数就变成了 $\bar{b}(x|z_{n-1})$，和本章第三节中的讨论结果相同，当承销商的利润一致时，不存在效率损失。

第六节　本章小结

本章以 Bikhchandani 和 Huang（1989）的理论模型为基础，放松假设，讨论了完全竞争性的市场中，存在再售市场情况下的债券拍卖，给出了纯竞争性市场以及利率市场化的结论，即纳什均衡解存在且唯一。我们在此基础上进一步拓展，探讨了“利率倒挂”之谜以及存在政银合谋的拍卖问题，得出了以下结论：

首先，结合中国利率管制和利率非市场化的现实背景，引入地方政府的转移支付，解释了地方政府债券的“利率倒挂”之谜。无论从风险角度还是从流动性角度，国库券都优于地方债，那么国库券的售价自然应该高于地方债。然而，从近几年的发债实践来看，地方债在一级市场的发行利率要低于国库券利率，出现“利率倒挂”。地方政府的收益来自两部分：一是拍卖地方债所得；二是财政存款所获利息收入。由于中央政府允许的利率上限低于市场利率，如果将两项收入分开拍卖，两项收入之和要低于将两者捆绑起来进行拍卖所获得的收入。因为，当将两者捆绑起来进行拍卖时，承销商之间的竞争将会导致他们愿意为财政存款支付市场利率，也愿意为地方债券支付相同的价格，而中央政府不对地方政府债券的发行价格进行限制。由于转移支付的存在，承销商愿意支付的价格是无转移支付时的价格的 $\frac{1}{1-z}$，由于 $0<z<1$，存在转移支付时的价格高于无转移支付时的价格。所以，承销商总的支付价格要高于分开拍卖时的价格之和。正是地方政府对承销商进行转移支付的招标形式引起了“利率倒挂”。

其次，针对存在合谋的债券拍卖问题，探讨了合谋产生的资源错配对社会福利的负面影响。和第三节中的拍卖模型一样，第四节中的拍卖模型中也存在地方政府对承销商的转移支付，承销商的竞标也高于无转移支付时的竞标，即地方政府从捆绑拍卖中获得了更高的收益，而社会的总福利因此受到了损失。

最后，提出了改进现行发行制度下发行效率的两种机制：一是允许财政存款资格与债券发行相分离的机制。取消财政存款利率的上限，地方政府也就没有了将地方债和财政存款资格捆绑销售的激励。而将地方债和财政存款资格分开拍卖之后，地方债的拍卖也就变成了本章第二节中的拍卖。所以，分离开来之后，两项拍卖的综合结果是有效率的。二是维持本章第四节中的拍卖方式不变，但是，允许财政存款资格在承销商之间再拍卖。这样一来，即使在第一次拍卖中，利润率最高的承销商没能赢得竞标，他也一定会在二次拍卖中赢得竞标。二次拍卖中的成交利率为承销商的第二高利润率，预期到财政存款资格在再拍卖中的价值，每个承销商在第一次拍卖中的竞标策略函数就变为了$\bar{b}(x|z_{n-1})$，与本章第三节中的讨论结果相同，当承销商的利润一致时，不存在效率损失。

第五章　地方政府自行发债的发行定价机制设计

2011 年开始，中国实施地方政府自行发债的试点改革，标志着地方政府债券发行向市场化的发行方式迈出了重要的一步。然而，如第三章所述，在广东、深圳等试点发行的一级市场上持续出现“利率倒挂”的“异常现象”，进而暴露了现行发行定价机制的潜在问题，地方政府债券市场化发行定价机制的设计和选择作为亟待解决的问题，成为学者和政府关注的焦点。

本章将针对地方政府债券发行过程中潜在的问题，提出地方债发行的定价机制和选择逻辑。主要涉及以下两个部分的内容。

第一部分，针对现行发行机制潜在的问题，提出相应的机制设计思路，并将其模型化。为了克服现行地方政府债券发行机制潜在的问题，提出如下发行机制修正思路：首先，针对地方债由财政部代办兑付的“准国债”属性，我们提出在严格的监管制度下实行“自发自偿”的制度安排，这在现有的改革试点中有所体现，即逐渐由“自发代偿”过渡到“自发自偿”的市场化发行运作模式。其次，通过设定适当的保留价格（或利率）来克服地方政府以强势行政干预手段提升债券价格或降低利率进而降低融资成本的动机。这在 2015 年财政部颁布的《地方政府一般债券发行管理暂行办法》（以下简称《办法》）中均有体现，参见第十三条，“采用承销或招标方式的，发行利率在承销或招标日前 1 至 5 个工作日相同待偿期记账式国债的平均收益率之上确定”。最后，针对地方政府与投标机构合谋的问题（即除了债券招标业务之外，两者还存在其他利益关系，潜在的利益输送会导致参与投标金融机构的投标利率较低），我们将采用地方债融资规模与其他业务打包发行的组合拍卖（Package Auction）模式。此外，需要将“加强地方政府债券信息披露制度的完善”和“建立健全地方政府债券的信用评级”作为地方政府债券市场化发行的基础制度条件的支撑。

第二部分，在以上机制设计思路的基础上，建立组合投标模型。鉴于各地区的发展以及对债券发行的需求和目标存在差异，分别考虑以少数大型投标者为主和以多数小型投标者为主的两种市场结构情形，求解荷兰式和美国式两种常用的发行定价机制下投标者的均衡报价函数，并从融资规模和成交价格的稳定性两个方面对两种发行定价机制进行比较分析；然后，考虑投标者随机进入的情形对基准模型进行扩展，并进一步讨论在不同市场结构下潜在投标者的进入对均衡报价以及定价机制市场表现的影响。

本章其他部分的结构安排为，第一节建立将地方政府债券融资规模与其他业务捆绑的组合拍卖模型，分析参与者的行为特征，定义荷兰式和美国式两类常见的发行定价机制；第二节在以少数大型投标者为主的市场结构下，求解投标者的均衡报价函数；第三节在以多数小型投标者为主的市场结构下，求解投标者的均衡报价函数；第四节从融资规模和发行价格的稳定性两方面对荷兰式和美国式发行定价机制进行比较分析；第五节考虑潜在投标者的进入对均衡报价以及发行定价机制市场表现的影响，对基准模型进行扩展；第六节是本章小结。

第一节 组合投标模型

一、经济环境

考虑如下经济环境：市场上有一个代表性的地方政府和多个潜在的投标者，以及一个代表性的主承销商。地方政府拟发行一定数量的债券为项目进行融资，同时具有一定的资金管理服务的需求；投标者通常为当地的商业银行等金融机构，其既是地方政府债券的需求者，又是地方政府所需资金管理业务的提供者；地方政府与主承销商签订协议，协定具体的发行模式，根据研究目标，我们主要考虑招标这一市场化的发行方式，其中，主承销商代为提供发行定价、登记托管和上市交易等多方面的服务。特别地，在本书的讨论中，主承销商将拟发行的债券与其他资金管理服务打包一并发行。以下具体分析各参与人的行为。

1. 地方政府（招标人）

地方政府拟发行一定数量的政府债券进行融资，记为 Q_1，同时拥有资金管理服务的需求，记为 Q_2，需要金融机构提供相应的服务，比如开户和资金管理等相关业务。考虑 1 年期的折价发行方式，假定每一份债券的面值为 p，地方政府将其拟发行债券的保留价格设定为 v_0，这是地方政府的私有信息，投标者和承销商均不知晓，但是，承销商能够推测其服从支撑集（Support Set）为 $[\underline{v}, \bar{v}]$ 的 $F(\cdot)$ 分布，相应的概率密度函数为 $f(\cdot)$。根据 2015 年财政部颁布的《办法》的相关规定，“发行利率为招标日前 1~5 个工作日相同待偿期记账式国债的平均收益率之上”，即保留利率 $r_0 \geqslant r_l$，其中，r_l 为招标日前 1~5 个工作日相同待偿期记账式国债的平均收益率；由债券的定价原理 $v_l = \frac{p}{1+r_l}$，得到，$v_0 \leqslant v_l$。

2. 投标人

市场上有 n 个投标者，$n \geqslant 2$，一般为商业银行和其他金融机构投资者，他们在参与投标地方政府债券的同时，为地方政府提供资金管理等相关服务。这里，考虑到各地区金融机构市场类型的差异性，主要考虑两种类型的投标者：第一类是规模较小的投标者，比如地方性城市商业银行和其他金融机构，这类投标者数量相对较多，没有能力去影响投标市场的价格，即可将每一位投标者视为市场成交价格的接受者；第二类是规模较大的投标者，比如大型的国有商业银行和机构投资者，这类投标者数量相对较少，他们是地方政府债券发行市场的主要参与者，并且通常有能力通过改变投标行为对成交价格施加影响。

任意一个投标者 i，i = 1，2，…，n，具有拟线性效用函数，$U(q_i, m_i) = u(q_i) + m_i$，不失一般性地，我们将 $u(\cdot)$ 设定为二次型函数，$u(q_i) = vq_i - \frac{1}{2}\alpha q_i^2$，则可将投标者 i 的效用函数表示为：

$$U(q_i, m_i) = u(q_i) + m_i = vq_i - \frac{1}{2}\alpha q_i^2 + m_i \tag{5-1}$$

其中，q_i 为投标者 i 竞拍得到债券的数量。由式（5-1）可以直接得到投标者 i 对债券的边际价值，$v(q_i)$ 为 q_i 的线性函数：

$$mv(q_i) = \frac{\partial U(q_i, m_i)}{\partial q_i} = v - \alpha q_i \tag{5-2}$$

这里，常数截距项 v 为所有投标者的共同价值信息，参数 α 度量效用函数的凸度，可以用来刻画投标者的风险态度。

3. 承销商

按照《办法》的规定，地方政府在发行债券之前先要选择（主）承销商，并与承销商签订协议，协定具体的发行模式；承销商为地方政府债券的发行提供服务，确定发行方式（这里采用招标方式），确定发行规则和组织发行过程，但不参与实际的交易过程；对于多个承销商的情形，可以确定一个主承销商，与主承销商签订合作协议。针对以上提出的“政银合谋”问题，采用地方债融资与其他关联业务捆绑的组合拍卖发行模式，将承销商设计招标机制和组织招投标的过程描述为如下：首先，（主）承销商将地方债的融资规模与其他资金管理业务打包，$Q_s = Q_1 + Q_2$，并进行同质化处理；其次，承销商将捆绑形成的总量 Q_s 分割为若干等份，为了便于处理，我们直接分拆为 Q 等份，将其作为发行标的资产，这样，地方政府将待售 Q_s 单位的债券，$\bar{Q} = Q_s/n$ 为投标者人均获取的债券数量；最后，承销商与地方政府协商并选择发行定价机制，组织招投标过程。在信息结构方面，投标者的共同价值信息 v 和平均债券数量 $\bar{Q}$ 的联合分布函数 $F(v, \bar{Q})$ 是参与者的共同知识。

结合上文的分析，需要说明的是，对于第一类投标者为参与主体的投标市场，承销商在进行招标机制设计时只需要克服地方政府和投标者潜在合谋的问题；而对于第二类投标者为参与主体的投标市场，承销商除了考虑政府和承销商之间的合谋问题外，还需要兼顾大型的投标者对成交价格施加影响的问题。在下文我们将分别对两类情形展开分析。

二、发行定价机制

本节将讨论地方债券发行市场上常用的荷兰式和美国式发行定价机制，首先，分步骤展示投标过程，其次，分别刻画荷兰式和美国式两种发行定价机制的配置和支付规则。

1. 投标过程

考虑密封报价的投标（Sealed-bid Auction）过程，根据显示性原理（Revelation Principle），我们将采用直接显示机制（Direct Mechanism），要求投标者直接报告债券的评估价值和数量。投标博弈的时序（Timing）如下：

第一步（Step1）：打包与分拆。承销商将地方债的融资规模与其他资金管理业务一并打包，并进行同质化处理，然后将其分为若干等份。

第二步（Step2）：公布竞拍规则。承销商组织投标过程，确定投标标的，公布投标规则，包括成交规则、配置规则、支付规则以及保留价格（或利率），投标开始。

第三步（Step3）：投标。看到投标规则后，投标者进行投标，即报告一系列由“价格—数量”报价对（Bid Pairs）构成的阶梯需求函数。

第四步（Step4）：成交。承销商确定和宣布成交结果，并根据事先公布的投标规则进行配置和相应的支付，投标结束。

接下来，我们将从配置和支付规则两个方面来刻画荷兰式和美国式两类常见的债券发行定价机制。

2. 荷兰式发行定价机制

投标者向招标平台进行投标，即报告一系列由“价格—数量”报价对（Bid Pairs）构成的阶梯需求函数。承销商将投标者提交的“价格—数量”组合，即报价函数：$q_i(\cdot): \mathbb{R}_+ \to \{1, 2, \cdots, K\}$，进行“横向”加总得到市场的需求曲线：$D(p) = \sum_{i=1}^{n} q_i(p)$，同时，令其与拟发行的打包债券的供给数量 Q_s 相等，即 $D(p^e) = Q_s$，得到出清价格 p^e。采用荷兰式发行定价机制时，相应的配置和支付规则如下：

配置规则：报价超过出清价格 p^e 的投标者获胜，获胜的投标者 j 都获取出清价格对应的数量，$q_j^e = q_j(p^e)$。

支付规则：获胜者将以均衡价格对所有获胜的债券进行支付，支付总额为 $paym_j^{DPM} = q_j^e \times p^e$。

荷兰式发行机制的定价过程如图 5-1 所示。

3. 美国式发行定价机制

投标者向招标平台进行投标，即报告一系列由“价格—数量”报价对（Bid Pairs）构成的阶梯需求函数。承销商将投标者提交的报价函数进行“横向”加总得到市场的需求曲线，令其与拟发行的打包债券的供给数量相等，即 $Q_s = \sum_{i=1}^{n} q_i(p^e)$，得到出清价格 p^e。采用美国式发行定价机制时，相应的配置和支付规则如下：

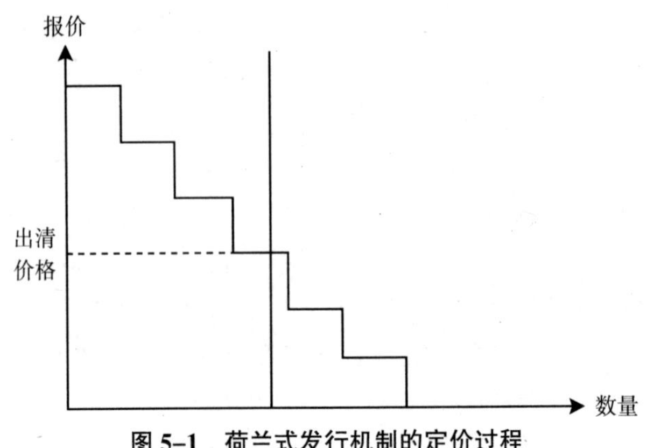

图 5-1 荷兰式发行机制的定价过程

配置规则：与荷兰式定价机制（DPM）相同，报价超过出清价格 p^e 的投标者获胜，获胜的投标者 j 都获取出清价格对应的数量，$q_j^e = q_j(p^e)$。

支付规则：获胜者按提交的报价单对相应债券进行支付（Pay-as-you-bid），支付总额为 $paym_j^{APM} = \sum_{k=1}^{k_j} b_j^k$，这里，$b_j^k \geqslant p^e$，表示获胜者的报价。

美国式发行机制的定价过程如图 5-2 所示。

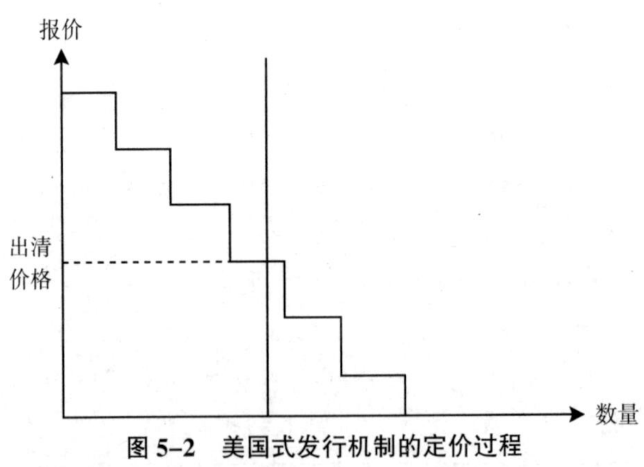

图 5-2 美国式发行机制的定价过程

结合以上分析，我们对荷兰式和美国式两类发行定价机制进一步做出说明：

利用边际分析思路，从边际上而言，在多物品拍卖中，每一竞拍者可视为与其面临的剩余供给量进行交易，进而确定成交价格和数量，此时，我们可以采用投标者 i 的需求函数与其面临的剩余供给函数 $S^{-i}(p) \equiv \max\{Q_s - \sum_{j\neq i} q_j(p), 0\}$ 的关系来刻画定价规则，即采用 $q_i(p) = Q_s - \sum_{j\neq i} q_j(p)$ 来确定出清价格。

相应地，对荷兰式和美国式两类定价机制分别进行刻画，如图 5-3 和图 5-4 所示，投标者 i 的需求函数 $q_i(p)$ 与其面临的剩余供给量相交便是出清价格，而在两种发行定价机制下获胜投标者的支付金额不同，分别对应于图 5-3 和图 5-4 阴影部分的面积。

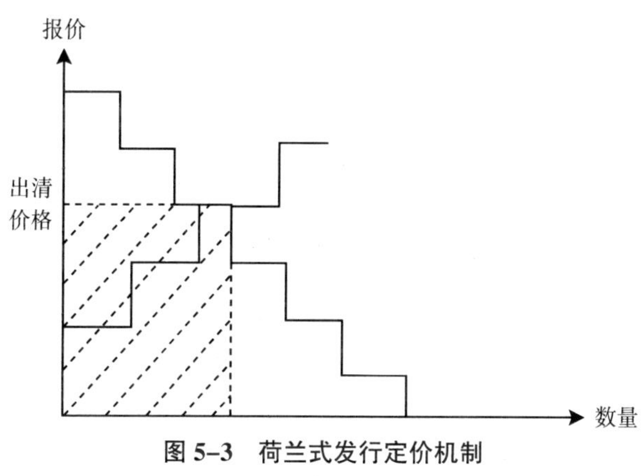

图 5-3　荷兰式发行定价机制

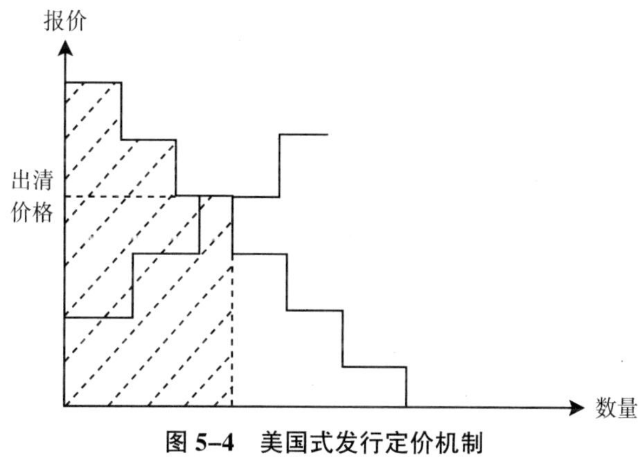

图 5-4　美国式发行定价机制

以下将讨论在荷兰式和美国式两类发行定价机制下，投标者的均衡报价函数以及机制的市场表现。现有的研究，比如，Wilson（1979）、Ausubel 和 Cramton（2002）以及 Wang 和 Zender（2002）等表明，当竞拍者的报价策略为需求函数或供给函数时，拍卖博弈可能会存在连续的多重均衡。理论上来说，多重均衡将会使得两类投标机制在实际的运用中面临着如下问题：一是成交的价格或数量存在一定的不确定性，导致招投标的各个参与者都将面临风险；二是多重均衡的存在使得作为招标人的地方政府（或承销商）对投标机制的比较和选择面临困难，由于均衡集合中不同均衡点的市场表现可能不同，很难对投标机制进行比较。这需要对多重均衡做出选择或精炼，增加成交的确定性和投标机制的可比性及可实施性。

在现实市场中，一般存在大型（少量）和小型（大量）两类投标者，值得一提的是，当大型投标者成为投标市场的参与主体时，其会利用自身的市场地位对成交价格施加影响。具体而言，在现有地方政府债券发行市场上，每一次都是大型的国有商业银行和机构投资者成为市场交易的主体，在竞拍过程中获取主要份额的债券数量。对一个理性的大型投标者而言，其必定会通过对成交价格施加影响，实现自身期望收益的最大化，而小型的投标者数量较多，投标竞争较为激烈，只是成交价格的接受者。这些市场特征将体现为各地区金融机构市场潜在的差异性以及对债券发行市场不同程度的干预。鉴于此，我们将在以大型投标者为主体和以小型投标者为主体两类市场结构的情形下，分别对荷兰式和美国式发行定价机制进行分析。在下一节，我们将首先讨论以大型投标者为主体的地方政府债券发行过程中，投标者的最优报价行为。

第二节　均衡分析 I：以大型投标者为主体的市场结构

本节将讨论以大型投标者为主体的地方政府债券发行过程中投标者的均衡报价行为。在分析之前做出如下假定。

假定 5-1：投标者 i 面临剩余供给量 q_i，$q_i(p) = Q_s - \sum_{j\neq i} q_j(p)$，服从广义帕累托分布，即：

$$G_{\xi,\beta}(q)=\begin{cases}1-\left(1+\xi\dfrac{q}{\beta}\right)^{-\frac{1}{\xi}}, & \xi\neq 0\\ 1-\exp\left(-\dfrac{q}{\beta}\right), & \xi=0\end{cases} \tag{5-3}$$

其中，$\xi\in\mathbb{R}$ 为分布的形状参数；$\beta\in\mathbb{R}_+$ 为刻度参数。这里，$\beta>0$，且当 $\xi\geqslant 0$ 时，$q\geqslant 0$；当 $\xi<0$ 时，$0\leqslant q\leqslant -\dfrac{\beta}{\xi}$。

一、荷兰式发行定价机制（DPM）的均衡分析

维克瑞（Vickrey）机制的一个重要性质是“讲真话”，即竞拍者的报价与边际效用相等。因此，竞拍者的市场影响力和供给的不确定性不会对其他竞拍者的报价产生影响，对于任意 q，报价 p 与边际效用相等，即 $p=v-\rho q$，从而得到出清价格，$\bar{p}=v-\rho\bar{Q}$。竞拍者 i 对每一单位物品的支付由竞拍者 i 不参与时，以该单位物品对其他竞争者的边际价值度量的机会成本来决定。

在荷兰式发行定价机制下，投标获胜者要对其获胜的每一单位债券按照统一的出清价格进行支付。投标者会对其积极报价进行成本—收益分析：如果积极地报价，其会获取更多单位的债券（获取更多的收益），同时会以正的概率提高临界单位之前已获得债券的成交价格（进行更多的支付），因此，投标者最优化的选择将出现在，获取某一单位使得其边际价值 mv 与边际支出 me 相等。

1. 投标者的最优报价条件

利用微分的最优分析思路，在某一均衡状态，投标者提高价格的边际价值 mv 与边际支出 me 相等，即：

$$mv=me \tag{5-4}$$

其中，$mv(p)=v-\alpha q_i(p)$；$me=p+\varphi_i\times q_i(p)$，$\varphi_i$ 表示投标者 i 面临的剩余供给曲线的斜率，用来衡量投标者 i 对成交价格的影响力。

将最优报价的一阶条件（F.O.C）刻画为：

$$v-\alpha q_i(p)=p+\varphi_i\times q_i(p) \tag{5-5}$$

式（5-5）表明，投标者通过高报价多获取一个单位债券，即增加边际价值 $v-\alpha q_i$，而同时出现两个方面的支付：一是对该获胜单位需要支付成交

价格 p^e；二是由于高报价可能提高出清价格，进而对已获取的债券带来提价，即 $\varphi_i \times q_i$。对已获取的债券的支付价格的影响是需求量 q 的线性和递增函数。当 $q = 0$ 时，没有影响；随着需求数量的增加，影响也就增大，投标者高报价的动机则减弱。进一步得到投标者的最优报价函数为：

$$q_i(p) = \frac{v - p}{\varphi_i + \alpha} \tag{5-6}$$

式（5-6）的报价函数为投标者对由斜率 φ_i 和截距项 x 所构成的剩余供给函数的最优反应。只要 $\varphi_i > 0$，该报价函数就会比边际价值函数更陡。

2. 投标者的均衡报价函数

由式（5-6）可知，若要求解得到投标者的最优报价函数，则需要求解均衡状态下确定性的价格影响参数 φ_i^e。为得到均衡状态下的 φ_i^e，我们分两步进行：

首先，在均衡状态时，其他投标者都采用最优报价策略式（5-6），固定其他投标者的均衡价格影响，从边际上来看，投标者 i 的需求要与其面临的剩余供给曲线相等，即 $q_i(p) = Q_s - \sum_{j \neq i} q_j(p)$，进而得到投标者 i 的均衡报价条件 $p(q_i) = v + \frac{\alpha}{n-1} q_i - \frac{n}{n-1} \alpha \bar{Q}$。

其次，将式（5-6）代入，通过待定系数得到投标者 i 的均衡价格影响为：

$$\varphi_i^e = \frac{1}{\sum_{j \neq i} (\varphi_j^e + \alpha)^{-1}} \tag{5-7}$$

式（5-7）刻画了荷兰式发行定价机制下可对成交价格施加影响的大型投标者之间的相互作用，这种效应增强了市场的非竞争性。

值得注意的是，可以证明，在 $n \geq 2$ 的情形下，n 个式（5-7）组成的方程组存在唯一和对称的均衡解。考虑对称解的情形，可将式（5-7）表达为 $\varphi_i^e = \frac{\varphi_i^e + \alpha}{n-1}$，从而求解得到投标者 i 的均衡价格影响为：

$$\varphi_i^e = \frac{\alpha}{n-2} \tag{5-8}$$

将式（5-8）代入式（5-6），得到投标者 i 的最优报价函数为：

$$q_i^{DE}(p) = \frac{n-2}{(n-1)\alpha}(v - p) \tag{5-9}$$

由式（5-9）可见，投标者的最优报价函数受到外生参数——参与投标的人数 n 和投标者的风险态度参数 α 的影响。以下对最优报价进行比较静态分析：

（1）n 对最优报价的影响，$\frac{\partial q_i^{DE}(p)}{\partial n}=\frac{1}{(n-1)^2}\frac{v-p}{\alpha}>0$，表明随着参与投标人数的增加，报价函数更富有弹性，大型投标者潜在的市场影响力则更小；

（2）α 对最优报价的影响，$\frac{\partial q_i^{DE}(p)}{\partial \alpha}=-\frac{n-2}{n-1}\frac{v-p}{\alpha^2}<0$，表明随着效用函数凸度的减小，即投标者风险厌恶程度的增加，报价函数更富有弹性，大型投标者潜在的市场影响力则更小。

通过以上对大型投标者的潜在价格影响进行内生化处理，得到均衡状态下的价格影响力，进而求解得出竞拍者的均衡报价策略。将以上分析整理为命题 5-1。

命题 5-1：在以少数大型投标者为主体的地方债发行市场上，采用荷兰式发行定价机制时，投标者 i 的均衡报价函数为 $q_i^{DE}(p)=\frac{n-2}{(n-1)\alpha}(v-p)$，其中，n≥2。比较静态分析结果表明，最优报价函数的弹性水平随着参与投标人数的增加而增强，随着投标者风险偏好程度的提高而下降。

二、美国式发行定价机制（APM）的均衡分析

1. 投标者的最优报价条件

与荷兰式发行定价机制不同，在美国式发行定价机制下，投标者在不同状态下的报价函数会相互影响，具体的影响取决于不同状态出现的概率，而后者又依赖于投标者面临的剩余供给函数截距项的分布函数。

与荷兰式发行定价机制（DPM）的均衡分析思路相似，考虑某一特定的均衡状态，投标者报价的微小变动带来的边际收益和边际成本相等。其中，提高报价会获取更多数量的债券，相应的边际收益为从更多数量的债券中获取的边际效用之和。同时，提高报价给投标带来的边际成本由两个部分构成：一是因获取更多数量的债券而增加的支付；二是提高报价促使投标者对更高需求状态的债券支付更多。具体的分析如下：

（1）给定某一均衡状态 s，投标者提高报价的期望边际价值为 $mv=\Delta q\times prob(s)\times(v-\alpha q)$，其中，prob(s) 表示实现均衡状态 s 的概率。

（2）提高报价的边际支出为 $me = me_1 + me_2$，其中：$me_1 = \Delta q \times prob(s) \times (p + \varphi_i \Delta q)$ 表示因获取更多数量的债券而增加的支付；$me_2 = \Delta q \times (\Delta p + \varphi_i \Delta q) \times \sum_{t>s} prob(t)$ 表示提高报价促使投标者对更高需求状态的债券支付更多。

在均衡状态时，投标者提高报价面临的边际价值和边际支出相等，即 $mv = me$。具体表达为：

$$\Delta q \times prob(s) \times (v - \alpha q) = \Delta q \times prob(s) \times (p + \varphi_i \Delta q) + \Delta q \times (\Delta p + \varphi_i \Delta q) \times \sum_{t>s} prob(t)$$

进一步整理得到：

$$\frac{prob(s)}{\Delta x} \times \frac{\Delta x}{\Delta q} \times (v - \alpha q - p - \varphi_i \Delta q) = \left(\frac{\Delta p}{\Delta q} + \varphi_i\right) \times \sum_{t>s} prob(t) \tag{5-10}$$

分别在 $\Delta x \to 0$ 和 $\Delta q \to 0$ 对式（5-10）求极限，即将 $\lim\limits_{\Delta x \to 0} \frac{prob(s)}{\Delta x} = g(x)$，$\lim\limits_{\Delta q \to 0} \frac{\Delta x}{\Delta q} = -\frac{\partial x(\cdot)}{\partial q}$ 和 $\lim\limits_{\Delta p \to 0} \frac{\Delta q}{\Delta p} = \frac{dq_i(\cdot)}{dq}$ 代入得到：

$$-g_i(x) \times \frac{\partial x(\cdot)}{\partial q_i} \times (v - \alpha q_i - p) = \left[\left(\frac{dq_i(\cdot)}{dp}\right)^{-1} + \varphi_i\right] \times G_i(x) \tag{5-11}$$

整理得到，投标者在美式发行定价机制下的最优报价条件：

$$\frac{\partial x(\cdot)}{\partial q_i} \times (v - \alpha q) = \frac{\partial x(\cdot)}{\partial q_i} \times p - \left[\left(\frac{dq_i(\cdot)}{dp}\right)^{-1} + \varphi_i\right] \times \frac{G_i(x)}{g_i(x)} \tag{5-12}$$

式（5-12）表明，在均衡状态下，投标者报价的微小变动带来的边际收益和边际成本相等。提高报价为投标者带来的边际价值为从更多数量的债券中获取的期望边际效用之和，$\frac{\partial x(\cdot)}{\partial q} \times (v - \alpha q)$。相应的期望边际支出由两个部分构成：一是因获取更多数量的债券而增加的支付，$\frac{\partial x(\cdot)}{\partial q} \times p$；二是提高报价促使投标者对更高需求状态的债券进行更多的支付，在模型中表达为 $\left[\left(\frac{dq_i(\cdot)}{dp}\right)^{-1} + \varphi_i\right] \times \frac{G_i(x)}{g_i(x)}$。

考虑到需求数量与需求状态的关系，在均衡条件下，截距项 $x(q)$ 是 q 的递减函数，进一步将最优条件式（5-12）表示为需求数量 q 的函数形式。将需求数量 q 的累积分布函数表达为 $G_i(q) = 1 - G(x(q_i))$，相应的密度函数

为，$g_i(q)=-g_i(x)\times\frac{\partial x(\cdot)}{\partial q_i}$。将其代入到最优报价条件式（5-12）得到：

$$v-\alpha q_i=p+\left[\left(\frac{dq_i(\cdot)}{dp}\right)^{-1}+\varphi_i\right]\times\frac{G_i(x)}{g_i(x)\times\frac{\partial x(\cdot)}{\partial q_i}}=p+[\eta_i+\varphi_i]\times\frac{1-G_i(q)}{g_i(q)} \tag{5-13}$$

其中，$\eta_i=\left(\frac{dq_i(\cdot)}{dp}\right)^{-1}$为一个常数，表示投标者所报告的反需求函数的斜率。

根据假定 5-1，投标者面临剩余供给量 q，$q_i(p)=Q_s-\sum_{j\neq i}q_j(p)$，服从广义帕累托分布，得到$\frac{1-G(q)}{g(q)}=\beta+\xi q$，进一步代入最优报价条件得到：

$$v-\alpha q_i=p+[\eta_i+\varphi_i]\times(\beta+\xi q_i) \tag{5-14}$$

2. 投标者的均衡报价函数

由最优报价条件求解最优报价函数得：

$$q_i(p)=\frac{v-\beta(\varphi_i+\eta_i)}{\alpha+(\varphi_i+\eta_i)\xi}-\frac{p}{\alpha+(\varphi_i+\eta_i)\xi} \tag{5-15}$$

进而得到：

$$\eta_i\equiv-\left(\frac{\partial q_i(\cdot)}{\partial p}\right)^{-1}=\alpha+\xi(\varphi_i+\eta_i) \tag{5-16}$$

解得：

$$\eta_i=\frac{\xi}{1-\xi}\varphi_i+\frac{\alpha}{1-\xi} \tag{5-17}$$

将式（5-17）代入式（5-15）得到：

$$q_i(p)=\frac{v-\beta(\varphi_i+\eta_i)-p}{\alpha+(\varphi_i+\eta_i)\xi}=\frac{(1-\xi)v-\beta(\varphi_i+\alpha)-(1-\xi)p}{(1-\xi)\alpha+(\varphi_i+\alpha)\xi} \tag{5-18}$$

由式（5-18）可知，求解投标者的最优报价函数需要求解均衡状态卜确定性的价格影响参数 φ_i^e。与荷兰式发行定价机制（DPM）的分析思路相似，为得到均衡状态下的 φ_i^e，要分两步进行：首先，在均衡状态时，其他投标者都采用最优报价策略式（5-18），固定其他投标者的均衡价格影响，在边际上来看，投标者 i 的需求要与其面临的剩余供给曲线相等，即 $q_i(p)=Q_s-\sum_{j\neq i}q_j(p)$，进而得到投标者 i 的均衡报价条件；其次，将式（5-18）代入，通过待定系数得到投标者的均衡价格影响为：

$$\varphi_i = \frac{1}{\sum_{j \neq i}\left(\frac{\xi\varphi_j}{1-\xi} + \frac{\alpha}{1-\xi}\right)^{-1}} \tag{5-19}$$

与荷兰式发行定价机制（DPM）的分析思路相同，这里，考虑对称投标者的情形，求解投标者 i 的均衡价格影响为：

$$\varphi_i^e = \frac{\alpha}{(1-\xi)n-1} \tag{5-20}$$

由式（5-20）可知，$\lim_{n\to\infty}\varphi_i^e = \lim_{n\to\infty}\frac{\alpha}{(1-\xi)n-1} = 0$，当 $n\to\infty$ 时，$\varphi_i \to 0$，表明投标者在美国式发行定价机制（APM）下成为市场价格的接受者，任何投标者均不能对成交价格施加影响。

将式（5-20）代入式（5-18），得到投标者 i 的最优报价函数为：

$$q_i^{AE}(p) = \frac{[(1-\xi)n-1]v}{(n-1)\alpha} - \frac{n\beta}{n-1} - \frac{(1-\xi)n-1}{(n-1)\alpha}p \tag{5-21}$$

由式（5-21）可见，投标者的最优报价函数受到外生参数——参与投标的人数 n 和投标者的风险态度参数 α 的影响。以下对最优报价进行比较静态分析：

（1）n 对最优报价的影响，$\frac{\partial q_i^{AE}(p)}{\partial n} = \frac{1}{(n-1)^2}\left[\frac{(v-p)\xi}{\alpha} + \beta\right] > 0$，表明随着参与投标人数的增加，报价函数更富有弹性，大型投标者潜在的市场影响力则更小。

（2）α 对最优报价的影响，$\frac{\partial q_i^{AE}(p)}{\partial \alpha} = -\frac{(1-\xi)n-1}{n-1}\frac{v-p}{\alpha^2} < 0$，表明随着效用函数凸度的减小，即投标者风险厌恶程度的增加，报价函数更富有弹性，大型投标者潜在的市场影响力则更小。

通过以上对大型投标者的潜在价格影响进行内生化处理，得到均衡状态下的价格影响力，进而求解得出投标者的均衡报价策略。将以上分析整理为命题 5-2。

命题 5-2：在以少数大型投标者为主体的地方债发行市场上，采用美国式发行定价机制时，竞拍者 i 的均衡报价函数为：

$q_i^{AE}(p) = \frac{[(1-\xi)n-1]v}{(n-1)\alpha} - \frac{n\beta}{n-1} - \frac{(1-\xi)n-1}{(n-1)\alpha}p$，其中，$\xi < 1 - 1/n$；比较静态分析的结果表明，最优报价函数的弹性水平随着参与投标人数的增

加而增强，随着投标者风险偏好程度的提高而下降。

第三节　均衡分析Ⅱ：以小型投标者为主体的市场结构

第二节分析的是以规模较大的投标者为主体的市场结构的情形，而如果市场结构以规模较小的金融机构为参与投标的主体，根据以上对投标过程的刻画，承销商通过将地方债的融资规模与其他资金管理业务打包并进行同质化处理的分拆，消除利益输送的可能，进而克服地方政府和投标者潜在合谋的问题。此时，市场上存在许多小型的投标者，并且每一个投标者均是市场价格的接受者，不会对成交价格施加影响。因此，对于以大量小型投标者为主体的市场结构的分析，我们是将上述以少量大型投标者为主体的市场环境扩展到大市场的情形，此时，每一个投标者将失去对价格的影响，只能是成交价格的接受者。

根据以上的分析，可以直接得到荷兰式和美国式两种发行定价机制下投标者的均衡报价函数。

一、荷兰式发行定价机制（DPM）的均衡报价函数

当采用荷兰式发行定价机制（DPM）时，考虑大市场的经济环境，即当 $n\to\infty$ 时：

$$q_i^{DE}(p)=\lim_{n\to\infty}\frac{n-2}{(n-1)\alpha}(v-p)=\frac{v-p}{\alpha} \tag{5-22}$$

关于风险态度参数 α 的比较静态分析为 $\frac{\partial q_i^{DE}(p)}{\partial\alpha}=-\frac{v-p}{\alpha^2}<0$。

以上分析结果表明，荷兰式发行定价机制（DPM）下投标者的最优报价函数随着投标者风险偏好程度的提高而下降。

进一步整理得到 $p=v-\alpha q$，表明在以大量小型投标者为主的市场结构下，投标者的报价等于边际价值。将以上分析整理为命题 5-3。

命题 5-3：在以大量小型投标者为主体的地方债发行市场上，采用荷兰

式发行定价机制时，投标者 i 的均衡报价函数为 $q_i^{DE}(p)=\frac{v-p}{\alpha}$；比较静态分析的结果表明，最优报价随着投标者风险偏好程度的提高而下降。

二、美国式发行定价机制（APM）的均衡报价函数

当采用美国式发行定价机制（APM）时，考虑大市场的经济环境，即当 $n\to\infty$ 时：

$$q_i^{AE}(p)=\lim_{n\to\infty}\frac{[(1-\xi)n-1](v-p)-\alpha n\beta}{(n-1)\alpha}=\frac{(1-\xi)(v-p)}{\alpha}-\beta \tag{5-23}$$

关于风险态度参数 α 的比较静态分析为 $\frac{\partial q_i^{AE}(p)}{\partial\alpha}=-\frac{(1-\xi)(v-p)}{\alpha^2}<0$。

以上分析结果表明，美国式发行定价机制下（APM）投标者的最优报价函数随着投标者风险偏好程度的提高而下降。

进一步地整理得到，投标者的报价函数为 $p=v-\frac{\alpha}{1-\xi}q-\frac{\alpha\beta}{1-\xi}$。将以上分析整理为命题 5-4。

命题 5-4：在以大量小型投标者为主体的地方债发行市场上，采用美国式发行定价机制时，竞拍者 i 的均衡报价函数为 $q_i^{AE}(p)=\frac{(1-\xi)(v-p)}{\alpha}-\beta$。比较静态分析的结果表明，最优报价随着投标者风险偏好程度的提高而下降。

第四节　机制的市场表现与比较分析

本节主要从地方政府在债券发行过程中面临的期望融资规模和成交价格的波动性两个方面对荷兰式和美国式两类常用的发行定价机制的市场表现进行分析，并在此基础上进行比较，为既定目标的机制设计和选择提供借鉴。与上文的分析过程相对应，对于每一项的比较分析均分别考虑以大型投标者为主体和以小型投标者为主体的两种市场结构情形。

一、以大型投标者为主体的市场结构

根据对现实经济情形的分析，地方政府自行发债的首要目标是尽可能获取较大的融资规模。鉴于此，我们首先分析两类发行定价机制可实现的融资规模，并在此基础上进行比较分析。

1. 期望融资规模的分析和比较

首先计算出各发行定价机制下的期望融资规模，其次进行机制比较。

（1）融资规模。对于任一给定的平均债券数量 $\bar{Q}$，荷兰式和美国式两种发行定价机制下的人均融资规模分别为：

$$FS^{DPM} = v\bar{Q} - \frac{\alpha(n-1)}{n-2}\bar{Q}^2 \tag{5-24}$$

$$FS^{APM} = \left(v - \frac{n\alpha\beta}{n(1-\xi)-1}\right)\bar{Q} - \frac{1}{2}\frac{(n-1)\alpha}{n(1-\xi)-1}\bar{Q}^2 \tag{5-25}$$

此外，将人均社会剩余定义为：

$$FS^{M} = v\bar{Q} - \frac{\alpha}{2}\bar{Q}^2 \tag{5-26}$$

分别对以上人均融资规模取期望得到：

$$E(FS^{DPM}) = vE(\bar{Q}) - \frac{\alpha(n-1)}{n-2}E(\bar{Q}^2) \tag{5-27}$$

$$E(FS^{APM}) = \left(v - \frac{n\alpha\beta}{n(1-\xi)-1}\right)E(\bar{Q}) - \frac{1}{2}\frac{(n-1)\alpha}{n(1-\xi)-1}E(\bar{Q}^2) \tag{5-28}$$

$$E(FS^{M}) = vE(\bar{Q}) - \frac{\alpha}{2}E(\bar{Q}^2) \tag{5-29}$$

由假定 5-1 可知，$\bar{Q}$服从广义帕累托分布，在 $\sigma > 0$ 和 $\xi < \frac{1}{2}$ 的设定下，广义帕累托分布的均值和二阶矩为 $E(\bar{Q}) = \frac{\beta}{1-\xi}$ 和 $E(\bar{Q}^2) = \frac{2\beta^2}{(1-\xi)(1-2\xi)}$。

将$\bar{Q}$的均值和二阶矩分别代入式（5-27）、式（5-28）和式（5-29）得到期望融资规模分别为：

$$E(FS^{DPM}) = \frac{\beta}{1-\xi}\left[v - \frac{2(n-1)^2\alpha\beta}{(n-2)^2(1-2\xi)}\right] \tag{5-30}$$

$$E(FS^{APM}) = \frac{\beta}{1-\xi}\left[v - \frac{[2n(1-\xi)-1]\alpha\beta}{(n(1-\xi)-1)(1-2\xi)}\right] \tag{5-31}$$

$$E(FS^{M})=\frac{\beta}{1-\xi}\left[v-\frac{\alpha\beta}{1-2\xi}\right] \tag{5-32}$$

（2）机制比较。首先，对美国式和荷兰式两种发行定价机制进行比较，$\Delta FS^{AD}=E(FS^{APM})-E(FS^{DPM})$。

将式（5-30）和式（5-31）代入得到：

$$\begin{aligned}\Delta FS^{AD}&=\frac{\beta}{1-\xi}\left[v-\frac{\alpha\beta}{n(1-\xi)-1}\left(n+\frac{n-1}{1-2\xi}\right)\right]-\frac{\beta}{1-\xi}\left[v-\frac{2(n-1)^2\alpha\beta}{(n-2)^2(1-2\xi)}\right]\\&=\frac{\alpha\beta^2}{(1-\xi)(1-2\xi)}\left[\frac{2(n-1)^2}{(n-2)^2}-\frac{2n(1-\xi)-1}{n(1-\xi)-1}\right]\\&=\frac{\alpha\beta^2}{(1-\xi)(1-2\xi)}\left[\frac{4(n-1)}{(n-2)^2}-\frac{1}{n(1-\xi)-1}\right]>0\end{aligned} \tag{5-33}$$

其次，将美国式发行定价机制（APM）实现的融资规模与市场总剩余进行比较：

$$\Delta FS^{MA}=E(FS^{M})-E(FS^{APM})$$

分别将式（5-31）和式（5-32）代入得到：

$$\begin{aligned}\Delta FS^{MA}&=\frac{\beta}{1-\xi}\left[v-\frac{\alpha\beta}{1-2\xi}\right]-\frac{\beta}{1-\xi}\left[v-\frac{[2n(1-\xi)-1]\alpha\beta}{(n(1-\xi)-1)(1-2\xi)}\right]\\&=\frac{\beta}{1-\xi}\left[\frac{[2n(1-\xi)-1]\alpha\beta}{(n(1-\xi)-1)(1-2\xi)}-\frac{\alpha\beta}{1-2\xi}\right]\\&=\frac{\alpha\beta^2 n}{(1-\xi)(n(1-\xi)-1)}\frac{1-\xi}{1-2\xi}>0\end{aligned} \tag{5-34}$$

根据以上分析可知，在以大型投标者为主体的地方政府债券发行市场上，美国式发行定价机制会比荷兰式发行定价机制帮助地方政府获取更大的融资规模。将以上分析整理为命题 5-5。

命题 5-5：在地方政府债券发行市场上，以大型投标者为主体的市场结构下，采用美国式发行定价机制能够比荷兰式发行定价机制实现更多的融资规模，而两者均不能获取全部的社会剩余。

（3）比较静态分析。首先，分析投标者的数量 n 对期望融资规模的影响：

$$\frac{\partial E(FS^{DPM})}{\partial n}=\frac{4\alpha\beta^2}{(1-\xi)(1-2\xi)}\frac{n-1}{(n-2)^3}>0$$

$$\frac{\partial E(FS^{APM})}{\partial n}=\frac{2\alpha\beta^2}{(1-\xi)(1-2\xi)}\frac{1-\xi}{[n(1-\xi)-1]^2}>0$$

将以上分析整理为命题 5-6。

命题 5-6：在地方政府债券发行市场上，以大型投标者为主体的市场结构构下，荷兰式和美国式两种发行定价机制获取的期望融资规模均随着投标者数量的增加而增加。

其次，考虑投标者效用函数凸度系数 α（投标者的风险态度）对期望融资规模的影响：

$$\frac{\partial E(FS^M)}{\partial \alpha} = -\frac{\alpha\beta^2}{(1-\xi)(1-2\xi)} < 0$$

$$\lim_{\alpha\to 0} E(FS^M) = \lim_{\alpha\to 0}\frac{\beta}{1-\xi}\left[v - \frac{\alpha\beta}{1-2\xi}\right] = \frac{\beta v}{1-\xi}$$

$$\frac{\partial E(FS^{DPM})}{\partial \alpha} = -\frac{\beta^2}{1-\xi}\frac{2(n-1)^2}{(n-2)^2(1-2\xi)} < 0$$

$$\lim_{\alpha\to 0} E(FS^{DPM}) = \lim_{\alpha\to 0}\frac{\beta}{1-\xi}\left[v - \frac{2(n-1)^2\alpha\beta}{(n-2)^2(1-2\xi)}\right] = \frac{\beta v}{1-\xi} = \lim_{\alpha\to 0} E(FS^M)$$

$$\begin{aligned}\frac{\partial E(FS^{APM})}{\partial \alpha} &= \frac{\beta}{1-\xi}\left[v - \frac{[2n(1-\xi)-1]\alpha\beta}{(n(1-\xi)-1)(1-2\xi)}\right] \\ &= -\frac{\beta^2}{1-\xi}\frac{2n(1-\xi)-1}{(n(1-\xi)-1)(1-2\xi)} < 0\end{aligned}$$

$$\lim_{\alpha\to 0} E(FS^{APM}) = \lim_{\alpha\to 0}\frac{\beta}{1-\xi}\left[v - \frac{[2n(1-\xi)-1]\alpha\beta}{(n(1-\xi)-1)(1-2\xi)}\right] = \frac{\beta v}{1-\xi} = \lim_{\alpha\to 0} E(FS^M)$$

将以上分析整理为命题 5-7。

命题 5-7：在地方政府债券的发行市场上，以大型投标者为主体的市场结构下，荷兰式和美国式两种发行定价机制获取的期望融资规模均随着投标者效用函数凸度系数的增加而减小；特别地，当 $\alpha\to 0$ 时，两种发行定价机制获取相同的期望融资规模，并且均能够实现交易的社会总剩余。

2. 成交价格稳定性的分析与比较

在地方政府债券的发行市场上，成交价格的波动性也会影响地方政府的融资规模，进而可能影响到经济政策的实施。另外，波动性会传导至二级市场，造成市场运行失序。因此，成交价格的波动性也往往成为拍卖组织者考虑的重要问题，地方债发行机制的设计者会倾向于选择能得到成交利率波动性较小的定价机制。本书采用成交价格的方差来刻画其波动性。

（1）成交价格的波动性。根据荷兰式发行定价机制（DPM）下投标者 i 最优报价函数式（5-9）。

$$q_i^{DE}(p) = \frac{n-2}{(n-1)\alpha}(v-p)$$

得到均衡的成交价格为：

$$p_i^{DE} = v - \frac{n-1}{n-2}\alpha\bar{Q} \tag{5-35}$$

进一步地，将最优报价函数式（5-21）：$q_i^{AE}(p) = \frac{[(1-\xi)n-1]v}{(n-1)\alpha} - \frac{n\beta}{n-1} - \frac{(1-\xi)n-1}{(n-1)\alpha}p$ 进行平均，根据市场出清条件，得到美国式发行定价机制（APM）下投标者 i 面临的均衡价格：

$$p_i^{AE} = v - \frac{(n-1)\alpha\bar{Q} - n\alpha\beta}{(1-\xi)n-1} \tag{5-36}$$

然后，分别对荷兰式和美国式两种发行定价机制下的成交价格取方差得到：

$$Var(p^{DPM}) = Var(v) + \left(\frac{n-1}{n-2}\right)^2 \alpha^2 Var(\bar{Q}) \tag{5-37}$$

$$Var(p^{APM}) = Var(v) + \left[\frac{(n-1)}{n(1-\xi)-1}\right]^2 \alpha^2 Var(\bar{Q}) \tag{5-38}$$

（2）机制比较。接下来，对荷兰式和美国式两种发行定价机制下成交价格的方差进行比较，$\Delta Var = Var(p^{DPM}) - Var(p^{APM})$。

分别将式（5-37）和（5-38）代入得到：

$$\Delta Var = Var(v) + \left(\frac{n-1}{n-2}\right)^2 \alpha^2 Var(\bar{Q}) - Var(v) + \left[\frac{(n-1)}{n(1-\xi)-1}\right]^2 \alpha^2 Var(\bar{Q})$$

$$= \left[\left(\frac{1}{n-2}\right)^2 - \left[\frac{1}{n(1-\xi)-1}\right]^2\right](n-1)^2 \alpha^2 Var(\bar{Q})$$

由上式，可分如下三种情形进行讨论。

情形 1：当 $n\xi = 1$ 时，$\Delta Var = 0$，即荷兰式和美国式两种发行定价机制下的成交价格具有相同的波动性；

情形 2：当 $n\xi < 1$ 时，$\Delta Var > 0$，即荷兰式发行定价机制下形成的成交价格比美国式发行定价机制具有更强的波动性；

情形 3：当 $1 < n\xi \leqslant n-1$ 时，$\Delta Var < 0$，即相对美国式发行定价机制，荷兰式发行定价机制下形成的成交价格具有更小的波动性。

将以上分析整理为命题 5-8。

命题 5-8：在地方政府债券发行市场上，以大型投标者为主体的市场结构下，荷兰式和美国式两种发行定价机制实现的成交价格的稳定性取决于投标者的数量（n）和分布系数（ξ）：当 $n\xi = 1$ 时，两种定价机制下形成的成交价格具有相同的稳定性；当 $n\xi < 1$ 时，美国式发行定价机制（APM）下形成的成交价格比荷兰式发行定价机制（DPM）具有更强的稳定性；当 $1 < n\xi \leqslant n - 1$ 时，荷兰式发行定价机制（DPM）下形成的成交价格比美国式发行定价机制（APM）具有更强的稳定性。

（3）比较静态分析。以下将分析投标者的数量 n 对成交价格波动性的影响：

$$\frac{\partial Var(p^{DPM})}{\partial n} = Var(v) + \left(\frac{n-1}{n-2}\right)^2 \alpha^2 Var(\bar{Q}) = -\frac{2(n-1)}{(n-2)^3}\alpha^2 Var(\bar{Q}) < 0$$

$$\frac{\partial Var(p^{APM})}{\partial n} = -\frac{2(n-1)\xi}{[n(1-\xi)-1]^3}\alpha^2 Var(\bar{Q}) < 0$$

将以上分析整理为命题 5-9。

命题 5-9：在地方政府债券发行市场上，以大型投标者为主体的市场结构下，荷兰式和美国式两种发行定价机制实现的成交价格的稳定性随着投标者数量的增加而增强。

二、以小型投标者为主体的市场结构

根据第三节的分析思路，将上述以少量大型投标者为主体的市场环境扩展到大市场的情形，此时，每一个投标者将失去对价格的影响，只能是成交价格的接受者。鉴于此，可以直接得到如下结果。

1. 融资规模

采用荷兰式发行定价机制（DPM）时，地方政府面临的期望融资规模为：

$$E(FS^{DPM}) = \lim_{n\to\infty}\frac{\beta}{1-\xi}\left[v - \frac{2(n-1)^2\alpha\beta}{(n-2)^2(1-2\xi)}\right] = \frac{\beta}{1-\xi}\left(v - \frac{2\alpha\beta}{1-2\xi}\right) \tag{5-39}$$

采用美国式发行定价机制（APM）时，地方政府面临的期望融资规模为：

$$E(FS^{APM}) = \lim_{n\to\infty}\frac{\beta}{1-\xi}\left[v - \frac{[2n(1-\xi)-1]\alpha\beta}{(n(1-\xi)-1)(1-2\xi)}\right] = \frac{\beta}{1-\xi}\left(v - \frac{2\alpha\beta}{1-2\xi}\right) \tag{5-40}$$

此时，荷兰式和美国式两种发行定价机制下形成的融资规模相等，恰好能够实现期望的社会总剩余：$E(FS^{DPM}) = E(FS^{APM}) = E(FS^{M})$。

2. 发行价格的稳定性

$$\mathrm{Var}(p^{DPM}) = \lim_{n \to \infty} \left\{ \mathrm{Var}(v) + \left(\frac{n-1}{n-2} \right)^2 \alpha^2 \mathrm{Var}(\bar{Q}) \right\} = \mathrm{Var}(v) + \alpha^2 \mathrm{Var}(\bar{Q}) \tag{5-41}$$

$$\mathrm{Var}(p^{APM}) = \lim_{n \to \infty} \left\{ \mathrm{Var}(v) + \left[\frac{(n-1)}{n(1-\xi)-1} \right]^2 \alpha^2 \mathrm{Var}(\bar{Q}) \right\} = \mathrm{Var}(v) + \alpha^2 \mathrm{Var}(\bar{Q}) \tag{5-42}$$

此时，荷兰式和美国式两种发行定价机制下形成的成交价格的波动性相等，恰好等同于交易实现社会总剩余的波动性。

将以上分析整理为命题 5–10。

命题 5–10：在以大量小型投标者为主体的地方债发行市场上，无论采用荷兰式发行定价机制还是美国式发行定价机制，地方政府将会实现相同的期望融资规模，且恰好实现期望的社会总剩余；同时，两种发行定价机制形成的成交价格具有相同的稳定性。

第五节　考虑投标者随机进入情形的模型扩展

以上分析均是基于投标者数量事前确定并且是投标者共同知识的情形进行的。然而，在现实的大多投标过程中，潜在竞拍者的数量并非事前可知。在地方政府招标的机制设计过程中，一个重要的问题是，鼓励潜在投标者积极参与投标，尽可能地避免“流标”，以保证市场的流动性。本节将考虑投标者存在随机进入的情形对以上模型进行扩展。主要的分析思路如下：首先，对投标者的随机进入进行模型化；其次，分析投标者的进入，即投标者数量的变化对在位投标者的均衡报价行为以及两类发行定价机制的市场表现的影响；最后，讨论两类发行定价机制下均衡的投标者进入数量，并进行相应的比较分析。

一、考虑进入的经济环境

考虑投标者的数量不确定的情形，将投标者的数量模型化为外生的随机过程。假定承销商根据其历史经验可以事前推断出潜在投标者的参与人数的概率分布，从而可以估计出期望的投标者人数，并且这些均是所有参与人的共同信念。假设 P 为定义在 $\mathbb{N}=\{0, 1, 2, \cdots\}$ 子集上非负、封闭和凸的概率测度集合，$p(k)\in P$ 为竞拍者人数为 $k=0, 1, 2, \cdots$ 的概率。进一步地，假定潜在投标者的人数 n，服从泊松分布，相应的密度函数为 $p(n; m)=\frac{m^n e^{-m}}{n!}$，$n=0, 1, 2, \cdots$，其中，m 表示泊松分布的特征参数。在这种情形下，通过对投标者的参与行为进行内生化处理，考虑潜在投标者随机进入后市场规模的形成过程。现有的研究表明，在拍卖市场上，卖方会更加偏好能够激励更多竞拍者加入的拍卖机制（Bulow 和 Klemperer，1996）：竞拍者数量的增加会促使竞拍过程的竞争性。

假定 5-2：考虑投标者随机进入的情形下，投标者面临的剩余供给量 x 服从广义帕累托分布，即

$$G_{\xi',\beta'}(x')=\begin{cases}1-\left(1+\xi'\dfrac{x}{\beta'}\right)^{-\frac{1}{\xi}}, & \xi'\neq 0\\[2ex] 1-\exp\left(-\dfrac{x}{\beta'}\right), & \xi'=0\end{cases} \tag{5-43}$$

其中，$\xi'\in\mathbb{R}$ 为分布的形状参数；$\beta'\in\mathbb{R}_+$为刻度参数。

二、投标者进入对均衡报价和市场表现的影响

回顾前几节的分析，将投标者的进入数量 n 的影响整理如下。

1. n 对均衡报价的影响

情形 1：当地方政府或承销商采用荷兰式发行定价机制（DPM）对地方债进行招标时，根据命题 5-1 的结论，由 $\frac{\partial q_i^{DE}(p)}{\partial n}=\frac{1}{(n-1)^2}\frac{v-p}{\alpha}>0$ 可知，随着投标者进入数量的增加，报价函数更富有弹性，大型投标者潜在的市场影响力更小。

情形 2：当地方政府或承销商采用美国式发行定价机制（APM）对地方债进行招标时，根据命题 5-2 的结论，$\frac{\partial q_i^{AE}(p)}{\partial n}=\frac{1}{(n-1)^2}\left[\frac{(v-p)\xi}{\alpha}+\beta'\right]>0$，表明随着参与投标人数的增加，报价函数更富有弹性，大型投标者潜在的市

场影响力更小。

2. n 对期望融资规模的影响

情形 1：当地方政府或承销商采用荷兰式发行定价机制（DPM）对地方债进行招标时，根据式（5–30）的单调性得到：

$$\frac{\partial E(FS^{DPM})}{\partial n}=\frac{4\alpha\beta'^2}{(1-\xi')(1-2\xi')}\frac{n-1}{(n-2)^3}>0$$

情形 2：当地方政府或承销商采用美国式发行定价机制（APM）对地方债进行招标时，根据式（5–31）的单调性得到：

$$\frac{\partial E(FS^{APM})}{\partial n}=\frac{2\alpha\beta'^2}{(1-\xi')(1-2\xi')}\frac{1-\xi'}{[n(1-\xi')-1]^2}>0$$

以上分析表明，荷兰式和美国式两种发行定价机制获取的期望融资规模均随着投标者进入数量的增加而增加；并且，两种发行定价机制实现的期望融资规模的差异递减。

3. n 对成交价格稳定性的影响

情形 1：当地方政府或承销商采用荷兰式发行定价机制（DPM）对地方债进行招标时，根据式（5–37）的单调性得到：

$$\frac{\partial Var(p^{DPM})}{\partial n}=-\frac{2(n-1)}{(n-2)^3}\alpha^2 Var(\bar{Q})<0$$

情形 2：当地方政府或承销商采用美国式发行定价机制（APM）对地方债进行招标时，根据式（5–38）的单调性得到：

$$\frac{\partial Var(p^{APM})}{\partial n}=-\frac{2(n-1)\xi'}{[n(1-\xi')-1]^3}\alpha^2 Var(\bar{Q})<0$$

由以上分析可知，随着投标者进入数量的增加，荷兰式和美国式发行定价机制下的成交价格会趋于更加稳定，并且两种发行定价机制成交价格之间的波动性差异递减。

三、均衡的进入数量

为了将潜在投标者的进入过程进行内生化处理，本书假定投标者在进入地方政府债券发行市场时，面临着一个固定的进入费用为 c，也就是说，当投标者参与投标实现的期望收益不低于进入费 c 时，他会选择进入。即投标者的最小数量由进入者获取的期望收益与进入成本相等来决定：

$$EU = \int_0^{Q_s}\left(vq - \frac{1}{2}\alpha q^2\right)g(x)dx - payt = c \tag{5-44}$$

其中，payt 表示投标者参加投标时发生的支出。

定义 S^{DPM}、S^{APM} 和 S^{PE} 分别为荷兰式发行定价机制（DPM）、美国式发行定价机制（APM）和帕累托最优的进入数量，即满足投标者的期望收益不低于进入费用 c 的最大整数。为了便于处理，我们不考虑“整数”问题，假定 $S \in \mathbb{R}_+$，对于某一给定的总供给量 Q_s，在投标者数量内生的情形下，由假定 5-2，将广义帕累托分布的参数表示为 $\sigma' > 0$ 和 $\xi' \in \mathbb{R}$。对于两类发行定价机制进行如下分析。

1. 荷兰式发行定价机制（DPM）的均衡进入数量

给定任一平均债券数量$\bar{Q}$的情形下，荷兰式发行定价机制（DPM）的人均期望收益为：

$$FS^{DPM} = v\bar{Q} - \frac{\alpha(n-1)}{n-2}\bar{Q}^2 \tag{5-45}$$

将式（5-45）的期望收益方程代入式（5-44）得到：

$$\frac{\alpha}{2(n-2)n}E(\bar{Q}^2) = c \tag{5-46}$$

同时，由假定 5-2 可知，$\bar{Q}$服从广义帕累托分布，在 $\beta' > 0$ 和 $\xi' < \frac{1}{2}$ 的设定下，$\bar{Q}$的二阶矩为：

$$E(\bar{Q}^2) = \frac{2\beta'^2}{(1-\xi')(1-2\xi')} \tag{5-47}$$

再将式（5-47）给出的二阶矩代入式（5-46）得到：

$$\frac{\alpha}{(n-2)n}\frac{\beta'^2}{(1-\xi')(1-2\xi')} = c$$

进而得到：

$$S^{DPM}(c) = n_1^*(c) = 1 + \sqrt{1 + \frac{\alpha\beta'^2}{c(1-\xi')(1-2\xi')}} \tag{5-48}$$

2. 美国式发行定价机制（APM）的均衡进入数量

给定任一平均债券数量$\bar{Q}$的情形下，美国式发行定价机制（APM）的人均期望收益为：

$$FS^{APM} = \left(v - \frac{n\alpha\beta}{n(1-\xi)-1}\right)\bar{Q} - \frac{1}{2}\frac{(n-1)\alpha}{n(1-\xi)-1}\bar{Q}^2 \tag{5-49}$$

将式（5–49）的期望收益方程代入式（5–44）得到：

$$\frac{n\alpha\beta'}{[n(1-\xi')-1]n^2}E(\bar{Q})+\frac{\alpha}{2n^2}\frac{n\xi'}{n(1-\xi')-1}E(\bar{Q}^2)=c \tag{5-50}$$

同时，由假定 5–2 可知，$\bar{Q}$服从广义帕累托分布，在 $\beta'>0$ 和 $\xi'<\frac{1}{2}$的设定下，$\bar{Q}$的均值和二阶矩分别为 $E(\bar{Q})=\frac{\beta}{1-\xi}$和 $E(\bar{Q}^2)=\frac{2\beta'^2}{(1-\xi)(1-2\xi')}$。

再将$\bar{Q}$的均值和二阶矩全部代入式（5–50）得到：

$$\frac{n\alpha\beta'}{[n(1-\xi')-1]n^2}\frac{\beta'}{1-\xi'}+\frac{\alpha}{2n'}\frac{n\xi'}{n(1-\xi')-1}\frac{2\beta'^2}{(1-\xi')(1-2\xi')}=c$$

进一步整理和化简得到：

$$(1-\xi')cn^2-cn-\frac{\alpha\beta'^2}{1-2\xi'}=0 \tag{5-51}$$

求解得到：

$$S^{APM}(c)=n_2^*(c)=\frac{1}{2(1-\xi')}+\sqrt{\frac{1}{4(1-\xi')^2}+\frac{\alpha\beta'^2}{c(1-\xi')(1-2\xi')}} \tag{5-52}$$

四、机制比较

在进行机制比较之前先分析帕累托最优的投标者进入问题，将帕累托最优进入数量的问题表达为

$$n^*=\arg\max\left\{vE(\bar{Q})-\frac{\alpha}{2n}E(\bar{Q}^2)-cn\right\} \tag{5-53}$$

将 E（$\bar{Q}$）$=\frac{\beta}{1-\xi}$和 E（$\bar{Q}^2$）$=\frac{2\beta^2}{(1-\xi)(1-2\xi)}$代入式（5–53）得到：$\frac{\beta'v}{1-\xi'}-\frac{\beta'^2}{(1-\xi')(1-2\xi')}\frac{\alpha}{n}-cn$。

由一阶条件，$\frac{\alpha\beta'^2}{(1-\xi')(1-2\xi')}\frac{1}{n^2}=c$，得到帕累托最优的进入数量为：

$$S^{PE}(c)=n_3^*(c)=\beta'\sqrt{\frac{\alpha}{c(1-\xi')(1-2\xi')}} \tag{5-54}$$

然后，对两种发行定价机制以及其与帕累托最优的进入数量进行比较。

首先，对荷兰式发行定价机制（DPM）与美国式发行定价机制（APM）

进行比较，$\Delta S^{DA}=S^{DPM}(c)-S^{APM}(c)$。

将式（5-48）和式（5-52）代入得到：

$$\Delta S^{DA}=1+\sqrt{1+\frac{\alpha\beta'^2}{c(1-\xi')(1-2\xi')}}-\left(\frac{1}{2(1-\xi')}+\sqrt{\frac{1}{4(1-\xi')^2}+\frac{\alpha\beta'^2}{c(1-\xi')(1-2\xi')}}\right)$$

$$=1-\frac{1}{2(1-\xi')}+\sqrt{1+\frac{\alpha\beta'^2}{c(1-\xi')(1-2\xi')}}-\sqrt{\frac{1}{4(1-\xi')^2}+\frac{\alpha\beta'^2}{c(1-\xi')(1-2\xi')}}$$

由 $\xi'<\frac{1}{2}$，则 $1-\frac{1}{2(1-\xi')}>0$，同时：

$$\sqrt{1+\frac{\alpha\beta'^2}{c(1-\xi')(1-2\xi')}}-\sqrt{\frac{1}{4(1-\xi')^2}+\frac{\alpha\beta'^2}{c(1-\xi')(1-2\xi')}}>0$$

因此，$\Delta S^{DA}>0$，即荷兰式发行定价机制会比美国式发行定价机制吸引更多的投标者进入地方政府债券的发行市场。

其次，将美国式发行定价机制（APM）与帕累托最优市场规模进行比较，$\Delta S^{AP}=S^{APM}(c)-S^{PE}(c)$。

将式（5-52）和式（5-54）代入，直接得到：

$$\Delta S^{AP}=\frac{1}{2(1-\xi')}+\sqrt{\frac{1}{4(1-\xi')^2}+\frac{\alpha\beta'^2}{c(1-\xi')(1-2\xi')}}-\sqrt{\frac{\alpha\beta'^2}{c(1-\xi')(1-2\xi')}}>0 \tag{5-55}$$

以上分析表明，采用美国式发行定价机制时，投标者的进入数量会超过帕累托最优的进入数量。可见，荷兰式和美国式两种发行定价机制下投标者的进入数量都超过了实现交易效率的最优水平。

将以上分析整理为命题 5-11。

命题 5-11： 在地方政府债券发行市场上，考虑投标者随机进入的情形，相对美国式发行定价机制，采用荷兰式发行定价机制时会有更多的投标者参与投标，但两者均超过了实现社会福利最大化的最优进入水平。

第六节　本章小结

针对地方政府自行发债过程中的潜在问题，提出相应的机制设计和修正思路：一是针对地方债由财政部代办兑付的“准国债”属性，我们提出在严格的监管制度下实行“自发自偿”的制度安排；二是通过设定适当的保留价格（或利率）来克服地方政府以强势行政干预手段提升债券价格或降低利率进而降低融资成本的动机；三是针对地方政府与投标机构合谋的问题（即除了债券招标业务之外，两者还存在其他利益关系，潜在的利益输送会导致金融机构的投标利率较低），我们采用地方债融资规模与其他业务打包（资产证券化）发行的组合拍卖（Package Auction）模式。

在上述机制设计和修正思路的基础上，建立组合投标模型，考虑到地区金融机构的市场结构以及地方政府对债券市场的干预程度的异质性，我们分别讨论以少数大型投标者为主和以多数小型投标者为主的两种市场结构情形，求解得到荷兰式和美国式两种常用的发行定价机制下投标者的均衡报价函数，并从融资规模和成交价格的稳定性两个方面对两种发行定价机制进行比较分析；然后考虑投标者随机进入的情形对基准模型进行扩展，深入讨论潜在投标者进入对均衡报价以及发行定价机制市场表现的影响。研究结论表明，以大型投标者为主体的市场结构下，采用美国式发行定价机制可以比荷兰式发行定价机制实现更多的融资规模，但两者均不能获取全部的社会剩余。两种发行定价机制获取的期望融资规模均随着投标者效用函数凸度系数的增加而减小；特别地，当 $\alpha \to 0$ 时，两种发行定价机制可以获取相同的期望融资规模，并且两者都能够交易实现的社会总剩余。两种定价机制实现的成交价格的稳定性取决于投标者的数量（n）和分布系数（ξ）：当 $n\xi = 1$ 时，两种定价机制下形成的成交价格具有相同的稳定性；当 $n\xi < 1$ 时，美国式发行定价机制（APM）下形成的成交价格比荷兰式发行定价机制（DPM）具有更强的稳定性；当 $1 < n\xi \leq n - 1$ 时，荷兰式发行定价机制（DPM）下形成的成交价格比美国式定价机制（APM）具有更强的稳定性。在以大量小型投标者为主体的地方债发行市场上，无论采用荷兰式发行定价机制还是美国式发行定价机制，地方政府将会实现相同的期望融资规模，且恰好实现期望的社

会总剩余；同时，两种发行定价机制形成的成交价格具有相同的稳定性。考虑投标者随机进入地方债券发行市场的情形，相对美国式发行定价机制，采用荷兰式发行定价机制时会有更多的投标者参与投标，但两者均超过了实现社会福利最大化的最优进入水平。希望本章的结论能对地方政府自行发债的发行机制设计和选择提供理论借鉴和决策参考。

第六章 地方隐匿信息与隐匿行为下的中央政府最优金融监管机制

第一节 地方隐匿信息下的中央政府最优金融监管机制

地方政府债券发行过程中的“利率倒挂”现象已经引起了广泛的关注，第四章首先结合中国利率管制和利率非市场化的现实背景，引入地方政府的转移支付，解释了地方政府债券发行中的“利率倒挂”之谜。其次研究了存在合谋的债券拍卖问题，探讨了合谋产生的资源错配对社会福利的影响。最后基于研究结论，提出了可以改进发行效率的机制：一是取消财政存款利率的上限；二是维持存在合谋的拍卖方式不变，但是，允许财政收入存放资格在承销商之间再拍卖。第五章首先归纳总结出地方政府自行发债过程中潜在的问题，提出相应的地方债定价机制设计思路。根据上述设计思路，建立组合投标模型。其次探讨以少数大型投标者为主和以多数小型投标者为主的两种市场结构情形下，荷兰式和美国式两种发行定价机制下潜在投标者的竞投过程，求解得到投标者的均衡报价函数。再次从融资规模和成交价格的稳定性两个方面比较分析荷兰式发行定价机制（DPM）和美国式发行定价机制（APM）的市场表现。最后考虑潜在投标者进入对均衡报价和机制市场表现的影响。得到一些结论供决策者在地方债发行定价机制设计工作中进行借鉴。

“利率倒挂”的出现损害了社会福利，地方政府的这种发债模式最终会危及中央计划者实现社会目标，必然不可持续。资源错配（Hsieh 和 Klenow，2009）的出现，极大地伤害了社会的全要素生产率（Total Factor Productivity），导致经济低效率，这种发债过程中的资源错配具体表现在有资格取得发债权的承销商没有获得发债权，而没有资格取得发债权的承销商反而取得发债权，导致那些急切需要银行资金支持的企业无法获得贷款从事新项目开发，为社会创造价值和利润，而那些并不需要信贷支持的企业反而获得大量的信贷资金，造成大量的资源闲置，导致资源配置的低效率。

目前，国内大量的中小微企业急需资金支持来进行科技创新，实施中央提出的创新驱动发展战略，却得不到银行等金融部门的支持，无法及时获得贷款，一些好项目面对资源约束常常“束手无策”，而一些规模较大的国企则“财大气粗”，并非急需大量资金支持的企业和行业却可以轻而易举从银行获得大量信贷资源。这些国有企业在占有大量的资金后并不进行科技创新，通过创新去转变经济增长模式，引领发展，而是将资金投入到房地产等领域，依靠投机获利，不但对转变增长方式不利，反而会推高房价，危及社会稳定，对长期经济增长百害而无一利。

中央与地方的关系始终是中国政治经济体制中的重要问题，经过 30 多年的市场化改革，中央与地方关系的基本框架已经确立，但仍然存在诸多冲突，这些矛盾制约着国家进步及社会变革（孙宁华，2001）。关于中央政府与地方政府关系的讨论非常多。中国是典型的转型经济体，存在计划与市场两种机制，在此情况下，地方政府介入经济，可以克服市场的不确定性，保障资源配置效率（洪银兴和曹勇，1996），加快地方经济发展，推动经济增长（Oates，1972）。实际上，地方政府的财政状况受到了以 1994 年分税制改革为代表的财政分权的重要影响（Wang 和 Ma，2014）。国内研究中央政府与地方政府关系的文献主要集中在 1994 年分税制改革前后（李实和奈特，1996），侧重于分析分税制改革前后财政体制存在的问题，进而探究健全财政制度的措施。也有部分实证研究讨论中国的分权问题。陈抗等（2002）认为分税制促使地方政府伸出攫取之手，导致人民的福利降低。金太军（1999）认为应着重提升中央政府的权威及其宏观调控能力，建构中央政府与地方政府的优势互补关系，从而加快经济性分权和政府机构改革的步伐。朱红军等（2006）通过研究宇通客车管理层收购事件，认为科学合理地划分各级政府责、权、利关系及完善政绩考核，合理协调行政与司法在国家经济管理方面的关系问题是完善国有企业管理、规范公司运作的前提和基础。夏永祥和王常雄（2006）认为政策博弈的制度性根源在促进中央政府政策更加合理、完善的同时，也使得中央政府的调控能力大打折扣，治理途径则在于建立新型中央政府和地方政府关系，真正做到财权与事权的统一。杨瑞龙和杨其静（2000）运用博弈论的思想，采取个体主义的成本—收益分析法，分析了中国渐进制度变迁路径的一些特征，研究中央计划者、地方政府官员和微观主体之间的博弈过程及其经济后果，力图证明，正是由于地方政府的介入才令渐进式改革得以相对平稳地推进，并且能以较低的摩擦成本加快中国的市场化进程。冯静（2009）探讨了中国地方政府独立发债可能引发地方政府向中央政府转嫁债务的风险，结论是，如果被救助的地方政府将部分或是全部债务成本成功转嫁给中央政府，那么这种救助先例将会产生示范效应。王美今等（2010）通过设定能刻画空间交互性反应特征的空间面板计量模型，研究了地方政府之间的“横向策略互动”和地方政府对中央政府的“纵向共同反应”两种行为特征，为解释当前中国问题提供了一个新的视角。研究结果表明，宏观税负以分税制改革为界，其横向策略互动特性从相互模仿转变为差异化，而支出相对规模、基本建设支出和科教文卫支出均表现出相互模仿的策略互动；在“纵向共同反应”特性方面，地方政府在宏观税负、支出相对规模和基本建设支出这三项政策上效仿中央政府，但中央政府的科教文卫支出政策未能对地方政府产生强而有力的影响。周业安和赵晓男（2002）认为中国的经济增长主要依靠各地区的均衡发展来支撑，如果欠发达地区的竞争模式不能向进取型模式转换，那么交易成本和资源配置低效率会阻碍未来的经济增长。解决以上问题的政策思路是：首先，在地方实行以资源为基础的经济区，通过经济区的整合来推动行政区的整合；其次，大范围实施发达地区对欠发达地区的干部培训制度，使发达地区承担欠发达地区部分转移成本的同时，实现知识的流动；再次，实施干部异地任职制度，打破地方关系网；最后，改革政府间转移支付制度和地方税的征收制度，转移支付应该着眼于公平，而地方税则转向以财产税、个人所得税等重点税种。对制度创新和地方政府竞争秩序的重塑——关于地方政府行为提出了改进的政策建议。一是通过实施以资源为基础的经济合作区，打破现有行政区划带来的不良后果；二是干部异地任职制度；三是财政分权、公平导向的转移支付和地方政府竞争力的培育。

部分学者探讨了政府与金融机构的关系。巴曙松等（2005）认为转轨经济背景下，地方政府与银行的博弈长期存在，双方博弈的结果对全社会金融资源的配置、货币政策的有效传导和金融微观主体的经营产生了深远的影响。应该从地方政府职能转换、投融资体制改革以及深化金融体制改革、完善银行治理结构方面入手，逐步形成地方治理和银行改革的良性互动。银行贷款的性质差异（短期借款和长期借款）也使得政府干预产生不同的影响。黎凯和叶建芳（2007）研究了政府干预对债务融资的影响。研究结果表明，中央政府和地方政府对短期借款基本没有影响；中央政府对长期借款干预较少，地方政府主要对长期借款进行干预，政府对上市公司银行贷款进行选择性干预。

实际上，财政分权及GDP导向的官员晋升模式背景下，地方政府具有强烈的融资需求。20世纪以来，全球各国出现了财政分权的趋势，人口超过500万的75个转型经济体中，84%的国家正致力于分权（Dillinger，1994）。国外文献主要从分权的合理性及必要性（Oates，1972；Tiebout，1956；Stigler，1957）、如何在中央与地方间合理分权（Musgrave，1959）、财政分权的依据（Tresch，2002）、分权应遵循的原则（Bahl和Tumennasan，2004）等角度去探讨。国内的文献则集中在财政分权与市场经济转型间的关系（高培勇，2001）、财政分权与经济增长的关联度（Lall和Hofman，1995；缪小林等，2014）、财政分权的程度（赵志耘和郭庆旺，2005）等方面。此外，关于分权体制下政府财政政策的最优分权理论和文献认为，上下级政府以及同级政府间的有效合作、协调能够减少经济中的效率损失（Wildasin，1988；张晏和龚六堂，2004）。财政分权的度量同样非常重要，大量学者对此进行了研究，如Zhang和Zou（1998）采用传统的财政收支指标度量分权，Lin和Liu（2000）采用财政收入增量中地方政府占有的份额度量分权①，这些不同的分权指标得到了不同的结论。马恩涛和于洪良（2014）则讨论了财政分权、地方债务控制与预算软约束的关系，结论是只要中央政府所提供的公共产品的边际价值相对较小或地方政府分享的税收份额相对较低，预算软约束就能增进社会福利水平。

近30年以来，中央与地方的财政关系由过去以行政组织为基础的行政服从关系逐步转向以相对经济实力为基础的博弈关系。分税制改革前，中央大部分的财政收入通过与地方谈判获得，其博弈模式的均衡是中央政府采取下放政策而地方政府想办法压缩应上缴中央政府的财政收入，这导致中央财政能力弱化；分税制改革后，中央政府与地方政府的博弈逐渐向中央政府倾

① 他们认为Zhang和Zou（1998）的分权指标忽略了各省人口和经济规模的影响，实际上，后者采取的人均指标已经部分修正了人口的影响。

斜，地方政府财权减少的同时，事权却并未相应减少，并形成了晋升锦标赛。可以说，分税制促使地方政府伸出攫取之手（陈抗等，2002），同时强化了地方政府“搞大资金，上大项目，出大政绩”的冲动。

研究中央与地方关系时，必须研究信息不完全和信息不对称对中央及地方博弈关系的影响（孙宁华，2001）。相较中央政府而言，地方政府对自己的收入水平以及偿债能力等具有明显的信息优势，而作为委托人的中央政府则主要依赖地方政府报告有关收入、偿债能力的信息，却无法对地方政府报告信息的真实性做出准确判断。即使中央政府进行监督，由于地方政府对统计、审计、财政以及媒体等信息收集、加工和处理的单位拥有控制权，仍然可以操控提供信息的多少以及真实性，造成中央政府监督成本过高问题。实际上，地方政府具有独立的经济利益，具备隐匿信息的强烈动机，从而引发逆向选择问题。信息经济学的研究成果表明，激励相容机制通过诱导社会成员真实披露私有信息，可以有效地克服信息不对称问题。鉴于此，在中央与地方之间建立激励相容机制，使得地方政府没有动力去撒谎就显得尤为重要。目前关于地方债的研究主要涉及地方债券定价方式及期限结构（罗雯和韩立岩，2002），自行发债的理论及管理方式（邓子基和范玉洁，2012）和建议发展长期债券市场等理论探讨（王国刚和张扬，2014）。目前尚没有结合信息不对称理论的研究成果以及中国情境，将中央的隐性担保纳入一个统一的分析框架之内，讨论地方自行发债背景下的中央政府最优监管机制问题的相关研究。

信号传递可以理解为激励机制的特例。以基础教育阶段的学校为例，如果学校承诺采取军事化等严格的管理模式，那么家长预期孩子获得安全保证以及获得高学习成绩的收益会较高，这些家长将学校的管理方式承诺作为高质量的信号，从而愿意为其支付较高的学费，这就是所谓的信号传递。

下面我们介绍 Spence（1973）、Rothschild 和 Stiglitz（1976）的模型，参考这两篇文章以及 Laffont 和 Tirole（1988）的建模思想，考虑中国自行发债的实际，基于中央政府隐性担保，探讨地方政府隐匿信息下中央政府的最优监管机制，建立地方政府隐匿信息下分析中央及地方分离均衡及混同均衡的一般框架，并通过算例得到分离均衡存在的条件，提出八个命题并进行严格的数学证明。本书对于构建地方政府自行发债的监管机制框架，推进中国情境下的地方政府自行发债工作有着直接的指导价值。

一、建模依据

1. Spence 模型

Spence（1973）是信号传递理论的开创者斯宾塞（Spence）关于劳动力市场的模型。这个模型里，劳动力市场上存在着雇员能力信息的不对称，被雇佣者了解自己的能力，这是其私人信息，而雇主并不知情。被雇佣者的信息最终决定雇佣的成败、雇佣工资以及市场中人们的工作的配置，被雇佣者可以通过教育程度向雇主传递其能力的信息。

雇主通过雇佣以及后续对雇佣者生产能力的观测得到新的市场信息，雇主会将他们观测到的信号相联系，并调整条件概率信念。反馈回路中的要素如图 6-1 所示。

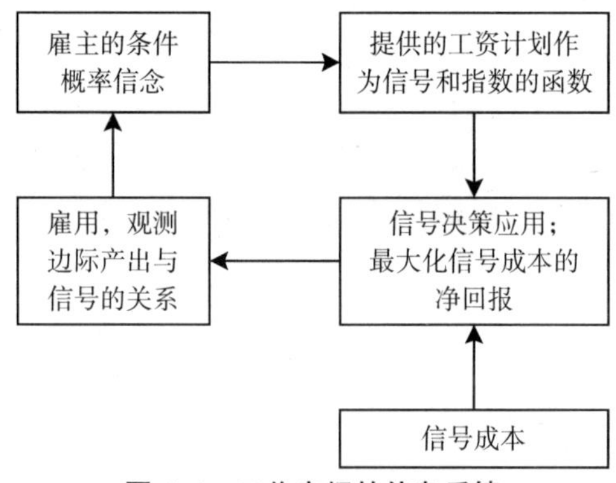

图 6-1　工作市场的信息反馈

资料来源：Spence（1973）。

需要找到一种方法研究市场上随时间而改变的反馈系统，为了避免研究一个不断变化的系统，寻找反馈系统的非短暂的配置很有必要。假如雇主以一个循环后没有被他们产生的数据排斥的条件概率信念开始，这个系统将是稳定的。可以参考这样的信念进行自我确认。这种自我确认在图 6-1 的反馈回路里进行了定义。

随着新的申请者不断进入市场，反馈系统不断循环。雇主的条件概率信念得到修正，提供的工资计划不断调整，申请人行为与选择信号变化的数据对雇主是有利用价值的。每个循环结束后，产生下一个循环。一个均衡就是产生自身循环的一系列元素。因此，作者斯宾塞认为雇主的信念是自我确认的，或者是申请者的行为在下一个循环里重新产生了他自身[①]。雇主信念的自我确认非常重要，因为雇主在市场上一致的存在性是连续的[②]。所以，一个均衡可以认为是雇主信念的集合，这些信念提供工资计划、申请人信号决策以及雇用，并最终形成随时间变化的新的市场数据。

Spence（1973）一文给出了均衡的定义。关于均衡进一步的定义是序，即给定一个工资计划，将市场作为产生器，通过个体的最优化决策，给定观测到的属性或信号后的生产能力的经验分布，或者是雇主拥有给定信号后，对生产力的条件概率信念。一个均衡中，在雇主实际上观察到的信号范围内，主观的分布和市场机制的隐含机理是一样的[③]。因为雇主的持续存在，任何其他的主观信念最终会在市场上遭到排斥。

最终通过算例给出了信息均衡的性质。张维迎（2004）在其基础上进行了简单的拓展，给出了混同均衡以及分离均衡的条件。

$$\text{混同均衡}\begin{cases} s(\theta=1)=s(\theta=2)=0 \\ w(0)=w(1)=1.5 \\ \mu(\theta=1|s=0)=0.5 \\ \mu(\theta=1|s=1)=0.5 \end{cases}$$

混同均衡时，两类雇员都不接受教育，雇主认为教育不传递信号，因而工资等于期望产出，与教育无关。

$$\text{分离均衡}\begin{cases} s(0-1)-0,\ s(0-2)-1 \\ w(0)=1,\ w(1)=2 \\ \mu(\theta=1|s=0)=1,\ \mu(\theta=1|s=1)=0 \end{cases}$$

分离均衡时，低能力的雇员选择不接受教育，高能力的雇员选择接受教育；雇主认为不接受教育的一定是低能力，因而支付工资 $w(0)=1$，接受教育的一定是高能力，因而支付工资 $w(1)=2$。分离均衡中，教育水平成为传递雇员能力的信号。

① 理解信号均衡的这个属性时，选择再次产生作为目标，通常来讲是雇主的信念或雇主提供的工资计划。

② 从数学的角度看，这个问题实际上是个不动点问题。

③ 在一个多市场模型里，一个人面对着这样的可能性：潜在申请者的一定类型将在一定劳动力市场外理性选择他们自己，因此，一定的信号配置将不会在这些市场发生。当这种情况发生的时候，在相关市场中的雇主的信念不能被一个向下的方式证实，这增加了持续歧视某个群体的可能性。

2. R-S 模型

Rothschild 和 Stiglitz（1976）是保险市场逆向选择理论的经典文献。这篇文章最初的目的是希望证明，在竞争性的市场中，即使存在的不完美信息是少量的，但仍然会有重要的影响。文章通过构建理论模型并进行严格推导和证明得到了一系列有趣的结论。当存在市场均衡的时候，契约不但识别价格，而且识别数量；高风险的个体对低风险的个体产生了耗散外部性；均衡的平衡结构以及它的存在性取决于一系列假定，而信息完美与否，无关紧要。

模型考虑一个个体，其收入规模为 W，如果发生意外，那么收入变为 $W-d$。个体通过付给保险公司保险费 α_1 确保自己避免事故。假如事故发生，他可以得到$\hat{\alpha}_2$的回报。没有保险，他的收入存在有事故和无事故两种状态，没有保险时记为（W，$W-d$），有保险时记为（$W-\alpha_1$，$W-d+\alpha_2$），其中，$\alpha_2=\hat{\alpha}_2-\alpha_1$。向量 $\alpha=(\alpha_1,\ \alpha_2)$ 描述保险合同。

令 W_1 表示没有事故时的收入，W_2 表示事故发生时的收入。

$$\hat{V}(p,\ W_1,\ W_2)=(1-p)U(W_1)+pU(W_2) \tag{6-1}$$

其中，$U(\cdot)$ 表示货币收入的效用，p 表示事故发生的概率。一个合同 α 的价值 $V(p,\ \alpha)=\hat{V}(p,\ W-\alpha_1,\ W-d+\alpha_2)$。个体会选择最大化 $V(p,\ \alpha)$。个体购买一个合同 α 的充要条件是 $V(p,\ \alpha)\geqslant V(p,\ 0)=\hat{V}(p,\ W,\ W-d)$，假定 $U''<0$，$V(p,\ \alpha)$ 是拟凹的。

假定提供保险的公司是风险中性的，当其为个体提供合同 α 时，事故发生的概率为 p。

$$\pi(p,\ \alpha)=(1-p)\alpha_1-p\alpha_2=\alpha_1-p(\alpha_1+\alpha_2) \tag{6-2}$$

假定市场上存在两类消费者，低概率事故 p^L，高概率事故 p^H，$p^H>p^L$。平均的事故概率是$\bar{p}=\lambda p^H+(1-\lambda)p^L$。市场上仅有混同均衡和分离均衡。

这个关于信息甄别的模型得出结论认为，（α^H，α）是唯一可能的均衡，使得：①每一种类型的雇员在所有可选择的合同中选择一个最适合自己的合同；②雇用者的利润必须大于 0 成立；③不存在新的合同，使得雇主选择该合同后，可以得到严格正的利润。

二、模型评论及基于中国情境的拓展思路

Spence（1973）及 Rothschild 和 Stiglitz（1976）的模型讨论了信号传递的作用，其实质是不完全信息动态博弈。其建模思想对我们具有重要的启示。地方政府首先提出发债数量 q，而中央政府根据已有信息甄别其类型并做出判断，给出一个（w，H）的承诺。

但是，两者的理论模型是在西方发达市场，如美国等完全竞争市场的环境下建立的，这些国家的政治体制也与中国截然不同。因此，我们在模型构建中特别考虑了以下两点：

1. 中央政府的隐性担保

在中国，地方政府直接隶属于中央政府，地方官员的任命和地方政府的财政收入都与中央有着极其密切的关系，地方官员是落实中央决策的代理人。实际上，中央政府与地方政府之间形成了一种隐性担保关系。在构建模型的过程中，我们充分考虑了这种实际情况。

2. 对假定进行了更一般的设定

本书借鉴 Spence（1973）及 Rothschild 和 Stiglitz（1976）的建模思想。假定地方财政收入服从以下分布，$\tilde{x}=\theta+\varepsilon$，其中，$\theta \sim F_1(\mu_\theta, \sigma_\theta^2)$，$\varepsilon \sim F_2(0, \sigma_\varepsilon^2)$，θ 是地方政府的私人信息。当期期末，所有的人都可以观测到$\tilde{x}$的实现值，$\tilde{x}$的真实分布为 $F(\tilde{x}|\theta)=F_2(\theta, \sigma_\varepsilon^2)$，这些假定更具一般性。

在财政分权及晋升博弈模式背景下，尤其是分税制改革以来，地方政府具有强烈的融资需求。中央希望地方为当地居民提供更多的公共物品以改善社会福利，从而实现中央计划者的目标，这就导致地方政府与中央政府的目标函数不完全一致。地方政府拥有私人信息以及私人目标，中央政府并不完全掌握地方政府的真实情况，即存在中央与地方的信息不对称问题，这在地方自行发债过程中突出表现为地方政府谎报自己的真实类型并超额发债，从而出现逆向选择。在这一部分，我们探讨了地方隐匿信息下，存在中央政府隐性担保时的最优监管机制设计问题。

三、单期下存在中央政府隐性担保的最优监管机制

1. 模型假定

假定 6–1： 地方政府以未来的财政收入（投资项目未来的收益）作为担保偿还债务。地方财政收入服从以下分布，$\tilde{x}=\theta+\varepsilon$，其中 $\theta \sim F_1(\mu_\theta,\ \sigma_\theta^2)$，$\varepsilon \sim F_2(0,\ \sigma_\varepsilon^2)$，θ 是地方政府的私人信息，可以理解为地方财政收入的潜力。公众及政府只知道 $\theta \sim F_1(\mu_\theta,\ \sigma_\theta^2)$，不知道 θ 的确切值是多少，ε 和 θ 相互独立，所以公众及中央政府认为 $\tilde{x}$ 的先验分布为 F_1 和 F_2 的复合分布。当期期末，所有的人都可以观测到 $\tilde{x}$ 的实现值，$\tilde{x}$ 的真实分布为 $F(\tilde{x}|\theta)=F_2(\theta,\ \sigma_\varepsilon^2)$。

假定 6–2： 地方政府当期有经济建设项目（由于政府急需为保障房、养老等多个项目进行支付以开工建设相应的项目，但是却缺乏足够的资金，短期内也无法通过其他途径进行筹措），其投资收益率为 R。公众、地方政府及中央政府都是风险中性的，且主观贴现因子为 $\beta=\frac{1}{1+r}\leqslant 1$。地方政府只有在期末才能拿到财政收入，所以，项目建设和财政收入存在期限上的不匹配。若地方政府启动项目，必须发行债券进行融资。特别需要说明的是，基于公众和中央政府的风险中性假设，我们可以将发行债券的总收益率标准化为 1。

假定 6–3： 中央政府关心地方经济发展，愿意为地方政府债务提供担保。中央政府的担保可以降低地方政府的发债成本，这是因为当地方政府财政收入过低时，中央政府会代替地方政府偿还部分债务，这就降低了地方债券投资者的风险，提高了地方债券的价值，从而降低了地方政府发债的成本。

假定 6–4： 逆向选择的刻画。当中央政府为地方债务提供担保时，地方政府的发债成本降低，因此，地方政府也就有激励谎报未来的收入水平，以利于发行更多的债券。然而，一旦地方债务出现违约，中央政府难以甄别违约的真正原因。这是因为违约或是源于地方政府谎报收入的逆向选择行为（超额发行地方债券），或是源于地方财政收入受到了外生冲击。逆向选择的存在要求中央政府设计最优的债务担保与违约惩罚契约，来达到一个分离均衡。

假定 6-5： 为了简单起见，我们假定当期经济建设不影响本期期末财政收入。

2. 模型构建和推导

（1）地方政府债券的价值。期初地方政府申报发债数量 q，中央政府担保比例为 w，所以地方债券的价值为：

$$V(q, w|\theta') = \int_{-\infty}^{0} qwdF(\tilde{x}|\theta^1) + \int_{0}^{(1-w)q} (\tilde{x} + qw)dF(\tilde{x}|\theta') + \int_{q(1-w)}^{\infty} qdF(\tilde{x}|\theta') \tag{6-3}$$

其中，θ′表示公众及中央政府的信念。

（2）地方政府的效用函数。地方政府的行为取决于发债带来的收益、偿还债务的支出以及中央政府可能的惩罚性措施，具体如式（6-4）所示：

$$U_L = V - C(q, w) - E[H(q - \tilde{x})1_{q \geq \tilde{x} \geq 0}] + E(\tilde{x}) - E[Hq1_{\tilde{x}<0}] \tag{6-4}$$

其中：

$$C(q, w) = \int_{0}^{q} \tilde{x}dF(\tilde{x}|\theta) + \int_{q}^{\infty} qdF(\tilde{x}|\theta) \tag{6-5}$$

H（$q - \tilde{x}$）表示中央政府制定的惩罚措施。当地方财政收入 $\tilde{x} < q$ 时，中央政府对地方施加 H（$q - \tilde{x}$）数额的惩罚，这里的惩罚只是惩罚程度的一个货币度量，而并非真正的货币罚款。比如，$H(q - \tilde{x})$ 的惩罚可以通过降低地方官员的政绩评价、减少地方政府未来的发债额度甚至取消其发债资格来实现。因此，下面的模型里不会将 H（$q - \tilde{x}$）作为一项转移支付写进中央政府的效用函数。

（3）中央政府的效用函数。中央政府的效用由地方经济发展为其带来的效用以及其为地方债务提供担保带来的期望损失决定，具体如式（6-6）所示：

中央政府的效用函数为：

$$U_C = t(V) - f(d(q, w|\theta')) \tag{6-6}$$

其中，t(V) 表示地方经济发展为中央政府带来的效用，$d(q, w|\theta')$ 表示中央政府认为地方政府类型是 θ′且为 q 数量债务做 w 比例担保时所产生的期望损失。

$$d(q, w|\theta') = \int_{-\infty}^{q(1-w)} qwdF(\tilde{x}|\theta') + \int_{q(1-w)}^{q} (q - \tilde{x})dF(\tilde{x}|\theta') \tag{6-7}$$

（4）纳什均衡。我们考虑一个不完全信息动态博弈。该博弈的行动顺序为：①地方政府上报发债数量 q；②中央政府确定担保比例 w 及惩罚程度 H。

在观测到 q 之前，中央政府的先验信念是 θ，$\theta \sim F_1(\mu_\theta, \sigma_\theta^2)$。那么，在非对称信息下，精炼贝叶斯纳什均衡可定义如下：

存在一个预期的担保函数 w(q)，一个申报策略函数 q(θ) 和一个后验概率 μ（q），使得：①在给定 w（q）和 H 的条件下，存在 q^*，使得 U_L（w(q)，H，q，θ）可以取得极大值；②$w(q) = \int_{-\infty}^{+\infty} w(q|\theta)dF_1(\mu_\theta, \sigma_\theta^2)$；③μ(q) 与贝叶斯法则一致。

（5）分离均衡的求解。如果中央政府能通过地方政府上报的发债数量 q 知晓地方政府的真实类型，则中央政府的最优化问题变为：

$$\underset{w}{Max}\ U_C = tV(q, w|\theta) - d(q, w|\theta) \tag{6-8}$$

为简单起见，我们假定 $t(V) = (1+R)aV(q, w|\theta)$，所以，上面问题变为：

$$\underset{w}{Max}\ U_C = (1+R)aV(q, w|\theta) - d(q, w|\theta) \tag{6-9}$$

式（6-9）的一阶条件（保证二阶充分条件）为：

$$(1+R)a\frac{\partial V(q, w|\theta)}{\partial w} = \frac{\partial d(q, w|\theta)}{\partial w} \tag{6-10}$$

化简式（6-10）可得：

$$w^* = w(q) \tag{6-11}$$

在分离均衡下，中央政府的最优担保策略必定是 w(q)。通过逆向归纳法，地方政府在做优化决策的时候会给定中央政府的担保策略，也就是说地方政府会将 $w^* = w(q)$ 代入自己的优化问题。地方政府的优化问题变为：

$$U_L = (1+Ra)V(q, w(q)|\theta) - C(q, w(q)|\theta) - E[H(q-\tilde{x})1_{q \geq \tilde{x}}] + \theta \tag{6-12}$$

式（6-12）对 q 求导，得到 $q^*(H, \theta)$。

如果 $(w^*(q), H, q^*(H, \theta), \mu(q))$ 构成一个精炼贝叶斯纳什均衡，则 H 必定满足以下不等式组：

$$\begin{cases} U_L(q^*(H, \theta), \theta) \geq U_L(q^*(H, \theta'), \theta), & \forall [\theta' \neq \theta] \\ U_L(q^*(H, \theta), \theta) \geq U_L(q = 0, \theta), & \forall \theta \end{cases} \tag{6-13}$$

解这个不等式组，得到 H 的区间为 $[\underline{H}, \overline{H}]$，$\forall H \in [\underline{H}, \overline{H}]$ 都对应着一个分离均衡。

此处，a 是外生给定的，我们假定 $a \neq \frac{1}{1+R}$。我们会在本章第二节中讨论含有地方政府努力程度的中央政府最优机制设计问题。

本模型中，对于中央政府而言，给定担保程度 w 时，地方政府发债的边际收益是相同的，而中央政府需要承担的边际成本不同，所以最优的发债数量也就不同。因此，中央政府的目标是通过设计（w^*，H^*）以期达到分离均衡。

信号传递博弈（Signalling Game）是一种比较简单但有广泛应用意义的不完全信息动态博弈[①]。

定义：信号传递博弈的精炼贝叶斯纳什均衡是战略组合（$m^*(\theta)$，$a^*(m)$）和后验概率$\tilde{p}(\theta|m)$的结合，它满足（张维迎，2004）：

①精炼贝叶斯纳什均衡是一个战略组合 $s^*(\theta)=(s_1^*(\theta_1),\ \cdots,\ s_n^*(\theta_n))$ 和一个后验概率组合$\tilde{p}=(\tilde{p}_1,\ \cdots,\ \tilde{p}_n)$，满足对于所有的参与人 i，在每一个信息集 h：$S_i^*(S_{-i},\ \theta_i) \in \arg\max\limits_{S_i} \sum\limits_{\theta_{-i}} \tilde{p}(\theta_{-i}|a_{-i}^h)u_i(s_i,\ s_{-i},\ \theta_i)$；②$a^*(m) \in \arg\max\limits_{a} \sum\limits_{\theta} \tilde{p}(\theta|m)u_2(m,\ a,\ \theta)$；③$m^*(\theta) \in \arg\max\limits_{m} \mu_1(m,\ a^*(m),\ \theta)$；④$\tilde{p}(\theta|m)$ 是参与人 2 使用贝叶斯法则从先验概率 p（θ）、观测到的信号 m 和参与人 1 的最优战略 $m^*(\theta)$ 得到的（在可能的情况下）。

上述定义中，②和③等价于①，是精炼条件；②是给定后验概率分布$\tilde{p}(\theta|m)$，参与人 2 对参与人 1 发出的信号作出最优反应；③是预测到参与人 2 的最优反应 a^*（m），参与人 1 选择自己的最优战略；④是贝叶斯法则的运用。

信号传递博弈所有可能的精炼贝叶斯纳什均衡可以划分成三类，即分离均衡、混同均衡和准分离均衡。定义如下：

分离均衡（Separating Equilibrium）：不同类型的发送者（参与人 1）以 1 的概率选择不同的一一对应的信号。在分离均衡下，信号准确地揭示出类型。假定 K = J = 2（即只有两个类型、两个信号），那么，分离均衡意味着，如果 m^1 是类型 θ^1 的最优选择，m^1 就不可能是 θ^2 的最优选择，并且，m^2 一定是类型 θ^2 的最优选择。即

$$u_1(m^1,\ a^*(m),\ \theta^1) > u_1(m^2,\ a^*(m),\ \theta^1) \tag{6-14}$$

① 信号传递博弈由 Spence（1973）首先发展。

$$u_1(m^2, a^*(m), \theta^2) > u_1(m^1, a^*(m), \theta^2) \tag{6-15}$$

因此，后验概率是：

$$\tilde{p}(\theta^1|m^1) = 1, \tilde{p}(\theta^1|m^2) = 0 \tag{6-16}$$

$$\tilde{p}(\theta^2|m^1) = 0, \tilde{p}(\theta^2|m^2) = 1 \tag{6-17}$$

混同均衡（Pooling Equilibrium）：由于不同类型的发送者（参与者 1）选择相同的信号，或者说，没有任何发送者选择与其他类型的发送者不同的信号，因此接收者（参与人 2）不修正先验概率（参与人 1 的选择没有信息量）。假定 m^j 是均衡策略，那么：

$$u_1(m^j, a^*(m), \theta^1) \geqslant u_1(m, a^*(m), \theta^1) \tag{6-18}$$

$$u_1(m^j, a^*(m), \theta^2) \geqslant u_1(m, a^*(m), \theta^2) \tag{6-19}$$

$$\tilde{p}(\theta^k|m^j) \equiv p(\theta^k) \tag{6-20}$$

准分离均衡（Semi-separating Equilibrium）：一些类型的发送者（参与者 1）随机地选择信号，另一些类型的发送者选择对应的特定信号。假定类型 θ^1 的发送者随机地选择 m^1 或 m^2，类型 θ^2 的发送者以 1 的概率选择 m^2，如果这个战略组合是均衡战略组合，那么：

$$u_1(m^1, a^*(m), \theta^1) < u_1(m^2, a^*(m), \theta^1) \tag{6-21}$$

$$u_1(m^1, a^*(m), \theta^2) < u_1(m^2, a^*(m), \theta^2) \tag{6-22}$$

$$\tilde{p}(\theta^1|m^1) = \frac{\alpha p(\theta^1)}{\alpha \times p(\theta^1) + 0 \times p(\theta^2)} = 1 \tag{6-23}$$

$$\tilde{p}(\theta^1|m^2) = \frac{(1-\alpha)p(\theta^1)}{(1-\alpha)p(\theta^1) + 1 \times p(\theta^2)} < p(\theta^1) \tag{6-24}$$

$$\tilde{p}(\theta^2|m^2) = \frac{1 \times p(\theta^2)}{(1-\alpha)p(\theta^1) + 1 \times p(\theta^2)} > p(\theta^2) \tag{6-25}$$

也就是说，如果参与人 2 观测到参与人 1 选择了 m^1，他就知道参与人 1 一定属于类型 θ^1（因为类型 θ^2 不会选择 m^1）；如果参与人 2 观测到参与人 1 选择了 m^2，那么他不能准确地知道参与人 1 的类型，但他会推断参与人 1 属于类型 θ^1 的概率下降了，属于类型 θ^2 的概率上升了（这里 α 是类型 θ^1 的参与人 1 选择 m^1 的概率）。

（6）算例。我们通过一个算例，具体展示如何求解该模型的精炼贝叶斯纳什均衡以及在何种条件下存在分离均衡、何种条件下存在混同均衡。

给定中央政府的效用函数为：

$$U_C = t(V) - fd(q, w|\theta') = V^2 - \beta d^2 \tag{6-26}$$

β 是外生参数，表示中央政府对或有担保的厌恶度。

1）一个地方政府有两种可能的类型 $\{\theta_1, \theta_2\}$，$1 = \theta_1 < \theta_2 = 2$。

如果一个地方政府的类型为 θ，则该政府的期末财政收入为 $\tilde{x} = \theta + \varepsilon$，$\varepsilon \sim U[-1, 1]$，$\theta = \theta_1$ 或 θ_2，$\tilde{x} \in [\underline{\theta}, \overline{\theta}]$。

我们参考一个不完全信息动态博弈，该博弈的行动顺序为：

①地方政府上报发债数量 q；

②中央政府确定担保比例 w 及惩罚程度 H。

在观测到 q 之前，中央政府的先验信念为 $p\{\theta = \theta_1\} = p\{\theta = \theta_2\} = \frac{1}{2}$。

2）在非对称信息下，精炼贝叶斯纳什均衡可以定义如下：

存在一个预期的担保函数 w(q)，一个申报策略函数 q(θ) 和一个后验概率 μ(q)，使得：

①给定 w(q) 和 H，存在 q^*，使得 $U_L(w(q), H, q, \theta)$ 可以取得极大值；

②$w(q) = \mu(\theta_1|q)w^*(q|\theta_1) + (1 - \mu(\theta_1|q))w^*(q|\theta_2)$；

③μ(q) 与贝叶斯法则一致。

3）分离均衡的求解。对于类型为 θ′的地方政府，中央政府最优化问题的一阶条件为（二阶条件为负）：

$$V\frac{\partial V(q, w|\theta')}{\partial w} = \beta d\frac{\partial d(q, w|\theta')}{\partial w} \tag{6-27}$$

对于给定的地方政府发债量，中央政府提供担保，事实上，中央政府担保的效果相当于给地方政府提供补贴。发债收入是中央政府的担保额和地方政府的还债成本之和，即：

$$V = C + d \tag{6-28}$$

其中：

$$C = \int_{\underline{\theta}}^{q} \tilde{x}dF + \int_{q}^{\overline{\theta}} qdF \tag{6-29}$$

地方政府的还债成本与中央政府的担保比例无关，故发债收入和担保额对担保率的导数是一致的，且明显都不小于 0。因此式（6-27）的一阶条件简化为：

$$V = \beta d \tag{6-30}$$

又 $V = C + d$，可以解得 $d = \alpha C$，其中，$\alpha = \frac{1}{\beta - 1}$，表示中央政府因发

债所得效用的参数值。

根据式（6-5）和式（6-7），我们有：

$$C = \int_{\underline{\theta}}^{q} \tilde{x} dF + \int_{q}^{\overline{\theta}} q dF = \frac{1}{\overline{\theta} - \underline{\theta}}\left(q\overline{\theta} - \frac{1}{2}q^2 - \frac{1}{2}\underline{\theta}^2\right) \tag{6-31}$$

$$d = \int_{\underline{\theta}}^{q(1-w)} qw dF + \int_{q(1-w)}^{\overline{\theta}} (q - \tilde{x}) dF = \frac{1}{\overline{\theta} - \underline{\theta}}\left(q^2 w - qw\underline{\theta} - \frac{1}{2}w^2 q^2\right) \tag{6-32}$$

解得最优担保函数为：

$$w = \frac{q - \underline{\theta}}{q} - \frac{\sqrt{(q - \underline{\theta})^2 - 2\alpha C}}{q} \tag{6-33}$$

其中，α 足够小，确保$\sqrt{(q-\underline{\theta})^2 - 2\alpha C} \geqslant 0$恒成立。

很明显，$\frac{q - \underline{\theta}}{q} > \frac{\sqrt{(q - \underline{\theta})^2 - 2\alpha C}}{q}$恒成立，因此中央政府提供担保是有利的。但是中央政府会权衡地方经济发展为其带来的效用以及其为地方债务提供担保带来的期望损失决定担保比例，而不会为地方政府提供全部担保。

对于类型为 θ_1 的地方政府，最优担保为：

$$w_1^*(\theta_1) = 1 - \frac{\sqrt{q(\theta_1)^2 - \alpha\left(2q - \frac{1}{2}q^2\right)}}{q} \tag{6-34}$$

对于类型为 θ_2 的地方政府，最优担保为：

$$w_1^*(\theta_2) = 1 - \frac{1}{q(\theta_2)^2} - \frac{\sqrt{(q-1)^2 - \alpha\left(3q - \frac{1}{2}q^2 - \frac{1}{2}\right)}}{q} \tag{6-35}$$

将中央政府的担保比例代入地方政府最优问题：

$$\operatorname*{Max}_{q} V - C - \int_{\underline{\theta}}^{q} H(q - \tilde{x}) dF \tag{6-36}$$

地方政府最优问题的一阶条件为：

$$\frac{1}{\overline{\theta} - \underline{\theta}}\alpha(\overline{\theta} - q) = \frac{H}{\overline{\theta} - \underline{\theta}}(q - \underline{\theta}) \tag{6-37}$$

地方政府的最优发债数量为：

$$q(\theta)^* = \frac{\alpha\overline{\theta} + H\underline{\theta}}{\alpha + H} \tag{6-38}$$

由式（6-38）可知，最优发债数量在可能的财政收入内，且为最高值与最低值的加权平均，权数分别是中央政府的效用参数和惩罚力度。很明显，中央政府的效用参数 α 越大（获得的边际效用越多），地方政府发债越有利；中央政府的惩罚力度越大，地方政府的发债数量越少。

要使这确实成为一个分离均衡，我们还要验证激励相容约束和理性约束条件：第一，因为地方政府的财政收入不为负，所以发债必然是有利的；第二，高收入政府不会模仿低收入政府。因此，我们只需要考虑低收入政府的激励相容约束，即：

$$U_{12} = U_L(q(\theta_2),\ w(q(\theta_2)),\ \theta_1) \leqslant U_L(q(\theta_1),\ w(q(\theta_1)),\ \theta_1) = U_{11}$$

$$U_{11} = \frac{\alpha}{2}\left(2q(\theta_1) - \frac{1}{2}q(\theta_1)^2\right) - \frac{H}{4}q(\theta_1)^2 \tag{6-39}$$

$$U_{12} = \frac{\alpha}{2}\left(3q(\theta_2) - \frac{1}{2}q(\theta_2)^2 - \frac{1}{2}\right) - Hq(\theta_2) + H \tag{6-40}$$

将 $q(\theta_1) = \frac{2\alpha}{\alpha + H}$，$q(\theta_2) = \frac{3\alpha + H}{\alpha + H}$ 代入式（6-39）和式（6-40）。

H 需要满足：$\frac{H}{4}\left(\frac{4\alpha}{\alpha + H} + 1\right) - \alpha \geqslant 0$。

解得 H 的范围为：

$$H \geqslant \frac{\sqrt{17} - 1}{2}\alpha \tag{6-41}$$

也就是说，分离均衡为：

当惩罚力度 $H \geqslant \frac{\sqrt{17} - 1}{2}\alpha$ 时，地方政府的发债数量为 $q(\theta)^* = \frac{\alpha\overline{\theta} + H\underline{\theta}}{\alpha + H}$。

中央政府的担保函数为：

$$w = \frac{q - \underline{\theta}}{q} - \frac{\sqrt{(q - \underline{\theta})^2 - 2\alpha C}}{q} \tag{6-42}$$

该分离均衡的结果说明，只有中央政府采取的惩罚力度足够大时，低收入政府才不会谎报财报。

4）混同均衡的求解。混同均衡下，中央政府对地方政府财政收入的认知服从如下概率密度函数：

$$f(\tilde{x})=\begin{cases}\frac{1}{4}, & \tilde{x}\in[0,\ 1]\\ \frac{1}{2}, & \tilde{x}\in[1,\ 2]\\ \frac{1}{4}, & \tilde{x}\in[2,\ 3]\end{cases} \tag{6-43}$$

在这种情况下，公众根据中央政府担保比例和地方政府发债数量的不同，确定不同的发债收入，但由前文可知，地方政府的发债成本与中央政府的担保比例无关。因为概率密度函数不再是常值，根据发债量的不同，发债成本函数为：

$$C(q)=\begin{cases}q-\frac{1}{8}q^2, & 0\leqslant q\leqslant 1\\ \frac{4}{5}q-\frac{1}{4}q^2-\frac{1}{8}, & 1\leqslant q\leqslant 2\\ \frac{3}{4}q-\frac{1}{8}q^2+\frac{3}{8}, & 2\leqslant q\leqslant 3\end{cases} \tag{6-44}$$

因为高收入政府不会模仿，我们先求解低收入政府的最优发债量。

低收入政府的效用函数为：

$$U_L(\theta_2)=\alpha C-\frac{H}{4}(q(\theta_2)-1)^2 \tag{6-45}$$

情况一，$1\leqslant q\leqslant 2$，式（6-45）的一阶条件为：

$$\frac{5}{4}\alpha-\frac{\alpha}{2}q-\frac{H}{2}q+\frac{H}{4}=0 \tag{6-46}$$

解式（6-46）可得：

$$q(\theta_2)=\frac{\frac{5}{2}\alpha+\frac{1}{2}H}{\alpha+H}$$，同时需要满足 $H\geqslant\frac{\alpha}{3}$。

此时，再考虑低收入政府是否选择混合，条件为：

$$U_L(q(\theta_2),\ \theta_1)\geqslant U_L(q(\theta_1),\ \theta_1) \tag{6-47}$$

然而，我们发现：

$$U_L(q(\theta_2),\ \theta_1)-U_L(q(\theta_1),\ \theta_1)=-\frac{1}{16}(\alpha+H)\leqslant 0 \tag{6-48}$$

也就是说，这种情况下不存在混同均衡。

情况二，$2\leqslant q\leqslant 3$，一阶条件为：

$$\frac{3}{4}\alpha-\frac{\alpha}{4}q-\frac{H}{2}q+\frac{H}{4}=0 \tag{6-49}$$

解得 $q(\theta_2)=\dfrac{3\alpha+H}{\alpha+2H}$，同时需要满足 $H\leqslant\dfrac{\alpha}{3}$。

此时，H 的取值需满足：

$$U_L(q(\theta_2),\ \theta_1)-U_L(q(\theta_1),\ \theta_1)=\frac{3\alpha(3\alpha+H)}{4(\alpha+2H)}-\frac{\alpha}{8}\left(\frac{3\alpha+H}{\alpha+2H}\right)^2+$$

$$\frac{3}{8}\alpha-\frac{2\alpha-H}{\alpha+2H}H-\frac{\alpha^2}{\alpha+2H}\geqslant 0 \tag{6-50}$$

极端情况下，取 $H\to 0$，

$$U_L(q(\theta_2),\ \theta_1)-U_L(q(\theta_1),\ \theta_1)=\frac{3}{2}\alpha>0 \tag{6-51}$$

因此，这种情况下混同均衡是存在的。

四、相关命题

地方债的价值主要取决于两个因素：一是地方债的发行者——地方政府的信用，这与地方政府的财政收入有关。地方政府的财政收入越高，偿债能力越强，信用也就越高。二是与中央政府的隐性担保有关。中央政府提供的担保率越高，地方债券的偿还越有保障，则其投资价值也就相应越高，因此，中央政府的隐性担保提高了地方政府债券的价值。由此，我们提出命题 6-1。

命题 6-1： 当中央政府为地方债券提供隐性担保的担保率增大时，地方债券的价值升高（严格来说担保率是价值的非减函数）。

证明： 根据式（6-3）可知：

$$V(q,\ w|\theta')=\int_{-\infty}^{0}qwdF(\tilde{x}|\theta')+\int_{0}^{(1-w)q}(\tilde{x}+qw)dF(\tilde{x}|\theta')+\int_{q(1-w)}^{\infty}qdF(\tilde{x}|\theta')$$

$$V(q,\ w|\theta')=\int_{-\infty}^{q(1-w)}qwdF(\tilde{x}|\theta')+\int_{0}^{(1-w)q}\tilde{x}dF(\tilde{x}|\theta')+\int_{q(1-w)}^{\infty}qdF(\tilde{x}|\theta')$$

$$V(q,\ w|\theta')=qwF(q(1-w)|\theta')+\int_{0}^{(1-w)q}\tilde{x}dF(\tilde{x}|\theta')+q-qF(q(1-w)|\theta')$$

两边对 w 求导可得：

$$\frac{\partial V(q, w|\theta')}{\partial w} = qF(q(1-w)|\theta') - q^2 wF'(q(1-w)|\theta') - q^2(1-w)F'(q(1-w)|\theta') + q^2 F'(q(1-w)|\theta') = qF(q(1-w)|\theta') > 0 \quad (6\text{-}52)$$

也就是说，$V(q, w|\theta')$ 是 w 的增函数。当担保率 w 增大时，债券的价值 $V(q, w|\theta')$ 增大。由于 $w \in [0, 1]$，因此，当 $w = 1$ 时，V 取得最大值。也就是说，中央政府提供完全担保时，地方债券的价值最大。

将地方政府发行规模为 q 的地方债券的成本定义为：

$$C(q, w) = \int_0^q \tilde{x} dF(\tilde{x}|\theta') + \int_q^\infty q dF(\tilde{x}|\theta) \quad (6\text{-}53)$$

中央政府隐性担保的存在，增加了地方政府债券的价值，换句话说，隐性担保提高了地方政府债券的信用等级。地方政府的信用越高，则其可信度越高，在金融市场上被投资者认可的程度越高。这就使得地方政府能够以更低的成本在资本市场进行融资活动。由此，我们得出命题 6-2。

命题 6-2：中央政府的隐性担保使得地方政府可以以更低的成本进行融资。

证明：$\tilde{r} = \frac{C(q)}{V(q, w|\theta')}$，这是地方债的收益，显然，V（q，w|θ′）是 w 的增函数。那么 $\tilde{r}$ 是关于 w 的减函数。也就是说，中央政府的担保增加时，$\tilde{r}$ 减小；而中央政府的担保减少时，$\tilde{r}$ 增加。

当中央政府的隐性担保率上升时，地方政府的发债成本随之下降。对此合理的解释是：中央政府为地方债提供更多担保，使其信用等级上升。此时地方债不再是完全由地方政府未来的财政收入进行担保，而是一部分（$q - \tilde{x}$，$q > \tilde{x}$）由中央政府的信用或财政收入进行担保，即使地方政府的财力无法偿付借款，也将由中央政府“埋单”，这种隐性担保降低了地方债的违约风险。

很显然，地方债的价值与中央政府的担保程度有关，担保率越高，地方政府债券的价值越高，这在命题 6-1 中已经得到证明。但是，中央政府为地方债提供的最高担保程度是 $w = 1$，即提供完全担保。完全担保的时候，地方债与国库券的价值相同，也就是两者等价。由此，我们提出命题 6-3。

命题 6-3：当中央政府对地方债提供完全担保时，地方政府债券与国库券等价。

证明：当 $w = 1$ 时，中央政府对地方债提供完全担保，那么 q 等于无风险利率，$\tilde{r} = 0 = r$。即地方债与国库券利率相同，可以认为地方债与国库券等价。直观可以解释为：当中央政府提供完全担保时，地方政府债券与国库券一样，由中央政府的信用及财政收入作为担保，此时可以认为两者等价。

命题 6–4：债务违约后，无惩罚时，在 $\theta \sim F_1$（μ_θ，σ^2_θ）上任取 $\theta_1 < \theta_2$（Probability Support），地方政府有激励在真实信息为 θ_1 时报告 θ_2，即地方政府有撒谎的可能。

证明：如果中央政府与地方政府实行完全的风险分担，即惩罚函数为 $E[H(q-\tilde{x})] = H(q-\theta)$。

此时，地方政府的最优化问题变为：

$$\underset{q}{\text{Max}}\ U_L(q,\ \theta) = (1+\gamma a)V(q,\ w(q)) - C(w(q),\ q) + H(q-\theta) + \theta \tag{6–54}$$

其中，$w(q)$ 表示中央政府的最优行为。

一阶条件为：

$$(1+\gamma a)\frac{dV}{dq} - \frac{dC}{dq} + H = 0 \tag{6–55}$$

因此，q^* 不依赖于地方政府的类型，$w^* = w(q^*)$。

可以证明$(q^*，w^*，H)$确实为精炼贝叶斯纳什均衡。这是因为 q^* 不依赖于 θ，故 q 并不能传递地方政府类型的信号。中央政府的先验概率与后验概率一致，而地方债的购买者也无须修正先验概率且不会遭受损失（购买债券的期望利润为 0），所以，$(q^*，w^*，H)$ 确实是博弈的精炼贝叶斯纳什均衡。

作为理性经济人的地方政府，不论自身情形是好信息还是差信息，都会选择向中央报告更好的信息，即 θ_2。因为报告的信息直接影响到公众以及中央政府对于地方债收益的预期，更好的信息使得中央政府愿意为地方政府提供更高的担保率，从而降低其发债成本，这也能为地方提高发债额度提供证据支持。

中央政府的隐性担保程度高，很大程度上将增加地方政府的隐匿信息行为。由于信息不对称，中央政府对地方政府的财政收入信息并不能完全掌握，而超额发债将有利于地方政府实施大项目，完成政绩工程，对于现任官员的升迁将起到巨大的作用，因而地方官员具有足够的激励去超额发行债券。据此，我们有命题 6–5。

命题 6–5：若给予地方政府自主选择发行规模的权利，中央政府的隐性担保程度越高，地方政府发行债券越多。

证明：由式（6-3）可知：

$$V(q,\ w|\theta') = \int_{-\infty}^{0} qwdF(\tilde{x}|\theta') + \int_{0}^{(1-w)q} (\tilde{x}+qw)dF(\tilde{x}|\theta') + \int_{q(1-w)}^{\infty} qdF(\tilde{x}|\theta') = \int_{-\infty}^{0} qdF(\tilde{x}|\theta') + \int_{0}^{q(1-w)} qdF(\tilde{x}|\theta') + q[F(\infty) - F(q(1-w))]$$

上式对 w 求导可得：

$$= qF(0) + q^2(1-w) + q^2F'(q(1-w))$$

$$= q^2(2-w+F'(q(1-w))) + qF(0) \tag{6-56}$$

对 q 求导可得：

$$= 4q + 2qF'(w,\ q,\ \theta') + q^2F''(q,\ w,\ \theta') - 2wq > 0 \tag{6-57}$$

恒成立。

即当中央政府提高担保程度时，地方政府最大化效用的发债规模增大。故地方政府有激励发行更多的债券。

实际上，中央政府的担保成本是或有成本，即不一定会发生的成本。这个成本发生的条件是，地方政府真正违约。只有这个时候中央政府才会为地方政府“兜底”，承担相应的债务为（$q-\tilde{x}$），同时，对地方政府实施 H（$q-\tilde{x}$）的惩罚。注意，这里 H（$q-\tilde{x}$）的惩罚只是惩罚程度的一个货币度量，可以通过降低发债额度、取消发债资格以及减少地方政府领导升迁的机会等实现。地方政府的违约风险为 $prob(q>\tilde{x})$，当地方政府发行的债券增多时，给定地方财政收入的分布，$\tilde{x}=\theta+\varepsilon$。其中 $\theta \sim F_1(\mu_\theta,\ \sigma_\theta^2)$，$\varepsilon \sim F_2(0,\ \sigma_\varepsilon^2)$，θ 是地方政府的私人信息，ε 和 θ 相互独立，当期期末，所有的人都可以观测到 $\tilde{x}$ 的实现值，$\tilde{x}$ 的真实分布为 $F(\tilde{x},\theta)=F_2(0,\ \sigma_\varepsilon^2)$。地方政府的违约风险增大，显然，$H(q-\tilde{x})$ 将增大。由此，我们提出命题 6-6。

命题 6-6：在同样的担保率下，地方政府发行的债券越多，中央政府的担保成本越高。

证明：显然，只需证明 $\frac{\partial d}{\partial q} \geqslant 0$ 成立，即可得到命题 6-6。

$$d = qwF(q(1-w)|\theta) + qF(q|\theta) - qF(q(1-w)|\theta) - \int_{q(1-w)}^{q} \tilde{x}dF$$

上式两边对 q 求导可得：

$$\frac{\partial d}{\partial q}=wF(q(1-w)|\theta)+qw(1-w)F'(q(1-w))+F(q)+qF'(q)-F(q(1-w))-q(1-w)F'(q(1-w))-qF'(q)+(1-w)q(1-w)F'(q(1-w))$$

由上式可得：

$$\frac{\partial d}{\partial q}=wF(q(1-w)|\theta)+F(q)-F(q(1-w))\geqslant 0 \tag{6-58}$$

命题 6-7：在相同的发行规模下，中央政府的担保率越高，其担保成本越高。

中央政府的担保率越高，一旦地方政府违约，中央政府将代替地方政府偿还越多的债务。

证明：显然，只需证明$\frac{\partial d}{\partial q}\geqslant 0$，即可得到命题 6-7。

$$d=qwF(q(1-w)|\theta)+qF(q|\theta)-qF(q(1-w)|\theta)-\int_{q(1-w)}^{q}\tilde{x}dF$$

对上面公式两边求导可得：

$$\begin{aligned}\frac{\partial d}{\partial w}&=qF-q^2wF'+q^2F'+q^2(1-w)F'\\&=qF(q(1-w)|\theta)\geqslant 0\end{aligned} \tag{6-59}$$

命题 6-8：当中央政府不区分地方政府的报告，只提供一种合同时，对于真实私人信息为 $\theta>\mu_\theta$（μ_θ 为均值）的地方政府而言，担保是无效率的。

证明：如果可以证明当 $\theta'>\theta$ 时，$w^*(\theta')>w^*(\theta)$ 即可。

如果取 θ，则中央政府知道 $q(\theta)$；如果不知道 $q(\theta)$，则 $q(\mu_\theta)$ 成立。对于 $\theta>\mu_\theta$，$q(\theta)>q(\mu_\theta)$：

$$q(\mu_\theta)=\frac{q(\theta_1)+q(\theta_2)}{2} \tag{6-60}$$

式（6-60）说明，当地方政府类型为 θ_1 时，中央政府所提供的合同使得地方政府在中央政府担保 w 的情况下发行 q 的债券与不发行债券的效用相同。因此，这时中央政府提供的合同对于地方政府而言是无意义的。对于类型为 θ_2 的地方政府，地方政府接受合同发行债券比不发行债券可以获得更高的效用。

五、重复博弈下的中央监管机制

在第三部分我们讨论了令分离均衡成立的 H 的取值范围。我们得到当 $H\geqslant\frac{\sqrt{17}-1}{2}\alpha$ 时，分离均衡才可以成立，而混同均衡是存在的。所以，我们猜想在重复博弈下，较小的 H 值即可以保证每期的分离均衡成立。这是因为，在重复博弈下，地方政府会考虑自己的行为对未来收益的影响。因此，地方政府有激励去树立自己良好的声誉。中央政府可以将日后的担保比例与地方政府的声誉挂钩，以此提供地方政府如实报告信息的激励。所以，即使每期的 H 值较小，考虑到以后的收益，地方政府没有动力过度发债。

从社会福利的角度来看，重复博弈下的金融监管可以取得更高的社会福利。这是因为，地方政府筹集社会资金用于当期经济建设是社会福利的一种提高，中央政府应该鼓励地方政府发债。但由于信息不对称，地方政府可能会过度发债，所以，在每一期博弈中，中央政府只能通过施加严厉的惩罚才能使得地方政府如实报告自己的财政收入能力。这种情况下，因惧怕受到惩罚，地方政府发债数量低于自己财政收入的期望值。从前面的讨论我们可以看到，当 $H\in[\underline{H},\infty)$ 时，发债量 q 趋向于财政收入的最低值$\underline{\theta}$，而没有趋向于财政收入的期望值 $E(\theta)$。

在重复博弈下，中央政府可以调低每期的 H 值，但是，中央政府会根据地方政府的债务违约情况确定对其未来的担保数额。这样一来，地方政府每期会如实报告自己的财政收入能力，而且发债数量也会有所增加。

1. 模型假定

假定 6–6：从社会最优的角度来看，地方政府最优的发债数量应该为期末财政收入的期望值。因此在确定政府类型后，最优的惩罚程度应该使得地方政府最优的发债数量为期末财政收入的期望值。

假定 6–7：事实上，因为对地方政府的惩罚是无谓损失，在满足激励的条件下，中央政府的惩罚越少越好。

假定 6–8：中央政府希望能得到分离均衡。

从单期模型可以看出，惩罚程度足够大时，分离均衡才会存在。而使得地方政府最优的发债数量为期末财政收入的期望值的惩罚程度明显小于分离均衡的阈值。重复博弈下，地方政府有激励报告自己的真实信息，从而降低预期的惩罚成本。因此，考虑到声誉效应，前一期的分离均衡会有相应的改变。

由于中央政府、地方政府和公众都满足风险中性的假定，所以，从社会最优的角度来看，地方政府最优的发债数量应该为期末财政收入的期望值。因此，中央政府依据$\tilde{x}$（修正后的条件期望和地方政府上期的发债数量之间的差额）来调整对地方债务的担保率。这样一来，地方政府有激励报告自己的真实信息。

我们定义：

$$U_L = \sum_{t=1}^{N} U_t^L \tag{6-61}$$

其中，U_L 表示地方政府在第 t 期的效用。

$$U_t^C = t(V) - d(q, \ w|\theta') \tag{6-62}$$

其中，t(V) 表示地方经济发展给中央政府带来的效用，$d(q, w|\theta')$ 表示中央政府认为地方政府类型是 θ' 且为 q 数量债务做 w 比例担保时所产生的期望损失。

2. 模型构建和推导

该模型中重复博弈对应的精炼贝叶斯纳什均衡定义如下：①给定 $\{w_i^*(q)\}_{i=1}^2$ 和 H_i，q_i^* 最大化，$U_L = U_L^1 + U_L^2$；②给定 q_i^*，$w_i^*(q)$ 是中央政府的最优担保策略；③$\mu(\{q_i^*\}_{i=1}^2)$ 与贝叶斯法则一致。

接下来，我们通过算例，计算 N = 2 时的分离均衡。

$$U_L = U_1^L + U_2^L \tag{6-63}$$

$$U_C = U_1^C + U_2^C \tag{6-64}$$

其中，U_1^L 和 U_1^C 与单期下的效用函数相同。

第一期期初，中央政府认为地方政府为高类型和低类型的概率都是$\frac{1}{2}$。第一期期末，根据期末财政收入修正先验信念，我们可以得到：

$$P\{\theta = \theta_i | x\} = \frac{P(x|\theta = \theta_i)P(\theta = \theta_i)}{\sum_{j=1}^{2} P(x|\theta = \theta_j)P(\theta = \theta_j)}, \ i = 1 \text{ 或 } 2 \tag{6-65}$$

经过计算，我们可以得到：

当 $x \in [0, \ 1)$ 时，$P\{\theta = 1\} = 1$；

当 $x \in [1, \ 2)$ 时，$P\{\theta = 1\} = P\{\theta = 2\} = 1/2$；

当 $x\in[2,3)$ 时，$P\{\theta=1\}=1$。

因为高收入政府有收入优势，考虑如下三种均衡策略。当 $H<\frac{(\sqrt{17}-1)}{2}\alpha=\overline{H}$ 时：

均衡一：高收入政府的策略行为是只考虑第一期最优化策略，低收入政府的策略行为是考虑到高收入政府的这种策略，然后做全局最优化，从而实现分离均衡的结果。分离后，第二期最优的惩罚程度为 $H=\alpha$。

要达到这种分离均衡需要使第一期不伪装的损失能在第二期补偿回来。因为低收入政府的收入有一定的概率（1/4）能偿还伪装的债务，从而第二期不能知道政府的类型。因此分离均衡在第二期能够得到的补偿，就是将这一部分不能被分离而招致的损失补偿回来，因此补偿的效用要乘以该概率：

$$U_{12}^1-U_{11}^1\leqslant\frac{1}{4}(U_{11}^2(H)-U_{12}^2(\overline{H}))\qquad(6\text{-}66)$$

将式（6-38）和式（6-42）代入式（6-66），我们可以得到：

$$32H\alpha+8H\alpha+8H^2-(37-\sqrt{17})\alpha^2-(37-\sqrt{17})H\alpha\leqslant0\qquad(6\text{-}67)$$

解得：

$$H=(\sqrt{17}-13+\sqrt{1050+6\sqrt{17}})\alpha/16<\frac{(\sqrt{17}-1)}{2}\alpha\qquad(6\text{-}68)$$

均衡二：高收入政府考虑到如果实现了分离均衡，那么第二期惩罚将会变低，因此其会选择将自己的发债水平从 q^* 提高到 q'，这使低收入政府模仿的成本增加，从而抑制低收入政府的模仿行为，最终促成分离均衡。

高收入政府第一期提高发债的损失需要在第二期补偿回来。即：

$$U_2^1(q^*)-U_2^1(q')\leqslant\frac{1}{4}(U_2^2(H)-U_2^2(\overline{H}))\qquad(6\text{-}69)$$

因为不等式右边不为负，且 q^* 是极大值点，因此存在 $\overline{q}$，使得 $q'\in[q^*,\overline{q}]$。

低收入政府需要满足激励相容条件 $U_{12}^1-U_{11}^1\leqslant0$。

$$U_{11}^1=\frac{\alpha}{2}\left(2q(\theta_1)-\frac{1}{2}q(\theta_1)^2\right)-\frac{H}{4}q(\theta_1)^2\qquad(6\text{-}70)$$

$$U_{12}^1=\frac{\alpha}{2}\left(3q'-\frac{1}{2}q'-\frac{1}{2}\right)-Hq'+H\qquad(6\text{-}71)$$

$$\frac{\partial(U_{12}^1-U_{11}^1)}{\partial q'}=\frac{3}{2}\alpha-H-q'<0\qquad(6\text{-}72)$$

$$\frac{\partial(U_{12}^1 - U_{11}^1)}{\partial H} = 1 - q' + \frac{q(\theta_1)^2}{4} \leqslant 1 - q^* + \frac{q(\theta_1)^2}{4} < 0 \tag{6-73}$$

因此，提高发债量的同时可以减轻惩罚程度，以使分离均衡的条件满足。

综上所述，在这两种策略下得到的第一期分离均衡的惩罚范围都要大于单期分离均衡下的惩罚范围。

均衡三：一方面，高收入政府考虑到限制低收入政府的谎报而提高发债量；另一方面，低收入政府考虑到第二期的福利补偿而选择报告真实类型。这两方面需要综合考虑。高收入政府选择的发债区间为 $q'' \in [q^*, q']$，要达到均衡则需要满足两个条件：一是高收入政府的损失能被补偿回来；二是低收入政府的真实报告能弥补第一期的福利损失。即：

对于高收入政府：

$$U_2^1(q^*) - U_2^1(q'') \leqslant \frac{1}{4}(U_2^2(H) - U_2^2(\overline{H})) \tag{6-74}$$

对于低收入政府：

$$U_{12}^1(q'') - U_{11}^1(q'') \leqslant \frac{1}{4}(U_{11}^2(H) - U_{12}^2(\overline{H})) \tag{6-75}$$

因为均衡一和均衡二均是有解的，且 H 的范围均会扩大，根据极限的保号性，基于这两种策略综合考虑的策略也必然存在均衡策略，使得 H 的范围相比单期下的模型有所扩大。

因此，在多期博弈中，声誉效应确实是促进了逆向选择问题的解决。考虑到地方政府的声誉效应，中央政府只需要更轻的惩罚力度就能促使地方政府报告真实的类型，这对整个社会福利的改进也是有促进作用的。

六、小结

本节构建了单期下考虑地方政府隐匿信息时，存在中央政府隐性担保的最优监管契约模型，提出了求解分离均衡和混同均衡的一般框架，并通过算例进行了求解；在单期模型的基础上，构建了两期下考虑中央政府隐性担保的最优监管契约，揭示了声誉效应在最优监管契约中的影响，并得出了下列命题，为决策者设计完善的地方自行发债监管机制框架提供了理论依据。

第一，单期下，分离均衡存在的取值范围是 $H \geqslant \frac{(\sqrt{17}-1)}{2}\alpha$；混同均衡也是存在的。中央政府完全可以制定一个激励相容的合同，使地方政府能够揭示真实的私人信息和报告自身的真实类型，达到分离均衡，使得高能力政府与低能力政府区分开来，即高能力政府报告真实的好信息，而低能力政府报告真实的差信息。

第二，当中央政府为地方债券提供隐性担保的担保率提高时，地方债券的价值提高。地方债券的价值归根结底是由两个主要变量决定的：一个是发行地方债券的地方政府的信用，另一个是中央政府提供的隐性担保。民众并不惧怕地方政府跑路，主要基于其“真正老板”是中央政府。显然，如果中央政府的隐性担保率增加，地方债券的价值会提高。地方债券价值是关于中央政府隐性担保率的增函数。

第三，中央政府的隐性担保使得地方政府可以以更低的成本进行融资。如果没有中央政府做后盾，仅凭地方政府的信用，在如今地方债务高度不透明、存在大量隐性债务的情况下，投资者会质疑其偿债能力。但是，由于中央政府隐性担保的存在，地方政府的信用得到提高，投资者并不担心地方政府还不起钱而跑路。因此，地方政府往往可以以较低的成本进行融资。

第四，当中央政府对地方债提供完全担保时，地方债与国库券等价。存在中央隐性担保时，地方政府的信用会增加，随着隐性担保率的提高，地方政府的信用也会提高，即地方债价值是隐性担保率的增函数。但是，这个增函数是有上界的，其最大值将在中央政府为地方政府提供完全担保的那一点取得。也就是说，可以认为地方政府的最高信用与中央政府的信用等同，此时，地方政府债券价值与国库债价值等价。

第五，地方政府有激励在真实信息为 θ_1 时报告 θ_2，即地方政府有撒谎的可能性。“政治锦标赛”的存在，使得地方政府官员的晋升直接与地方政绩相关联。地方官员有足够的激励去粉饰 GDP、财政收入等经济指标，从而获得晋升的筹码。另外，GDP 等经济指标也是地方政府实力的重要信号，这足以对外界传递其有无实力偿还债务的信息。因此，无论从何角度，地方政府都有足够的激励去粉饰报表，向外界传递好信息，即 θ_2，其所传递的信息的确会直接影响到公众对于地方债收益的预期，报告更好的信息可以直接降低地方政府的发债成本。

第六，若给予地方政府自主选择发行规模的权利，中央政府提供的隐性担保越高，地方政府发行债券的规模越大。地方政府有足够的激励去发债，甚至超额发债，募集更多资金实施政绩工程，追求自身收益最大化，实现自身目标。

第七，在同样的担保率下，地方政府发行债券越多，中央政府的担保成本越高。中央政府的担保成本是或有成本，即不一定会发生的成本。只有当地方政府真正违约时，中央政府才承担相应的债务。给定地方财政收入的分布，当地方政府发行债券的规模提高时，地方政府的违约风险增大。

第八，在相同的发行规模下，中央政府的担保率越高，其担保成本越高。中央政府的担保率越高，一旦地方政府违约，中央政府将代替地方政府偿还越多的债务。地方政府并不害怕举债，更不担心不能偿债，这也就是所谓的“大而不倒”。对于投资者而言也是如此，他们都很清楚，会有中央政府“兜底”所有债务。这成为所有理性的地方政府及投资者的逻辑，倘若这种逻辑演变为地方政府的集体行为，情况就会变得异常可怕。一旦遭遇巨大的外生冲击，发生挤兑，那么中央政府很可能无法“兜底”。

第九，当中央政府不区分地方政府的报告，只提供一种合同时，对于真实私人信息为 θ_1 的地方政府而言，担保是无效率的。由于中央政府无法提供一个最优的激励契约，从而无法达到一个分离均衡来将好政府与差政府区分开，因此，无论是好政府还是差政府都会报告 θ_2，从而优化自身的行为。中央政府对于真实信息为 θ_1 的地方政府提供的担保并无实际价值，因为其必然会报告 θ_2，中央政府无论如何都必须对其承担“兜底”责任，这种担保是没有效率的。

总之，本节首先讨论了不考虑声誉效应时最优的中央政府金融监管契约，以及存在中央政府隐性担保时地方政府的最优行为，给出了求解分离均衡和混同均衡的一般框架，并通过算例进行了求解。结果表明，显示原理（Revelation Principle）是可以被激励契约促成的，即这个模型存在分离均衡，不同类型的政府都会报告真实的信息。其次，在重复博弈下，考虑地方的声誉效应时，中央政府可以学习到地方政府的真实类型。高收入地方政府报告真实的类型是有利的，因此，存在高收入地方政府的策略均衡使得中央政府实现分离均衡的惩罚范围相比单期模型有所扩大。也就是说，声誉效应确实是促进了逆向选择问题的解决。因此，在考虑地方政府的声誉效应时，中央政府只需要更少的惩罚力度，就能促使地方政府报告真实的类型，信息的充分披露对整个社会福利的改进也是有促进作用的。

第二节 地方隐匿行为下的中央政府最优金融监管机制

本章第一节探讨了地方政府隐匿信息下，考虑中央政府隐性担保时的中央政府最优监管机制设计问题。然而，地方政府在成功发行地方债券后存在多种选择，或是去努力实施项目，通过为地方提供更多的公共物品，从而提高公众的社会福利水平，帮助中央计划者实现其社会目标；或是选择偷懒、在职消费、大搞政绩工程，有些行为较为隐蔽，难以被观测到，即使中央政府可以进行监督，但是监督成本过高。面对隐匿行为下的道德风险问题，中央政府如何有效监管？这是中央计划者面临的新课题。仅仅是考虑隐匿信息的最优监管机制设计并不能对地方政府的发债行为实施完全有效的监督。这就需要在债券发行完毕的后续工作中，设计地方隐匿行为下的中央政府最优监管机制，防范地方政府隐匿行为下的道德风险。

第一节的模型中，我们假定地方政府发债获得的资金用于地方经济建设的比例是外生给定的。这里，我们将这一比例看作地方政府的决策变量，并研究此类模型下，中央政府的最优机制设计问题。

第二节我们将着重考虑地方政府发债后的行为，即地方政府发债募集到的资金的用途问题以及其致力于项目建设的努力程度，并研究相应情况下，中央政府的监管机制设计。下面我们先来陈述一下我们研究问题的现实对应，也可以称为该研究的故事背景。

与第一节相同，地方政府当期需要建设工程项目，但财政资金短缺，所以地方政府通过发行债券为项目进行融资。中央政府关心地方经济发展，所以为地方债务提供担保。地方政府获得发债收入之后，决定财政资金的用途或自己致力于项目建设的努力程度，这些行为最终决定了项目的回报率。自然地，地方政府努力程度越高，项目的回报率也就越高。但是，在现阶段的“政治锦标赛”模式下，地方政府拥有私人目标，因此，其可能会挪用资金，也可能会缩减努力程度，这就有可能导致项目产生损失，甚至出现资不抵债的情况，最终会导致地方债的投资者以及中央政府受到损失。为了符合现实情境，也为了使我们的研究问题更有意义，我们假定项目的回报率不仅受到地方政府努力程度的影响，而且受到一些不可控的自然因素的影响。这样一来，道德风险问题也就产生了。因为，当项目收益率过低时，中央政府不能确定这是由地方政府努力程度过低引起的，还是由自然因素引起的。所以，地方政府有激励以牺牲公众及中央政府的利益为代价来增加自己的效用。因此，中央政府有必要通过设计奖罚机制来遏制地方政府的道德风险行为。

我们对道德风险的理解已经取得重大进展，而且很多工作正在进行中。直觉上来说，时间在监督道德风险上应该存在有益的影响，由于允许长期观测，因此，对于不可观测的行为可以有更精确的推断。这种直觉已经在 Hausch 等（1981）的工作中得到精确的推理和证明，研究结论是明确的、长期的契约可以写出来，不考虑贴现的时候，激励成本可以降低到零。Fama（1980）使用不同的方法得到了同样的结论，他认为单独市场性的力量可以消除道德风险问题，因为管理者在劳动力市场上关心他们的声誉。因此，他们不需要显性契约解决激励问题，因为市场已经提供了有效率的隐性激励契约。

本书借鉴了 Hölmstrom（1979）、Laffont 和 Tirole（1988）、Hölmstrom（1999）的理论模型，并在此基础上进行了拓展，考虑了中国地方政府自行发债的实际，即由于中国特有的政治体制以及“政治锦标赛”的晋升机制，地方政府官员极其重视 GDP、财政收入等硬指标，而不重视或者不够重视人民生活水平提高等软指标。因此，发债往往是地方官员实现政绩工程的一种途径。地方政府获得资金后，往往存在过度投资问题，大搞政绩工程，而并不去实施申请发债时的项目。我们将其抽象为政府努力或不努力的行为。同时，我们考虑了中央政府的隐性担保问题，在此情境下得出中央政府的最优监管机制。本书构建数学模型并进行了理论推导，得出了一系列有价值的结论，为地方隐匿行为下的中央政府最优监管机制设计提供了理论基础，对于中国情境下的地方债券发行工作有着重要的指导意义。

一、建模依据及拓展思路

1. Hölmstrom 模型

Hölmstrom（1979）考虑了不完美信息在道德风险下的委托—代理关系中的角色，得到了不完美信息下改进仅仅基于支付的契约的一个必要而充分的条件，刻画了这类信息的最优使用问题。

当在个体私自采取行动影响产出概率分布的条件下进行风险分担时，出现了道德风险问题，这个问题已经被认识到（Arrow，1970；Spence 和 Zeckhauser，1971）。道德风险或者激励问题的起源是个体间的信息不对称，这是由于个体的行动不能被观测到，因而进行签约（Hölmstrom，1979）。对这个问题的一个很自然的修正方法就是投入资源监督行动以及使用契约中的信息。Harris 和 Raviv（1979）在委托—代理关系的背景下，就代理人提供生产性的输入（努力程度）但不能被委托人直接观察到提出了两个问题：一是关于行动的不完美信息何时可以用于改进仅仅基于支付的合同；二是这些额外的信息如何可以得到最优的使用。他们研究了监督者独立于自然状态提供信息，并且允许委托人以任何正的概率去发现代理人偷懒行为的情况。Hölmstrom（1979）拓展了 Mirrlees（1974）的工作，展示了一个在 Mirrlees 模型的基础上稍作变动后的版本，并且附上了在仅仅可以观测到支付的情况下，一些关于最优契约改进的讨论。接下来，他刻画了不完美信息的最优使用问题，呈现了在不完美信息有价值的情况下的结果。需要注意的是，这里假定了信念是同质的，随后又放松假定，允许代理人在选择行动时拥有更多的信息。

2. 模型评论及基于中国情境的拓展思路

受到不确定性的影响，地方政府无法确切知道未来财政收入的数量，其努力程度的降低和自然灾害的影响都可能造成地方政府的财政收入锐减。本节借鉴了 Hölmstrom（1979）、Laffont 和 Tirole（1988）以及 Hölmstrom（1999）的建模思想，结合中国地方自行发债的实际，研究了地方政府隐匿行为下的最优监管问题。中央政府对于地方政府报告自己财政收入的行动并不完全相信。地方政府能否守信且及时兑现承诺，会体现在下期是否违约。如果按时还债，那么说明其承诺是可信的；如果没有兑现承诺，那么说明其报告并不可信。中央政府可以根据学习到的知识，修正对地方政府的先验概率分布，从而调整监管机制。如果地方政府讲真话，那么可以奖励地方政府，具体的措施包括增加其发债额度、提高转移支付力度等；如果地方政府说谎，那么可以通过相应的惩罚机制对其进行处罚，比如，减少其发债额度甚至取消其发债资格、增加赋税等。本书将沿着这个思路展开分析，并基于此得出一系列有用的结论。

二、单期发债下的最优监管机制设计

1. 模型假定

假定 6-9：地方政府的项目收益为随机变量 x，θ 是自然状态，是随机的、不可观测的，a 是地方政府的努力程度。给定 θ 的分布率以及 x = x(a，θ) 这一条件，项目收益的概率分布 F(x，a) 也就确定了。具体如式（6-76）所示：

$$F(x,\ a) = P\{\tilde{x} \leqslant x | a\} = P\{\tilde{\theta} \leqslant x^{-1}(x | a)\} \tag{6-76}$$

我们假定 $\frac{\partial x}{\partial a} \geqslant 0$，这就意味着 $\frac{\partial F(x,\ a)}{\partial a} \leqslant 0$。

我们记 F(x，a) 的概率密度为 f(x，a)。

假定 6-10：假定中央政府为地方政府提供担保的比例为 w，地方政府的发债数量为 q，地方债券的价值为 V（q，w）。在这里，我们假定 w、q 和 V（q，w）都是给定的数值 $\bar{w}$、$\bar{q}$ 和 $\bar{V}$，它们之间的具体关系我们在本章第一节中已经研究过了。所以，期末地方政府的项目收益为 x(a，θ)。

当地方政府的项目收益 x(a，θ)≥q 时，项目的收入完全可以偿还债务，此时，地方政府不会发生债务违约；而当 x（a，θ)≤q 时，项目资不抵债，中央政府必须为其“埋单”。特别地，当 q(1 - w)≤x(a，θ)≤q 时，中央政府的支付数额为 q - xV；而当 q(1 - w)≥x(a，θ) 时，中央政府的支付数额为 qw。

假定 6-11：假定中央政府是风险中性的，其效用函数为 G（y），y 为中央政府从项目中获得的净收入（分配收入减去为地方政府违约提供的担保金）。地方政府是风险厌恶的，其效用函数为 H(y′，a) = U(y′) - T(a)，y′表示地方政府从项目中获得的分配收入，U(y′) 表示地方政府从项目收益中所获得的效用，T(a) 表示其努力成本。

注释：

（1）因为 Harris 和 Raviv（1979）的工作中已经证明，如果代理人是风险中性的，那么道德风险问题可以避免，所以，假定代理人是风险厌恶的。

（2）代理人的效用函数形式为 H(y，a) = U(y) - T(a)，这可以很好地适用于我们的研究问题。它既直接适用于地方政府努力经营项目的情形，也适用于地方政府将资金挪作他用的情形。因为，假如地方政府将资金用于项目建设而非个人享用，可以将其看作机会成本。

假定 6-12：在期末，中央政府只能观测到地方政府的项目收益 x，而不能观测到地方政府的努力程度 a，所以，中央政府只能根据 x 的数值决定对地方政府的分配额（分配规则是既定的）。

2. 模型构建、推导及相关命题

这里，我们用 S(x) 表示中央政府对地方政府的分配规则。

如此一来，存在地方政府隐匿行为时，中央政府的最优监管机制设计问题就变成了以下理论模型：

$$\underset{S(x),\ a}{\mathrm{Max}}\ E[G(x-S(x)-d(\bar{w},\ \bar{q},\ x))] \tag{6-77}$$

$$\mathrm{s.t.}\ E[H(S(x),\ a)]\geqslant\bar{H} \tag{6-78}$$

$$a\in\arg\underset{a'}{\mathrm{Max}}\ E[H(S(x),\ a')]$$

其中，$d(\bar{w},\ \bar{q},\ x)$ 是中央政府为地方政府偿还债务的数额：

$$d(\bar{w},\ \bar{q},\ x)=\begin{cases}0，如果\ x\geqslant q\\ q-x，q(1-w)\leqslant x\leqslant q\\ qw，如果\ x\leqslant qw\end{cases} \tag{6-79}$$

$\bar{H}$表示地方政府的保留效用，特别地，我们假定$\bar{H}$表示地方政府发债数量为 0 时的效用。

下面，我们将存在地方政府隐匿行为时，中央政府的最优监管机制设计问题写成积分的形式，以增加该问题的直观性。一阶逼近下，该问题转化为：

$$\underset{S(x)\in[c,d+(x-q)],a}{\mathrm{Max}}\int G(x-S(x)-d(\bar{w},\ \bar{q},\ x))f(x,\ a)dx \tag{6-80}$$

$$\mathrm{s.t.}\ [U(S(x))-T(a)]f(x,\ a)dx\geqslant\bar{H} \tag{6-81}$$

$$\int[U(S(x))]f_a(x,\ a)dx=T'(a) \tag{6-82}$$

在这里（我们不考虑解不存在的情况），我们将 S(x) 限定在区间 [c，d + (x - q)] 上，以避免解不存在的情况发生。这样做也是合理的，因为，当中央政府惩罚地方政府时，地方政府的承受能力有限，故惩罚程度是有下限的。类似地，当中央政府奖励地方政府时，中央政府的资源有限，即原有资源数量 d 外加项目收益 x－q。

记 λ 为式（6–81）的拉格朗日因子，μ 为式（6–82）的拉格朗日因子，则拉格朗日函数如下所示：

$$\mathcal{L} = \int_{q}^{\infty} G(x - S(x))f(x,\ a)dx + \int_{q(1-w)}^{q} G(x - S(x) - (q - x))f(x,\ a)dx + \int_{-\infty}^{q(1-w)} G(x - S(x) - q)f(x,\ a)dx + \lambda\left(\int [U(S(x)) - T(a)]f(x,\ a)dx - \overline{H}\right) + \mu\left(\int [U(S(x))]f_a(x,\ a) - T'(a)\right) \tag{6-83}$$

对 S(x) 逐点优化，我们可以得到以下一阶条件：

如果 $x \geqslant q$，我们有：

$$\frac{G'(x - S(x))}{U'(S(x))} = \lambda + \mu\frac{f_a(x,\ a)}{f(x,\ a)} \tag{6-84}$$

如果 $q(1 - w) \leqslant x \leqslant q$，我们有：

$$\frac{G'(2x - q - S(x))}{U'(S(x))} = \lambda + \mu\frac{f_a(x,\ a)}{f(x,\ a)} \tag{6-85}$$

如果 $x \leqslant qw$，我们有：

$$\frac{G'(x - S(x) - qw)}{U'(S(x))} = \lambda + \mu\frac{f_a(x,\ a)}{f(x,\ a)} \tag{6-86}$$

我们将式（6–81）中的“≥”替换为“=”，这是因为，中央政府和地方政府的效用函数是单调递增的，中央政府在最大化自己的效用时，必定会制定 S(x)，使得地方政府的参与约束得以满足，而 S(x) 的期望值最小。

对努力程度 a 求一阶条件：

$$\int G(x - S(x) - d(\bar{w},\ \bar{q},\ x))f_a(x,\ a)dx + \mu\left\{\int U(S(x))f_{aa}(x,\ a)dx - T''(a)\right\} = 0$$

求解式（6–83）～式（6–86），可以解得 a^* 以及与之相对应的 S(x)。

Borch 在 1962 年的工作中证明了，从风险分担的角度来看，使得式（6–86）右边为常数的 S(x) 是帕累托最优的。如果要使得式（6–86）右边为常数，则 $\frac{f_a}{f}$ 必须为常数。但是，如果 $\frac{f_a}{f}$ 为常数 k，则 $0 = \int f_a = \int k \cdot f = k$，即 $f_a = 0$，这就与我们先前的假定（$F_a < 0$ 对某些 x 成立）相矛盾。既然 $\frac{f_a}{f}$ 不为 0，要使得式（6–86）右边为 0，则 μ 必须为 0。然而，由我们先前的假定可知，

$\mu>0$。这就是命题 6-9。

命题 6-9：假定 $T'(a)>0$，$F_{aa}<0$（对于某些 x，严格不等式成立），则 $\mu>0$。即给定次优下的 S(x)，中央政府希望地方政府增加努力程度。

证明：考虑 $x\geqslant q$ 的情况，我们有 $\frac{G'(x-S(x))}{U'(S(x))}=\lambda+\mu\frac{f_a(x,\ a)}{f(x,\ a)}$。

令 S(x) 为次优的分配规则，其中，$\lambda>0$，我们有 $r(x)=x-S(x)$。假定 $\mu\leqslant 0$，这与我们的假定相反，那么：

$$\frac{G'(r(x))}{U'(x-r(x))}=\lambda+\mu\cdot\frac{f_a(x,\ a)}{f(x,\ a)}\leqslant\lambda=\frac{G'(r_\lambda(x))}{U'(x-r_\lambda(x))} \tag{6-87}$$

其中，$x\in X_+=\{x|f_a(x,\ a)\geqslant 0\}$。这里，对给定的 λ，$r_\lambda(x)$ 是最优分配规则；在 r(x) 上，对给定的 x，$\frac{G'(r(x))}{U'(x-r(x))}$是递减的。

U 是凹函数，U（prime）关于 S(x) 递减，所以关于 r(x) 递增。

而 $r_\lambda(x)$ 是增函数，因此，对于任意 $x\in X_+$，我们有 $r(x)\geqslant r_\lambda(x)$。

相应地，在 $X_-=\{x|f_a(x,\ a)<0\}$ 上，$r(x)\leqslant r_\lambda(x)$ 时，我们有：

$$\int G(r(x))f_a(x,\ a)dx\geqslant\int G(r_\lambda(x))f_a(x,\ a)dx>0 \tag{6-88}$$

从式（6-88）我们可以看出，一阶随机占优下，根据假定 $F_{aa}\leqslant 0$，事实是，$r_\lambda(x)$ 是增函数。

由代理人最优问题的二阶条件可知，其小于零成立，将其与式（6-88）合并可知，$\mu>0$，而这与我们 $\mu\leqslant 0$ 的假定相反。因此，$\mu>0$ 成立。

因为发债量 q 和担保额 w 已经确定，虽然这会影响次优的 S（x）的具体形式，但根据上面的分析，结果与发债量 q 和担保额 w 是相互独立的，因此这三种情况下，$\mu>0$ 均成立。

证毕。

相应地，我们得到以下两个推论。

推论 6-1：在命题 6-9 的假定下，给定 λ，次优下的奖惩函数 S(x) 和最优下的奖惩函数 $S_\lambda(x)$ 之间存在以下关系：

$$\begin{cases}S(x)\geqslant S_\lambda(x) & \text{当 } x\in X_+=\{x|f_a(x,\ a)\geqslant 0\}\text{ 时}\\ S(x)<S_\lambda(x) & \text{当 } x\in X_-=\{x|f_a(x,\ a)<0\}\text{ 时}\end{cases}$$

证明：根据命题 6-9 的证明，我们很容易知道，对给定的 x，在 S(x) 上，$\frac{G'(x-S(x))}{U'(S(x))}$是增函数。

证毕。

下面，我们对上面的命题及推论做出一些直观性的解释。在完全信息下，即当中央政府能观测到地方政府的努力程度 a 时，完全的风险分担是帕累托最优的。但是，当中央政府只能观测到地方政府的项目回报率 $x(a, \theta)$，而非直接观测到 θ 时，完全的风险分担不再是最优的。因为在完全风险分担下，地方政府有激励减少努力程度以增加自己的效用，而这就降低了地方项目的期望回报，容易导致项目亏损，进而损害中央政府及公众的利益。而我们假设 $F_{aa} \leqslant 0$，通过将 S（x）与 $\frac{f_a}{f}$ 挂钩，中央政府提供了地方政府增加努力程度的激励，这对社会福利来说是一种改善。

推论 6-2： 完全的风险分担不再是最优的。

证明： 次优的结果下，$\frac{G'(x - S(x))}{U'(S(x))} = \lambda + \mu\frac{f_a(x, a)}{f(x, a)}$

其中 $\mu > 0$，且 $\frac{f_a(x, a)}{f(x, a)}$ 不为常数。

最优分担函数会随着 x 的变动而进行相应调整，因此完全的风险分担不再是最优的。

下面我们给出一个算例从直观上去分析我们所得到的结果。

基于中央政府的风险中性以及地方政府的风险厌恶假设，考虑如下算例：令 $G(x) = x$，$U(x) = 2\sqrt{x}$，$T(a) = a^2$，以及 x 服从于参数为 $\frac{1}{a}$ 的指数分布，即 $x \sim \exp\left(\frac{1}{a}\right)$，此时概率密度函数 $f(x, a) = \frac{1}{a}e^{\frac{-x}{a}}$。其中，如果 a 越大，在给定 x 下，F（x）越小，因此该分布满足单调似然比性质（Monotone Likeli-hood Ratio Property）。更高的努力程度 a 意味着 x 有更大的概率实现较大值。

根据所得一阶最优条件式（6-84）、式（6-85）和式（6-86），我们可以得出最优的分配应该满足下式：

当 $x \in [0, \infty)$ 时，

$$\frac{1}{S(x)^{\frac{-1}{2}}} = \lambda + \mu\frac{\frac{-1}{a^2}e^{\frac{-x}{a}} + \frac{x}{a^3}e^{\frac{-x}{a}}}{\frac{1}{a}e^{\frac{-x}{a}}}$$

$$S(x)=\left[\lambda+\mu\frac{x-a}{a^2}\right]^2 \tag{6-89}$$

我们可以看到，虽然对中央政府的一阶最优条件做出了三个分类讨论，但在风险中性假设下，中央政府不会将为地方政府担保的债务考虑到最优分配里面去。

其中，μ 和 a 需满足式（6-82）和式（6-90）：

$$\int(x-S(x)-d(\bar{w},\bar{q},x))f_a(x,a)dx+\mu\left\{\int 2\sqrt{S(x)}f_{aa}(x,a)dx-2\right\}=0 \tag{6-90}$$

把式（6-89）代入式（6-82），我们可以得出：

$$\int 2\left(\lambda+\mu\frac{x-a}{a^2}\right)\left(\frac{-1}{a^2}e^{\frac{-x}{a}}+\frac{x}{a^3}e^{\frac{-x}{a}}\right)dx=2a$$

根据指数分布的基本性质再进行代数整理，我们可以得到最优的 $\mu=a^3$。

将最优的 $\mu=a^3$ 代入式（6-90），我们可以得出 a^* 需满足方程：$4a^3+2\lambda a-1=0$。

$$\int(x-S(x))f_a(x,a)dx-\int d(\bar{w},\bar{q},x)f_a(x,a)dx+$$

$$a^3\left\{\int 2\sqrt{S(x)}f_{aa}(x,a)dx-2\right\}=0$$

其中，

$$\int d(\bar{w},\bar{q},x)f_a(x,a)dx=\int_{\bar{q}}^{\infty}0dx+\int_{\bar{q}(1-\bar{w})}^{\bar{q}}(q-x)dx+\int_0^{\bar{q}(1-\bar{w})}\bar{q}\bar{w}dx$$

通过积分运算，我们得出 a^* 需满足如下显示方程：

$$0=4a^3+2\lambda a-1-\frac{\bar{q}}{a}-\bar{w}\bar{q}-e^{\frac{-\bar{q}}{a}}\left\{\frac{\bar{q}^2}{a^2}+\frac{2\bar{q}+\bar{q}^2+1+\bar{q}a}{a}\right\}+$$

$$e^{\frac{-\bar{q}(1-\bar{w})}{a}}\left\{\frac{\bar{q}^2(1-\bar{w})^2}{a^2}+\frac{\bar{q}(1-\bar{w})(1+\bar{q}+\bar{w}\bar{q})+2\bar{q}}{a}+1+\bar{q}+\bar{w}\bar{q}\right\} \tag{6-91}$$

接下来，我们比较最优解（First-best Solution）和次优解（Second-best Solution）。

最优解下，信息完全，没有道德风险问题，从而 $\mu=0$，因此 $S_\lambda(x)=\lambda^2$。

给出一个数值解，假定参数 $\bar{q}=3$，$\bar{w}=\frac{1}{2}$ 以及 $\lambda=\frac{1}{2}$。那么 S（x）=

$\left[\frac{1}{2}+a(x-a)\right]^2$，其中 a 由式（6-91）以及给定参数解出，其正数解为 a = 0.7300（精确到万分之一），如图 6-2 所示。

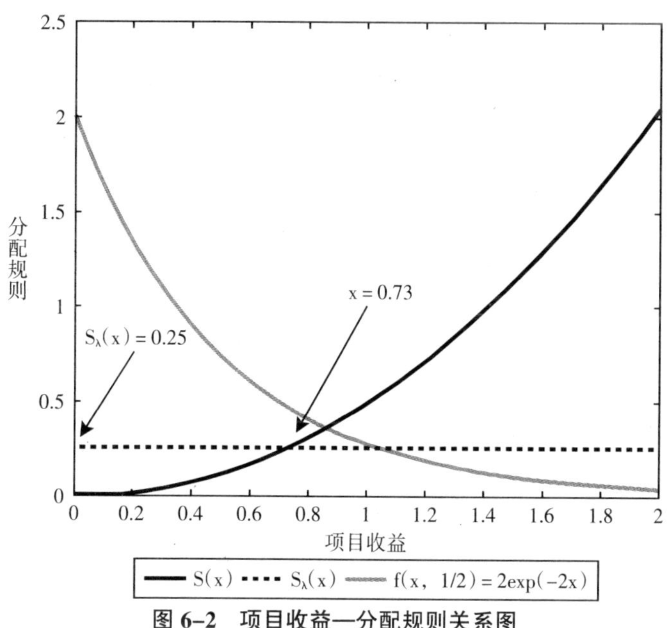

图 6-2　项目收益—分配规则关系图

我们可以看到当 $x < a = 0.73$ 时，中央政府给予地方政府的次优分配少于最优分配，而当 $x > a = 0.73$ 时，中央政府会给予地方政府一定的奖励，此时次优分配多于最优分配，中央政府提供了地方政府增加努力程度的激励，这对社会福利来说是一种改善。数值模拟的结果和推论 6-1 相吻合。

三、引入信息下的最优分配规则

现实社会中，由于某些宏观经济因素的影响，比如股市大涨、科技进步、金融危机、石油涨价等利好和外生冲击的存在，常常会使得一个项目的回报率出现高低不同的情况，从而会对地方政府的努力程度形成不同的评估机制。

下面我们考察两种不同的信息引进方式。

1. 引入公共信息下的最优分配规则

在引入双方共同信息的情况下，我们考察这种信息对地方和中央之间的契约是否有改善。

假设 y 是一个一维的、基于 x 的、可以被用于构建契约的信号，这个信号是双方都知道的公共信息。在给定努力 a 的情况下，x 和 y 的联合分布函数为 F(x，y，a)，相应的联合密度函数为 f(x，y，a)，因此，中央政府的激励问题变为：

$$\max_{S(x,y),a} \int G(x - S(x, y) - d(\bar{w}, \bar{q}, x))f(x, y, a)dx \tag{6-92}$$

$$\text{s.t.} \int [U(S(x, y)) - T(a)]f(x, y, a)dx \geq \overline{H} \tag{6-93}$$

$$\int [U(S(x, y))]f_a(x, y, a)dx = T'(a) \tag{6-94}$$

由本章第三节的第二部分我们可以知道，一阶最优条件为，

如果 x≥q，我们有：

$$\frac{G'(x - S(x, y))}{U'(S(x, y))} = \lambda + \mu\frac{f_a(x, y, a)}{f(x, y, a)} \tag{6-95}$$

如果 q(1－w)≤x≤q，我们有：

$$\frac{G'(2x - q - S(x, y))}{U'(S(x, y))} = \lambda + \mu\frac{f_a(x, y, a)}{f(x, y, a)} \tag{6-96}$$

如果 x≤qw，我们有：

$$\frac{G'(x - S(x, y) - qw)}{U'(S(x, y))} = \lambda + \mu\frac{f_a(x, y, a)}{f(x, y, a)} \tag{6-97}$$

根据命题 6-9 的证明，我们也可知道，只需要考察 x≥q 时，一阶条件的性质（其他情况下性质是一致的）。

根据 Hölmstrom（1979）的定义，对于几乎所有的（x，y），如果式（6-98）不成立，那么，信号 y 是有情报（Informative）的。

$$f(x, y, a) = g(x, y) \times h(x, a) \tag{6-98}$$

命题 6-10：给定 S(x）是本章第二节问题中的最优分配规则，存在一个严格占优于 S(x）的分配规则 S(x，y)，当且仅当信号 y 是有情报的。

证明：我们采用反证法，证明该命题的逆否命题，即对于任意的分担规则 S(x，y)，存在某一 S(x)弱占优于 S(x，y)，当且仅当信号 y 是无情报的。

对于任意的 x，定义 S(x）满足：

$$\int U(S(x,\ y))g(x,\ y)dy = U(S(x))\int g(x,\ y)dy \tag{6-99}$$

$$\iint U(S(x,\ y))f(x,\ y,\ a)dxdy = \iint U(S(x,\ y))g(x,\ y)h(x,\ a)dxdy$$

$$= \iint U(S(x))g(x,\ y)h(x,\ a)dxdy \tag{6-100}$$

根据杰森不等式，我们有：

$$\int S(x,\ y)g(x,\ y)dy \geqslant \int S(x)g(x,\ y)dy \tag{6-101}$$

$$\int G(x - S(x,\ y))g(x,\ y)dy \leqslant \int G(x - S(x))g \geqslant (x,\ y)dy \tag{6-102}$$

因此，

$$\iint G(x - S(x,\ y))f(x,\ y,\ a)dxdy \leqslant \iint G(x - S(x))f(x,\ y,\ a)dxdy \tag{6-103}$$

这样，我们在保证地方政府效用不变的情况下，使得中央政府的效用函数在 S(x) 时不小于在 S(x，y) 时，对于任意的分配规则 S(x，y)，都能找到 S(x) 至少不比 S(x，y) 差。

证毕。

2. 引入中央不对称信息下的最优分配规则

之前我们研究了公共信息无情报的时候，信息的加入对中央政府的分配规则没有帮助。我们在这部分讨论引入中央私人信息时的最优分配规则。

地方政府在进行项目开发时，中央政府可以通过审查或地方举报等形式获得与地方政府项目相关的一部分私人信息。为方便讨论起见，我们假定这个信息 z 是外生给定的，x 和 z 的联合密度函数为 f (x，z，a)。最优的分配规则 S(x，z) 会与中央政府的私人信息相关，因此中央政府的激励问题可以表示为：

$$\underset{S(x,z),a}{\text{Max}} \int G(x - S(x,\ z) - d(\overline{w},\ \overline{q},\ x))f(x,\ z,\ a)dx \tag{6-104}$$

$$\text{s.t.} \iint [U(S(x,\ z)) - T(a)]f(x,\ z,\ a)dxdz \geqslant \overline{H} \tag{6-105}$$

$$\iint [U(S(x,\ z))]f_a(x,\ z,\ a)dxdz \geqslant T'(a) \tag{6-106}$$

考虑 x≥q 时的一阶条件：

$$G'(x-S(x,z))f(x,z,a)=\lambda\int U'(S(x,z))f(x,z,a)dz+\mu\int U'(S(x,z))f_a(x,z,a)dz \tag{6-107}$$

四、考虑声誉效应的中央政府最优监管机制设计

两期模型下，假定贴现率为 δ，中央政府的分配规则如下：

第一期的分配规则由第一期的项目收入 x_1 决定，令其为 $S(x_1)$；第二期的分配规则由第一期的项目收入 x_1 和第二期的项目收入 x_2 共同决定，令其为 $S(x_1, x_2)$。

第一期项目收入的概率密度函数为 $f(x_1, a_1)$；第二期项目收入的概率密度函数与第一期的项目收入有关，令其为 $g(x_2, a_2; x_1, a_1)$，且其关于 a_1 和 a_2 均为一阶随机占优。

两期下的中央政府最优监管问题可以模型化为：

$$\underset{\{S(x_1),a_1\},\{S(x_1,x_2),a_2\}}{Max}\iint G(x_1-S(x_1)-d(\bar{w},\bar{q},x))f(x_1,a_1)+\delta G(x_2-S(x_1,x_2)-d(\bar{w},\bar{q},x))g(x_2,a_2;x_1,a_1)dx_2dx_1 \tag{6-108}$$

$$s.t.\int[U(S(x_1))-T(a_1)]f(x_1,a_1)dx_1\geqslant\bar{H} \tag{6-109}$$

$$\iint[U(S(x_1,x_2))-T(a_2)]g(x_2,a_2;x_1,a_1)dx_2dx_1\geqslant\bar{H} \tag{6-110}$$

$$a_1,a_2\in\arg\underset{a_1',a_2'}{Max}\iint[U(S(x_1))-T(a_1)]f(x_1,a_1)+\delta[U(S(x_1,x_2))-T(a_2)]g(x_2,a_2;x_1,a_1)dx_2dx_1$$

一阶逼近下，上式可变为：

$$\iint[U(S(x_1))]f_{a_1}(x_1,a_1)+\delta[U(S(x_1,x_2))]g_{a_1}(x_2,a_2;x_1,a_1)dx_2dx_1=T'(a_1) \tag{6-111}$$

$$\iint[U(S(x_1,x_2))]g_{a_2}(x_2,a_2;x_1,a_1)dx_2dx_1=T'(a_2) \tag{6-112}$$

拉格朗日函数表示为：

$$\mathcal{L}=\iint G(x_1-S(x_1)-d(\bar{w},\bar{q},x))f(x_1,a_1)+\delta G(x_2-S(x_1,x_2)-d(\bar{w},\bar{q},x))g(x_2,a_2;x_1,a_1)dx_2dx_1+$$

$$\lambda_1\left(\int[U(S(x_1))-T(a_1)]f(x_1, a_1)dx_1-\overline{H}\right)+$$

$$\lambda_2\left(\delta\iint[U(S(x_1, x_2))-T(a_2)]g(x_2, a_2; x_1, a_1)dx_2dx_1-\overline{H}\right)+$$

$$\mu_1\left(\int\int U(S(x_1))f_{a_1}(x_1, a_1)+\delta U(S(x_1, x_2))g_{a_1}(x_2, a_2; x_1, a_1)dx_2dx_1-T'(a_1)\right)+$$

$$\mu_2\left(\delta\iint[U(S(x_1, x_2))]g_{a_2}(x_2, a_2; x_1, a_1)dx_2dx_1-T'(a_2)\right)\tag{6-113}$$

我们考察 $x\geqslant q$ 时的情况。

对第一期 $S(x_1)$，一阶条件为：

$$\frac{G'(x_1-S(x_1))}{U'(S(x_1))}=\lambda_1+\mu_1\frac{f_a(x_1, a)}{f(x_1, a)}\tag{6-114}$$

对第二期 $S(x_1, x_2)$，一阶条件为：

$$\frac{G'(x_2-S(x_1, x_2))}{U'(S(x_1, x_2))}=\lambda_2+\mu_1\frac{g_{a_1}(x_2, a_2; x_1, a_1)}{g(x_2, a_2; x_1, a_1)}+\mu_2\frac{g_{a_2}(x_2, a_2; x_1, a_1)}{g(x_2, a_2; x_1, a_1)}\tag{6-115}$$

根据本章第二节的分析，我们可以有如下命题。

命题 6-11：假定 $T'(a)>0, F_{a_1a_2}\leqslant 0$（对于某些 x，严格不等式成立），则 $\mu_1>0$；$g(x_2, a_2; x_1, a_1)$ 关于 a_1 和 a_2 均为一阶随机占优，则 $\mu_2>0$。

命题 6-12：假定 $T'(a)>0$，$F_{a_1a_2}\leqslant 0$（对于某些 x，严格不等式成立），$g(x_2, a_2; x_1, a_1)$ 关于 a_1 和 a_2 均为一阶随机占优，地方政府在两期模型下的第一期会比单期更加努力。

证明：单期模型下，中央政府的分配规则满足：

$$\frac{G'(x-S(x))}{U'(S(x))}=\lambda+\mu\frac{f_a(x, a)}{f(x, a)}\tag{6-116}$$

两期模型下，中央政府的分配规则满足：

$$\frac{G'(x_1-S(x_1))}{U'(S(x_1))}=\lambda_1+\mu_1\frac{f_{a_1}(x_1, a_1)}{f(x_1, a_1)}\tag{6-117}$$

因此，第一期的分配规则是一致的。

根据激励相容条件：

$$\iint[U(S(x_1))]f_{a_1}(x_1, a_1)+\delta[U(S(x_1, x_2))]g_{a_1}(x_2, a_2; x_1, a_1)dx_2dx_1=T'(a_1)\tag{6-118}$$

$$\iint[U(S(x_1, x_2))]g_{a_2}(x_2, a_2; x_1, a_1)dx_2dx_1 = T'(a_2) \geqslant 0 \tag{6-119}$$

因为 $g(x_2, a_2; x_1, a_1)$ 关于 a_1 和 a_2 均为一阶随机占优，

$$\iint\delta[U(S(x_1, x_2))]g_{a_1}(x_2, a_2; x_1, a_1)dx_2dx_1 \geqslant 0 \tag{6-120}$$

因此，

$$\iint[U(S(x_1))]f_{a_1}(x_1, a_1)dx_2dx_1 \leqslant T'(a_1) \tag{6-121}$$

$$\iint[U(S(x_1))]f_{a_1}(x_1, a_1)dx_2dx_1 = \int[U(S(x))]f_a(x, a)dx = T'(a) \leqslant T'(a_1) \tag{6-122}$$

因为 $T''(a) > 0$，所以 $a \leqslant a_1$。也就是说，考虑声誉效应时，地方政府在两期模型下的第一期会比单期增加其努力程度。

证毕。

五、小结

本节通过构建单期下，考虑地方隐匿行为时，存在中央政府隐性担保的最优监管机制模型，揭示了最优监管机制下最优风险分担规则及其含义。

完全信息下，由于中央政府能观测到地方政府的努力程度 a，因此，完全的风险分担是帕累托最优的。但是，当中央政府只能观测到地方政府的项目回报率 x（a，θ），而非直接观测到 θ 时，完全的风险分担不再是最优的。这是因为在完全风险分担下，地方政府有激励减少努力程度以增加自己的效用，这就降低了项目的期望回报，容易导致项目亏损，无疑，这会损害中央政府及公众的利益。而我们假定 $F_{aa} \leqslant 0$，并将 S（x）与 $\frac{f_a}{f}$ 挂钩。通过将中央政府对地方政府的分配规则与地方政府的努力程度挂钩，中央政府提供了地方政府增加努力程度的激励，这对社会福利来说是一种改善。

此外，我们还基于现实情境讨论了引入不同信息集下的最优分配规则问题，结果表明，在公共信息无情报的时候，信息的加入对中央政府的分配规则没有帮助；引入中央私人信息时，最优的分配规则 S(x，z) 会与中央政府的私人信息相关。我们将 Hölmstrom（1979）的模型推广至多期，考察声誉效应对最优分配规则的影响。研究结论是，考虑声誉效应时，地方政府在两

期模型下的第一期会比单期增加其努力程度。

第三节　本章小结

本章借鉴 Spence（1973）、Rothschild 和 Stiglitz（1992）模型中不完全信息动态博弈的建模思想，在考虑地方政府隐匿信息和中央政府隐性担保的情形下，构建单期和两期的最优监管机制模型，提出了求解分离均衡和混同均衡的一般框架，并通过算例进行了求解。推导结果表明，单期下，显示原理可以被激励契约促成，得到分离均衡存在的取值范围，混同均衡是存在的；两期重复博弈下，存在高收入地方政府的策略均衡，使中央政府实现分离均衡的惩罚范围相比单期模型有所扩大。声誉效应会减弱逆向选择，信息的充分披露能促进社会福利的提高。借鉴 Hölmstrom（1979）不完美信息下道德风险问题的建模思想，在考虑地方政府隐匿行为和中央隐性担保的情形下，构建单期和两期的最优监管机制模型，给出了中央政府最优契约设计的一般框架。理论推导结果表明，单期下，通过将中央政府对地方政府的分配规则与地方政府的努力程度挂钩，中央政府提供了地方政府增加努力程度的激励；考虑声誉效应时，地方政府在两期模型下的第一期会比单期增加其努力程度。该研究结果为中央对地方自行发债的监管机制设计提供了理论依据。中央可以根据地方政府的实际情况，将单期和两期下的结论结合，设计监管策略。

第七章　结论与讨论

第一节　主要研究工作及结论

本书通过对地方债发行的国际经验以及中国地方债发行历程的梳理，发现定价机制设计和监管机制设计是地方政府自行发债中最重要的两个环节。定价机制直接关系到地方政府融资成本的高低，而且有重要的信号传递作用。定价机制不合理会造成二级市场大起大落，引发债券市场乃至金融市场动荡。本书结合中国的实际情况，运用博弈论等工具，将中国的地方债发行问题模型化，解释了发行中的“利率倒挂”之谜以及资源错配对经济的负面影响，提出了改进发行效率的机制。针对地方政府自行发债过程中潜在的问题，提出了相应的地方债定价机制设计的思路，根据上述设计思路，建立了组合投标模型，分别探讨了在以少数大型投标者为主和以多数小型投标者为主的市场结构的情形下，荷兰式和美国式两种发行定价机制下潜在投标者的竞投过程，求解得到投标者的均衡报价函数，并从融资规模和成交价格的稳定性两个方面比较分析了荷兰式发行定价机制（DPM）和美国式发行定价机制（APM）的市场表现，供决策者进行选择。监管机制不合理会造成地方政府滥发债券以及滥用发债资金等损害社会福利的行为。因此本书还讨论了考虑隐匿信息行为时，单期地方债发行的中央最优监管契约以及多期下考虑地方政府声誉效应的中央最优监管契约，并且相应地讨论了考虑地方政府隐匿行为时，单期以及多期中央最优监管机制。

（1）系统梳理了联邦制国家（包括发达经济体及转型经济体）以及单一制国家（包括发达经济体和转型经济体）发行地方债券的经验、中国国债的发行与监管经验以及中国在推进地方债券发行过程中存在的问题。归纳出中国地方债券发行工作最重要的两个方面，即发行定价机制以及监管机制设计，并以其中存在的问题作为研究起点，这为后续研究奠定了重要基础。

（2）构建理论模型，探究了地方自行发债试点以来多次出现的“利率倒挂”的影响机理。地方政府的收益来自两部分：一是拍卖地方债所得；二是财政存款所获利息收入。由于中央政府允许的利率上限低于市场利率，如果将两项收入分开拍卖，两项收入之和要低于将两者捆绑起来进行拍卖所获得的收入。因为，当捆绑起来拍卖时，承销商之间的竞争将会导致他们愿意为财政存款支付市场利率，也愿意为地方债券支付相同的价格，而中央政府不对地方政府债券的发行价格进行限制。由于转移支付的存在，承销商愿意支付的价格是无转移支付时价格的$\frac{1}{1-z}$，由于$0<z<1$，存在转移支付时的价格高于无转移支付时的价格。所以，承销商总的支付价格要高于分开拍卖时的价格之和。正是地方政府对承销商进行转移支付的招标形式引起了“利率倒挂”。

（3）社会福利损失。在第四章第二节和第三节的拍卖模型中，无论哪一个承销商赢得竞标，对社会而言都是无差异的，不会存在任何效率损失。在第四章第四节的拍卖模型中，承销商的利润率不同，但$\bar{b}(x|z_i)$不仅是z的增函数，而且还是i的增函数。利润率高的承销商所观测到的信号不一定高，所以利润率高的承销商未必能赢得拍卖的标的，也就未必能获得政府存款，社会资金不能得到充分利用。所以，社会产生了效率损失。

（4）针对地方政府自行发债过程中潜在的问题，提出相应的地方债定价机制设计的思路。在上述机制设计思路基础上，首先，建立组合投标模型；其次，考虑以少数大型投标者为主和以多数小型投标者为主的两种市场结构情形，分别求解荷兰式和美国式两种常用发行定价机制的投标者均衡报价函数，并从融资规模和成交价格的稳定性两个方面对两种发行定价机制进行比较分析；最后，考虑潜在投标者进入对均衡报价以及发行定价机制市场表现的影响，并进一步考虑投标者随机进入的情形，对基准模型进行扩展。研究结论表明，在以大型投标者为主体的市场结构下，采用美国式发行定价机制能比荷兰式发行定价机制实现更大的融资规模，而两者均不能获取全部的社会剩余。两种发行定价机制获取的期望融资规模均随着投标者效用函数凸度系数增加而减小；特别地，当$\alpha\to0$时，两种发行定价机制获取相同的期望融资规模，并且均能够实现期望的社会总剩余。两种发行定价机制实现的成交价格的稳定性取决于投标者的数量（n）和分布系数（ξ）：当 $n\xi=1$ 时，两种发行定价机制下形成的成交价格具有相同的稳定性；当 $n\xi<1$ 时，美国式发行定价机制（APM）下形成的成交价格比荷兰式发行定价机制（DPM）具有更强的稳定性；当 $1<n\xi\leqslant n-1$ 时，荷兰式发行定价机制（DPM）下形成的成交价格比美国式发行定价机制（APM）具有更强的稳定性。在以大量小型投标者为主体的地方债发行市场上，无论采用荷兰式发行定价机制还是美国式发行定价机制，地方政府都会实现相同的期望融资规模，且恰好实现期望的社会总剩余，同时，两种发行定价机制形成的成交价格具有相同的稳定性。考虑投标者随机进入地方债券发行市场的情形，相对美国式发行定价机制，当采用荷兰式发行定价机制时会有更多的投标者参与投标，但两者均超过了实现社会福利最大化的最优进入水平。

（5）结合中国的现实情境，将地方政府隐匿信息下的地方债发行监管机制模型化，构建中央政府、地方政府的效用函数，地方债的价值函数及其成本函数，提出求解精炼贝叶斯纳什均衡的一般框架。通过算例进行求解，给出分离均衡的取值范围是 $H\in[\underline{H},\ \infty]$，混同均衡是存在的。也就是说，中央政府完全可以制定一个激励相容的合同来达到分离均衡，从而使低能力政府与高能力政府区分开来，即高能力政府报告真实的好信息，而低能力政府报告真实的差信息。重复博弈下，中央政府可以学习到关于地方政府的更多信息。我们实现了两种策略下，第一期分离均衡的惩罚范围都要大于单期分离均衡下的惩罚范围。

此外，提出八个命题，并通过严格的数学证明，作为研究结论。

第一，当中央政府为地方债券提供隐性担保的担保率提高时，地方债的价值提高。地方债的价值归根结底是由两个主要变量决定的：一个是发行地方债的地方政府信用；另一个是中央政府提供隐性担保的担保率。民众并不惧怕地方政府跑路，一个重要的预期是中央政府会为地方债务承担“兜底”责任。显然，如果中央政府的隐性担保率增加，地方债的价值会提高。地方债的价值是关于中央政府隐性担保率的增函数。

第二，中央政府的隐性担保使得地方政府可以以更低的成本进行融资。如果不存在中央政府的隐性担保，仅凭地方政府的信用，在如今地方负债高度不透明、存在大量隐性债务的情况下，投资者会质疑其偿债能力。正是中央政府隐性担保的存在，地方政府的信用得到提高，投资者并不担心地方政府还不起钱而跑路。因此，地方政府往往可以以较低的成本进行融资。

第三，当中央政府对地方债提供完全担保时，地方债与国库券等价。存在中央隐性担保时，地方政府的信用会增加，随着隐性担保率的提高，地方政府的信用也会提高，即地方债的价值是隐性担保率的增函数。但是，这个增函数是有上界的，其最大值将在中央政府为地方政府提供完全担保的那一点取得。也就是说，可以看作地方政府的最高信用与中央政府信用等同，这个时候，地方政府债券价值与国库券价值等价。

第四，地方政府有激励在真实信息为 θ_1 时报告 θ_2，即地方政府有撒谎的可能性。“政治锦标赛”背景下，地方政府官员的晋升直接与地方政绩相关联。地方官员有足够的激励去粉饰 GDP、财政收入等经济指标，从而获得晋升的筹码。另外，GDP 等经济指标也是地方政府实力的重要信号，这足以对外界传递其有无实力偿还债务的信息。因此，无论从何角度，地方政府都有足够的激励去粉饰报表，向外界传递好信息，即 θ_2，其所传递的信息的确会直接影响到公众对于地方债收益的预期，报告更好的信息可以直接降低地方政府的发债成本。

第五，若给予地方政府自主选择发行规模的权利，中央政府提供的隐性担保越高，地方政府发行债券的规模越大。地方政府有足够的激励去发债甚至超额发债，募集更多资金实施政绩工程，追求自身收益最大化，实现自身目标。

第六，在同样的担保率下，地方政府发行债券越多，中央政府的担保成本越高。中央政府的担保成本是或有成本，即不一定会发生的成本。只有当地方政府真正违约时，中央政府才承担相应的债务。给定地方财政收入的分布，当地方政府发行债券的规模提高时，地方政府的违约风险增大。

第七，相同的发行规模下，中央政府的担保率越高，其担保成本越高。中央政府担保率越高，一旦地方政府违约，中央政府将代替地方政府偿还越多的债务。地方政府并不害怕举债，更不担心不能偿还债务，这也就是所谓的“大而不倒”。对于投资者而言也是如此，他们都很清楚，会有中央政府为所有债务“兜底”。这成为所有理性的地方政府及投资者的逻辑，倘若这种逻辑演变成地方政府的集体行为，情况就会变得异常可怕。一旦遭遇巨大的外生冲击，发生挤兑，那么中央很可能无法“兜底”。

第八，当中央政府不区分地方政府的报告而只提供一种合同时，对于真实私人信息为 θ_1 的地方政府而言，担保是无效率的。由于中央政府无法提供一个最优的激励契约，从而无法达到一个分离均衡来将高能力政府与低能力政府区分开，因此，无论是高能力政府还是低能力政府都会报告 θ_2，从而优化自身的行为。因此，中央政府对于真实信息为 θ_1 的地方政府提供的担保并无实际的价值，因为其必然会报告 θ_2，无论如何中央政府都必须对其承担兜底责任。这种担保是没有效率的。

（6）结合中国的现实情境，将地方政府隐匿行为下的地方债发行监管机制模型化，并进行了理论推导。研究结论表明，单期时，在完全信息下，即当中央政府能观测到地方政府的努力程度 a 时，完全的风险分担是帕累托最优的。但是，当中央政府只能观测到地方政府的项目回报率 x(a，θ)，而非直接观测到 θ 时，完全的风险分担不再是最优的。这是因为在完全风险分担下，地方政府有激励减少努力程度以增加自己的效用，而这就降低了项目的期望回报，容易导致项目亏损，进而损害中央政府及公众的利益。而我们假设 $F_{aa}\leqslant 0$，通过将 S（x）与 $\frac{f_a}{f}$ 挂钩，中央政府提供了地方政府增加努力程度的激励，这对社会福利来说是一种改善。此外，讨论了引入不同信息集时，中央与地方的最优分配规则问题，结果表明，在公共信息无情报的时候，信息的加入对中央政府的分配规则没有帮助；引入中央私人信息时，最优的分配规则 S(x，z) 会与中央政府的私人信息相关。考虑声誉效应时，地方政府在两期下的第一期会比单期增加努力程度。

第二节　研究创新点

地方债发行是地方政府的重要融资手段之一，定价机制和监管机制设计是其中的两个关键环节。定价机制不合理会引发一级市场的流动性不足、融资成本过高以及二级市场的剧烈波动等问题，监管机制不完善会导致地方政府较高的道德风险。2011 年中国试点地方债自主发行以来，一级市场持续出现“利率倒挂”，引发了社会各界的广泛关注。现有关于地方债的研究大都是一些理论探讨，如发债的必要性、发债的举措、国外发债经验对中国的启示等，未能结合拍卖理论、信息不对称理论等理论研究成果，更深入地探讨地方债发行中“利率倒挂”的深层次原因，也未能提出地方债发行的可行的定价机制和监管机制设计方案。

本书指出定价机制不合理是引发“利率倒挂”的主要原因，进而给社会福利带来负面影响，而在信息不对称下，监管不完善会导致债务风险增加。本书基于拍卖和机制设计的理论框架，探究了地方自主发债定价机制不合理与中央监管制度不完善的问题。具体来讲，本书的创新点主要体现在如下三个方面：

（1）利用 2011~2014 年中国地方政府自行发债的数据，与同期相同期限结构的国债数据进行比较，发现“利率倒挂”现象，基于 Bikhchandani 和 Huang（1989）讨论国债市场存在再售行为时，检验联系一级市场和二级市场的信息对一级市场竞标者行为影响的模型，引入转移支付，构建理论模型，对“利率倒挂”的成因及其对经济的影响进行了理论推导。结果表明，地方政府为承销商提供转移支付时，承销商愿意支付比无转移支付时更高的价格，这引发了“利率倒挂”；当承销商的利润率不同时，承销商的竞标高于无转移支付时的竞标，地方政府从捆绑拍卖中获得更高的收益，而社会总福利会受到损失。

（2）针对地方政府自行发债过程中潜在的问题，提出相应的地方债定价机制设计的思路：针对地方债的“准国债”属性，提出推行事实上的“自发自偿”制度安排；通过设定适当的保留价格（或利率）克服地方政府的强势行政干预；针对地方政府与投标机构合谋的问题，提出地方债融资规模与相关业务打包发行的组合投标模式。首先，根据上述设计思路，建立组合投标模型；其次，探讨在以少数大型投标者为主和以多数小型投标者为主的两种市场结构的情形下，荷兰式和美国式两种发行定价机制下潜在投标者的竞投过程，求解得到投标者的均衡报价函数；再次，从融资规模和成交价格的稳定性两个方面比较分析荷兰式发行定价机制（DPM）和美国式发行定价机制（APM）的市场表现；最后，考虑潜在投标者进入对均衡报价和机制市场表现的影响。研究表明，在以大型投标者为主体的地方债发行市场上，美国式发行定价机制（APM）能比荷兰式发行定价机制（DPM）获取更大的融资规模。荷兰式发行定价机制（DPM）和美国式发行定价机制（APM）实现的成交价格的稳定性取决于投标者的数量（n）和分布系数（ξ）：当 $n\xi = 1$ 时，两种发行定价机制下形成的成交价格具有相同的稳定性；当 $n\xi < 1$ 时，美国式定价机制（APM）下形成的成交价格比荷兰式定价机制（DPM）具有更强的稳定性，反之则相反。在以大量小型投标者为主体的地方债发行市场上，荷

兰式发行定价机制（DPM）和美国式发行定价机制（APM）实现相同的期望融资规模，同时，两者形成的成交价格具有相同的稳定性。考虑投标者随机进入地方债券发行市场的情形，相对美国式发行定价机制（APM），采用荷兰式发行定价机制（DPM）时会有更多的投标者参与投标，但两者均超过实现社会福利最大化的最优进入水平。

（3）借鉴 Spence（1973）、Rothschild 和 Stiglitz（1992）模型中不完全信息动态博弈的建模思想，在考虑地方政府隐匿信息和中央政府隐性担保的情形下，构建单期和两期的最优监管机制模型，提出了求解分离均衡和混同均衡的一般框架，并通过算例进行了求解。推导结果表明，单期下，显示原理可以被激励契约促成，得到分离均衡存在的取值范围，混同均衡是存在的；两期重复博弈下，存在高收入地方政府的策略均衡，使中央政府实现分离均衡的惩罚范围相比单期模型有所扩大。声誉效应会减弱逆向选择，信息的充分披露能促进社会福利的提高。借鉴 Hölmstrom（1979）不完美信息下道德风险问题的建模思想，在考虑地方政府隐匿行为和中央政府隐性担保的情形下，构建单期和两期的最优监管机制模型，给出了中央政府最优契约设计的一般框架。理论推导结果表明，单期下，通过将中央政府对地方政府的分配规则与地方政府的努力程度挂钩，中央政府提供了地方政府增加努力程度的激励；考虑声誉效应时，地方政府在两期下的第一期比单期更加努力。该研究结果为中央对地方自行发债的监管机制设计提供了理论依据。中央可以根据地方政府的实际情况，将单期和多期下的结论结合，设计监管策略。

第三节 政策建议

一、改进现行地方债市场的发行效率

目前的地方债券发行方式中存在政府与承销商的合谋，地方政府从捆绑拍卖中获得了更高的收益，社会的总福利因此而受到了损失。正是由于社会福利发生了损失，本书提出了改进现行定价机制发行效率的两种机制：

1. 允许财政存款资格与债券发行相分离的机制

地方政府将地方债和财政存款资格捆绑拍卖的深层次原因是利率非市场化，所以，解决方法是取消财政存款利率的上限，地方政府也就没有了将地方债与财政存款资格捆绑销售的激励。在单纯的存款资格拍卖中，当承销商的利润率不同时，存款资格这一标的就变成了私人价值拍卖，对每个承销商而言，存款资格的私人价值是确定的，并且承销商的利润率越高，这一私人价值也就越大。根据传统的拍卖理论，利润率最高的承销商一定会赢得竞标。而将地方债与财政存款资格分开进行拍卖之后，地方债的拍卖也就变成了第四章第二节中的拍卖。所以，分离开来之后，两项拍卖的综合结果是有效率的。

2. 允许财政存款资格再拍卖

具体的解决方法是，维持第四章第四节中的拍卖方式不变，但是，允许财政存款资格在承销商之间再拍卖。这样一来，即使在第一次拍卖中，利润率最高的承销商没能赢得竞标，他也一定会在二次拍卖中赢得竞标。根据传统的拍卖理论，二次拍卖中的成交利率为承销商的第二高利润率，预期到财政存款资格在拍卖中的价值，每个承销商在第一次拍卖中的竞标策略函数就变成了$\bar{b}(x|z_{n-1})$，与第四章第三节中的讨论结果相同，当承销商的利润一致时，不存在效率损失。

二、科学的设计和实施市场化的定价机制

第五章的研究结果表明，以大型投标者为主体的市场结构下，采用美国式发行定价机制能比荷兰式发行定价机制实现更大的融资规模；两种发行定价机制实现的成交价格的稳定性取决于投标者的数量（n）和分布系数（ξ）。在以大量小型投标者为主体的地方债发行市场上，采用两种发行定价机制可以实现相同的期望融资规模，且恰好实现期望的社会总剩余；两种发行定价机制形成的成交价格具有相同的稳定性。考虑投标者随机进入地方债券发行市场的情形，采用荷兰式发行定价机制时会有更多的投标者参与投标。目前，荷兰式发行定价机制引发了“利率倒挂”，反映了地方债发行中存在的制度缺陷。这些研究结论为决策者克服制度弊端，选择更科学的机制，推进地方自行发债工作提供了理论依据。

三、建立和健全地方债的监管机制

地方债的健康运行关系到国家和地方的经济发展。对于地方债的发展而言，通过监督“公权力”（王治国等，2015），完善对地方政府财政收支状况的监管（王治国和张攀，2015），直接监管地方发债将是有效的（Weingast，2009；王治国，2015a）。预算软约束可能导致地方政府入不敷出、竞争动力减弱以及腐败等行为，对于各国而言，监管框架建立的主要动机之一是防止预算软约束。在中国，中央政府向地方政府提供的隐性担保往往有助于形成地方政府的机会主义行为，地方债发行过程中存在着较大的道德风险，来自其他国家的经验也表明，地方政府破产是发展过程中反复出现的事件。不挽救一个面临违约风险的地方政府在政治上是不可行的，尤其是这种违约可能会影响大量人口的时候。这些危险已经促使许多国家探寻“正确的”地方政府债务监管框架。然而，在中国，地方债务监管体系还没有成熟完善的制度设计，存在相当大的隐患，可能会带来财政风险，甚至引发金融危机。如何规避中国地方债发行过程中的巨大的监管漏洞？既要避免地方政府的道德风险，又要鼓励有能力的地方政府发债，为地方发展提供公共物品，并保证其在获得资金后努力经营项目，完善的监管机制设计显得迫切必要。

总结起来，建立和完善从发行到监管的制度设计，提高风险控制能力，最主要的是事前、事中与事后的监督与控制（王治国和郭菊娥，2016）。事前主要是审核地方政府的资格，是不是“高能力”的政府？高能力的政府一般具有较强的还债能力。是不是“低能力”的政府伪装成“高能力”的政府发债？中央政府有必要建立一套甄别机制，不断提高地方政府的财政透明度，使其伪装的成本增加，或者提高惩罚的力度，使其没有激励伪装。事中即发行阶段，最核心的就是发行定价机制，发行定价机制不合理，不但会导致一级市场融资成本高，而且容易引发二级市场的大起大落。显然，合理的发行定价机制设计具有重要的意义。事后监管是对于地方政府融资活动完成后的监管。目前的政治周期下，由于任期错配、“政治锦标赛”等种种原因，地方政府在取得发债资格并拿到财政资金后，同样具有道德风险行为，他们可能会“拆东墙补西墙”而不去真正实施项目，或者选择偷懒。因此，中央政府对债券发行完毕后的监管尤其重要。制定完善的监管机制、不断提高地方政府的激励是今后一个时期的重要工作。

四、加强和完善市场的约束机制

通过加强地方财务和地方债务的公开化、透明化，促使地方政府对债券募集资金的使用情况、偿债计划、项目进展进行及时披露，投资者、学者和财务工作者可据此判断地方财政的稳健性，比较地方政府的偿债能力，这种来自市场的监督有利于对地方政府形成一定的制约。如何通过最优机制设计激励地方政府主动披露信息，是中央计划者需要考虑的重要课题。

第四节　研究不足及进一步研究方向

本书突破传统的理论探讨分析思路，结合中国的现实情境，运用博弈论以及其他数学工具，构建理论模型，将中国的发债现实模型化，分析了“利率倒挂”之谜、资源错配对中国经济的负面影响以及最优的地方债发行定价机制设计和选择、中央最优的监管机制设计等问题，通过理论创新取得了一定研究成果。但本书还存在一定的局限性，有望从以下几个方面进一步深入拓展和完善。

首先，由于政银合谋的隐蔽性，实证数据难以获得，因此，无法通过数据实证检验由合谋引发的“利率倒挂”的比重到底是多少。当然，如果能通过实证数据获知各个方面的贡献将是非常好的结果。然而，由于现实的局限，目前尚不能完成这一工作，只能通过理论分析进行讨论。如地方债发行中最优的金融监管契约问题，这是个理论问题，最好的方法就是构建理论模型展开研究，但目前同样很难通过数据进行实证检验，理论模型的验证只能通过算例去说明，这也不能不说是一个遗憾。

其次，效用函数的设定存在一定的局限性。在使用两个标准比较两种常用发行机制的表现的过程中，假定效用函数是二次型，而现有的文献尚未给出非二次型效用函数的情形下参与人的均衡决定。这只能作为后续的研究工作。

附　录

附录 A：

附录 A-1　财政部有关自行发债试点办法的比较

2011 年	2012 年	2013 年	2014 年
代办还本付息	代办还本付息	代办还本付息	自发自还
无	无	发行利率低于招标日前 1~5 个工作日相同待偿期国债收益率，报送发行情况中重点说明	发行利率低于招标日前 1~5 个工作日相同待偿期国债收益率，报送发行情况中重点说明
无	无	建议开展信用评级	规定展开信用评级，择优选择信用评级机构，发布信用评级报告
记账式国债承销团成员	记账式国债承销团成员	记账式国债承销团成员	一定标准的金融机构

资料来源：根据《2011 年地方政府自行发债试点办法》、《2012 年地方政府自行发债试点办法》、《2013 年地方政府自行发债试点办法》、《2014 年地方政府债券自发自还试点办法》整理自制。

附录 B：

附录 B-1　2011 年各地方债发行机制比较

	上海	广东	浙江	深圳
招标方式	单一价格荷兰式	单一价格荷兰式	单一价格荷兰式	单一价格荷兰式
招标标的	利率	利率	利率	利率
票面利率	最高中标利率	最高中标利率	最高中标利率	最高中标利率
承销价格	面值承销	面值承销	面值承销	面值承销
标位变动幅度	0.01%	0.01%	0.01%	0.01%
标位差	25 个标位	30 个标位	25 个标位	25 个标位

续表

	上海	广东	浙江	深圳
投标区间	招标日前1~5个工作日（含第1个和第5个工作日）中国债券信息网公布的中债银行间固定利率国债收益率曲线中，待偿期为3年或5年的国债收益率算术平均值上下各浮动15%	招标日前1~5个工作日（含第1个和第5个工作日）中国债券信息网公布的中债银行间固定利率国债收益率曲线中，待偿期为3年或5年的国债收益率算术平均值上下各浮动15%	招标日前1~5个工作日（含第1个和第5个工作日）中国债券信息网公布的中债银行间固定利率国债收益率曲线中，待偿期为3年或5年的国债收益率算术平均值上下各浮动15%	招标日前1~5个工作日（含第1个和第5个工作日）中国债券信息网公布的中债银行间固定利率国债收益率曲线中，待偿期为3年或5年的国债收益率算术平均值上下各浮动15%
投标量限定	3%~30%	3%~50%	主承销商15%~100%；其他承销商0~100%	主承销商10%~60%；其他承销商5%~30%
单一标位投标限额	0.1亿~10亿元	0.1亿~10亿元	0.2亿~10亿元	0.1亿~3亿元
最低承销额限定	2%	2%	主承销商7.5%，其他承销商无限制	主承销商4%；其他承销商2%，当全场投标量小于招标量时，差额部分由3家主承销商按中标利率包销

资料来源：根据《关于印发〈2011年上海市政府债券招标发行和考核规则〉的通知》（沪财库〔2011〕56号）、《关于印发〈2011年广东省政府债券招标发行和考核规则〉的通知》（粤财库〔2011〕50号）、《关于印发〈2011年浙江省政府债券招标发行和考核规则〉的通知》（浙财预执〔2011〕29号）、《关于印发〈深圳市2011年政府债券招标发行和考核规则〉的通知》（深财库〔2011〕70号）整理自制。

附录B-2　2012年各地方债发行机制比较

	上海	广东	浙江	深圳
招标方式	单一价格荷兰式	单一价格荷兰式	单一价格荷兰式	单一价格荷兰式
招标标的	利率	利率	利率	利率
票面利率	最高中标利率	最高中标利率	最高中标利率	最高中标利率
承销价格	面值承销	面值承销	面值承销	面值承销
标位变动幅度	0.01%	0.01%	0.01%	0.01%
标位差	25个标位	30个标位	30个标位	25个标位

续表

	上海	广东	浙江	深圳
投标区间	招标日前1~5个工作日（含第1个和第5个工作日）中国债券信息网公布的中债银行间固定利率国债收益率曲线中，待偿期为5年或7年的国债收益率算术平均值上下各浮动15%	招标日前1~5个工作日（含第1个和第5个工作日）中国债券信息网公布的中债银行间固定利率国债收益率曲线中，待偿期为5年或7年的国债收益率算术平均值上下各浮动15%	招标日前1~5个工作日（含第1个和第5个工作日）中国债券信息网公布的中债银行间固定利率国债收益率曲线中，待偿期为5年或7年的国债收益率算术平均值上下各浮动15%	招标日前1~5个工作日（含第1个和第5个工作日）中国债券信息网公布的中债银行间固定利率国债收益率曲线中，待偿期为5年或7年的国债收益率算术平均值上下各浮动15%
投标量限定	主承销商20%~50%；其他承销商5%~50%	主承销商20%~50%；其他承销商5%~50%	主承销商15%~50%；其他承销商0~50%	主承销商15%~60%；其他承销商5%~30%
单一标位投标限额	0.1亿~10亿元	0.1亿~10亿元	0.1亿~10亿元	0.1亿~3亿元
最低承销额限定	主承销商15%，其他承销商2%	主承销商15%，其他承销商2%	主承销商7.5%，其他承销商无限制	主承销商10%；其他承销商2%，当全场投标量小于招标量时，差额部分由4家主承销商按中标利率等额包销

资料来源：根据《关于印发〈2012年上海市政府债券招标发行和考核规则〉的通知》（沪财库〔2012〕38号）、《关于印发〈2012年广东省政府债券招标发行规则〉的通知》（粤财库函〔2012〕92号）、《浙江省财政厅关于印发〈2012年浙江省政府债券招标发行规则〉的通知》（浙财预执〔2012〕27号）、《关于印发〈深圳市2012年政府债券招标发行和考核规则〉的通知》（深财库〔2012〕50号）整理自制。

附录B-3　2013年各地方债发行机制比较

	上海	广东	浙江	深圳	江苏	山东
招标方式	单一价格荷兰式	单一价格荷兰式	单一价格荷兰式	单一价格荷兰式	单一价格荷兰式	单一价格荷兰式
招标标的	利率	利率	利率	利率	利率	利率
票面利率	最高中标利率	最高中标利率	最高中标利率	最高中标利率	最高中标利率	最高中标利率
承销价格	面值承销	面值承销	面值承销	面值承销	面值承销	面值承销
标位变动幅度	0.01%	0.01%	0.01%	0.01%	0.01%	0.01%
标位差	30个标位	30个标位	30个标位	30个标位	30个标位	30个标位

续表

	上海	广东	浙江	深圳	江苏	山东
投标区间	招标日前1~5个工作日（含第1个和第5个工作日）中国债券信息网公布的中债银行间固定利率国债收益率曲线中，待偿期为5年或7年的国债收益率算术平均值上下各浮动15%	招标日前1~5个工作日（含第1个和第5个工作日）中国债券信息网公布的中债银行间固定利率国债收益率曲线中，待偿期为5年或7年的国债收益率算术平均值上下各浮动15%	招标日前1~5个工作日（含第1个和第5个工作日）中国债券信息网公布的中债银行间固定利率国债收益率曲线中，待偿期为5年或7年的国债收益率算术平均值上下各浮动15%	招标日前1~5个工作日（含第1个和第5个工作日）中国债券信息网公布的中债银行间固定利率国债收益率曲线中，待偿期为5年或7年的国债收益率算术平均值上下各浮动15%	招标日前1~5个工作日（含第1个和第5个工作日）中国债券信息网公布的中债银行间固定利率国债收益率曲线中，待偿期为5年或7年的国债收益率算术平均值上下各浮动15%	招标日前1~5个工作日（含第1个和第5个工作日）中国债券信息网公布的中债银行间固定利率国债收益率曲线中，待偿期为5年或7年的国债收益率算术平均值上下各浮动15%
投标量限定	主承销商15%~30%，其他承销商5%~30%	主承销商20%~30%，其他承销商5%~30%	主承销商15%~30%，其他承销商5%~30%	主承销商15%~30%，其他承销商10%~30%	主承销商20%~30%，其他承销商1%~30%	主承销商15%~30%，其他承销商2%~30%
单一标位投标限额	0.1亿~10亿元	0.1亿~10亿元	0.1亿~10亿元	0.1亿~3亿元	0.1亿~10亿元	0.1亿~10亿元
最低承销额限定	主承销商12%，其他承销商2%	主承销商15%，其他承销商2%	主承销商7.5%，其他承销商无限制	主承销商10%，其他承销商5%，当投标量小于招标量时，差额部分由4家主承销商按中标利率等额包销	主承销商10%，其他承销商无限制	主承销商10%，其他承销商无限制

资料来源：根据《关于印发〈2013年上海市政府债券招标发行规则〉的通知》（沪财库〔2013〕25号）、《关于印发〈2013年广东省政府债券招标发行规则〉的通知》（粤财库〔2013〕29号）、《浙江省财政厅关于印发〈2013年浙江省政府债券招标发行规则〉的通知》（浙财预执〔2013〕33号）、《深圳市财政委员会关于印发〈深圳市2013年政府债券招标发行和考核规则〉的通知》（深财库〔2013〕59号）、《江苏省财政厅关于印发〈2013年江苏省政府债券招标发行规则〉的通知》（苏财库〔2013〕34号）、《关于印发〈2013年山东省政府债券招标发行规则〉的通知》（鲁财库〔2013〕27号）整理自制。

附录B-4　2014年各地方债发行机制比较

	上海	广东	浙江	深圳	江苏	山东
招标方式	单一价格荷兰式	单一价格荷兰式	单一价格荷兰式	单一价格荷兰式	单一价格荷兰式	单一价格荷兰式
招标标的	利率	利率	利率	利率	利率	利率

续表

	上海	广东	浙江	深圳	江苏	山东
票面利率	最高中标利率	最高中标利率	最高中标利率	最高中标利率	最高中标利率	最高中标利率
标位差	30个标位	30个标位	30个标位	30个标位	30个标位	30个标位
承销价格	面值承销	面值承销	面值承销	面值承销	面值承销	面值承销
标位变动幅度	0.01%	0.01%	0.01%	0.01%	0.01%	0.01%
投标区间	招标日前1~5个工作日（含第1个和第5个工作日）中国债券信息网公布的中债银行间固定利率国债收益率曲线中，待偿期为5年、7年或10年的国债收益率算术平均值上下各浮动15%	招标日前1~5个工作日（含第1个和第5个工作日）中国债券信息网公布的中债银行间固定利率国债收益率曲线中，待偿期为5年、7年或10年的国债收益率算术平均值上下各浮动15%	招标日前1~5个工作日（含第1个和第5个工作日）中国债券信息网公布的中债银行间固定利率国债收益率曲线中，待偿期为5年、7年或10年的国债收益率算术平均值上下各浮动15%	招标日前1~5个工作日（含第1个和第5个工作日）中国债券信息网公布的中债银行间固定利率国债收益率曲线中，待偿期为5年、7年或10年的国债收益率算术平均值上下各浮动15%	招标日前1~5个工作日（含第1个和第5个工作日）中国债券信息网公布的中债银行间固定利率国债收益率曲线中，待偿期为5年、7年或10年的国债收益率算术平均值上下各浮动15%	招标日前1~5个工作日（含第1个和第5个工作日）中国债券信息网公布的中债银行间固定利率国债收益率曲线中，待偿期为5年、7年或10年的国债收益率算术平均值上下各浮动15%
投标量限定	主承销商15%~30%，其他承销商5%~30%	主承销商20%~30%，其他承销商5%~30%	主承销商15%~30%，其他承销商5%~30%	主承销商15%~30%，其他承销商10%~30%	主承销商20%~30%，其他承销商1%~30%	主承销商15%~30%，其他承销商2%~30%
单一标位投标限额	0.1亿~10亿元	0.1亿~10亿元	0.1亿~10亿元	0.1亿~3亿元	0.1亿~10亿元	0.1亿~10亿元
最低承销额限定	主承销商12%，其他承销商2%	主承销商15%，其他承销商2%	主承销商7.5%，其他承销商无限制	主承销商10%，其他承销商无限制	主承销商10%，其他承销商不低于0.1亿元	主承销商10%，其他承销商无限制

资料来源：根据《关于印发〈2014年上海市政府债券招标发行规则〉的通知》（沪财库〔2014〕20号）、《关于印发〈2014年广东省政府债券招标发行规则〉的通知》（粤财库〔2014〕28号）、《浙江省财政厅关于印发〈2014年浙江省政府债券招标发行规则〉的通知》（浙财预执〔2014〕30号）、《深圳市财政委员会关于印发〈深圳市2014年政府债券招标发行和考核规则〉的通知》（深财库〔2014〕56号）、《关于印发〈2014年山东省债券招标发行规则〉的通知》（鲁财库〔2014〕19号）、《江苏省财政厅关于印发〈2014年江苏省政府债券招标发行规则〉的通知》（苏财库〔2014〕21号）整理自制。

附录 C：

附录 C-1　各期国债发行机制比较

	2011 年	2012 年	2013 年	2014 年
招标方式	荷兰式，美国式，混合式	荷兰式，美国式，混合式	1 年期以下—多重价格；10 年期以上—单一价格；关键期限—混合式	1 年期以下—多重价格；10 年期以上—单一价格；1~10 年期—混合式
招标标的	利率，利差，价格或者数量	利率，利差，价格或者数量	利率，价格	利率，价格
票面利率或发行价格	最高中标利率或利差（最低中标价格），加权平均中标利率（加权中标价格）	最高中标利率或利差（最低中标价格），加权平均中标利率（加权中标价格）	10 年期以上—最高中标利率（最低中标价格）；1 年期以下—加权平均中标利率（加权平均中标价格）；关键期限—加权平均利率（加权平均价格）	10 年期以上—最高中标利率（最低中标价格）；1 年期以下—加权平均中标利率（加权平均中标价格）；1~10 年期—加权平均利率（加权平均价格）
承销价格	荷兰式—面值（发行价格）；美国式—折算价格（中标标位）；混合式—面值+折算价格（发行价格+中标标位）	荷兰式—面值（发行价格）；美国式—折算价格（中标标位）；混合式—面值+折算价格（发行价格+中标标位）	10 年期以上—面值（发行价格）；1 年期以下—折算价格（中标标位）；关键期限—面值+折算价格（发行价格+中标标位）	10 年期以上—面值（发行价格）；1 年期以下—折算价格（中标标位）；1~10 年期—面值+折算价格（发行价格+中标标位）
标位变动幅度	利率或利差为 1 个标位，价格当期公布	利率或利差为 1 个标位，价格当期公布	利率为 1 个标位，价格（91、182、273 天为 0.002 元；3、5、7、10 年期为 0.025 元、0.05 元、0.06 元、0.08 元）	利率为 1 个标位，价格（91、182、273 天为 0.002 元；3、5、7、10 年期为 0.025 元、0.05 元、0.06 元、0.08 元）
标位差	无	无	当期公布	当期公布
投标区间	无	无	投标剔除，中标剔除	投标剔除，中标剔除
投标量限定	甲类承销商 3%~30%（可追加 25%），乙类承销商 0.5%~10%	甲类承销商 3%~30%（可追加 25%），乙类承销商 0.5%~10%	主承销商 0~30%（可追加 25%），其他承销商 0~10%	甲类承销商 4%~30%（可追加 25%），乙类承销商 1%~10%（1 年期以上）、20%（1 年期以下含 1 年）
单一标位投标限额	0.2 亿~30 亿元	0.2 亿~30 亿元	0.2 亿~30 亿元	0.2 亿~30 亿元

续表

	2011 年	2012 年	2013 年	2014 年
最低承销额限定	甲类承销商 1%（含追加），乙类承销商 0.2%	甲类承销商 1%（含追加），乙类承销商 0.2%	甲类承销商 1%（含追加），乙类承销商 0.2%	甲类承销商 1%（含追加），乙类承销商 0.2%
可追加限额	中标额的 25%	中标额的 25%	中标额的 25%	中标额的 25%
追加承销价格	荷兰式—面值（发行价格）；美国式和混合式—面值（发行价格）	荷兰式—面值（发行价格）；美国式和混合式—面值（发行价格）	甲类承销商数量投标，面值（发行价格）	甲类承销商数量投标，面值（发行价格）

资料来源：根据《2011 年记账式国债招标发行规则》、《2012 年记账式国债招标发行规则》、《2013 年记账式国债招标发行规则》、《2014 年记账式国债招标发行规则》整理自制。

附录 D:

附录 D-1　2011~2012 年各试点地区地方债券发行规模及利率情况

类别	2012 年				2011 年			
	第 × 期	期限	规模（亿元）	利率	第 × 期	期限	规模（亿元）	利率
深圳债	一	五年	13.5	3.22%	一	三年	11	3.03%
	二	七年	13.5	3.43%	二	五年	11	3.25%
广东债	一	五年	43	3.21%	一	三年	34.5	3.08%
	二	七年	43	3.40%	二	五年	34.5	3.29%
浙江债	一	五年	43.5	3.30%	一	三年	33	3.01%
	二	七年	43.5	3.47%	二	五年	34	3.24%
上海债	一	五年	44.5	3.25%	一	三年	36	3.1%
	二	七年	44.5	3.39%	二	五年	35	3.3%
算术平均值	一	五年	36.125	3.245%	一	三年	28.625	3.055%
	二	七年	36.125	3.4225%	二	五年	28.625	3.27%
合计	一	五年	144.5		一	三年	114.5	
	二	七年	144.5		二	五年	114.5	

资料来源：根据中国债券信息网资料整理自制。

附录 D-2　2013~2014 年各试点地区地方债券发行规模及利率情况

	2014 年				2013 年			
	第 × 期	期限	规模（亿元）	利率	第 × 期	期限	规模（亿元）	利率
深圳债	一	五年	16.8	3.63%	一	五年	18	4.11%
	二	七年	12.6	3.79%	二	七年	18	4.18%
	三	十年	12.6	3.81%				
广东债	一	五年	59.2	3.84%	一	五年	60.5	4%
	二	七年	44.4	3.97%	二	七年	60.5	4.1%
	三	十年	44.4	4.05%				
浙江债	一	五年	54.8	3.96%	一	五年	59	3.96%
	二	七年	41.1	4.17%	二	七年	59	4.17%
	三	十年	41.1	4.23%				
上海债	一	五年	50.4	4.01%	一	五年	56	3.94%
	二	七年	37.8	4.22%	二	七年	56	4.01%
	三	十年	37.8	4.33%				
山东债	一	五年	54.8	3.75%	一	五年	56	3.94%
	二	七年	41.1	3.88%	二	七年	56	4%
	三	十年	41.1	3.93%				
江苏债	一	五年	69.6	4.06%	一	五年	76.5	3.88%
	二	七年	52.2	4.21%	二	七年	76.5	4%
	三	十年	52.2	4.29%				
江西债	一	五年	57.2	4.01%				
	二	七年	42.9	4.18%				
	三	十年	42.9	4.27%				
宁夏债	一	五年	22	3.98%				
	二	七年	16.5	4.17%				
	三	十年	16.5	4.26%				
青岛债	一	五年	10	3.96%				
	二	七年	7.5	4.18%				
	三	十年	7.5	4.25%				
北京债	一	五年	42	4%				
	二	七年	31.5	4.18%				
	三	十年	31.5	4.24%				
算术平均值	一	五年	43.68	3.92%	一	五年	54.33	3.9717%
	二	七年	32.76	4.095%	二	七年	54.33	4.0767%
	三	十年	32.76	4.166%				

续表

	2014年				2013年			
	第×期	期限	规模（亿元）	利率	第×期	期限	规模（亿元）	利率
合计	一	五年	436.8		一	五年	326	
	二	七年	327.6		二	七年	326	
	三	十年	327.6					

资料来源：根据中国债券信息网资料整理自制。

附录 D–3　2011 年地方政府自主发行地方债中标明细

债券名称	招标时间	期限	金额（亿元）	票面利率	投标倍数
上海市一期	11 月 15 日	3 年	36	3.10%	3.5
上海市二期	11 月 15 日	5 年	35	3.30%	3.1
广东省一期	11 月 18 日	3 年	34.5	3.08%	6.51
广东省二期	11 月 18 日	5 年	34.5	3.29%	6.39
浙江省一期	11 月 21 日	3 年	33	3.01%	3.84
浙江省二期	11 月 21 日	5 年	34	3.24%	3.7
深圳市一期	11 月 25 日	3 年	11	3.03%	2.44
深圳市二期	11 月 25 日	5 年	11	3.25%	2.27

资料来源：根据路透社中文网资料整理自制。

附录 D–4　2012 年地方政府自主发行地方债中标明细

债券名称	招标时间	期限	金额（亿元）	票面利率	投标倍数
上海市一期	8 月 23 日	5 年	44.5	3.25%	2.2
上海市二期	8 月 23 日	7 年	44.5	3.39%	2.09
广东省一期	9 月 6 日	5 年	43	3.21%	2.62
广东省二期	9 月 6 日	7 年	43	3.40%	2.51
浙江省一期	9 月 21 日	5 年	43.5	3.30%	2.14
浙江省二期	9 月 21 日	7 年	43.5	3.47%	2.09
深圳市一期	10 月 13 日	5 年	13.5	3.22%	1.85
深圳市二期	10 月 13 日	7 年	13.5	3.43%	2.07

资料来源：根据路透社中文网资料整理自制。

附录 D–5　2013 年地方政府自主发行地方债中标明细

债券名称	招标时间	期限	金额（亿元）	票面利率	投标倍数
山东省一期	8 月 23 日	5 年	56	3.94%	2.3
山东省二期	8 月 23 日	7 年	56	4.00%	2.14
上海市一期	9 月 6 日	5 年	56	3.94%	1.75

续表

债券名称	招标时间	期限	金额（亿元）	票面利率	投标倍数
上海市二期	9月6日	7年	56	4.01%	1.64
广东省一期	9月16日	5年	60.5	4.00%	2.98
广东省二期	9月16日	7年	60.5	4.10%	2.08
江苏省一期	10月10日	5年	76.5	3.88%	2.55
江苏省二期	10月10日	7年	76.5	4.00%	2.55
浙江省一期	10月25日	5年	59	3.96%	1.94
浙江省二期	10月25日	7年	59	4.17%	1.79
深圳市一期	11月8日	5年	18	4.11%	2.33
深圳市二期	11月8日	7年	18	4.18%	2.22

资料来源：根据路透社中文网资料整理自制。

附录 D-6　2014 年地方政府自主发行地方债中标明细

债券名称	招标时间	期限	金额（亿元）	票面利率	投标倍数
广东省一期	6月23日	5年	59.2	3.84%	1.89
广东省二期	6月23日	7年	44.4	3.97%	1.90
广东省三期	6月23日	10年	44.4	4.05%	1.74
山东省一期	7月11日	5年	54.8	3.75%	2.49
山东省二期	7月11日	7年	41.1	3.88%	2.40
山东省三期	7月11日	10年	41.1	3.93%	2.32
江苏省一期	7月24日	5年	69.6	4.06%	2.44
江苏省二期	7月24日	7年	52.2	4.21%	2.53
江苏省三期	7月24日	10年	52.2	4.29%	2.53
江西省一期	8月5日	5年	57.2	4.01%	2.43
江西省二期	8月5日	7年	42.9	4.18%	2.40
江西省三期	8月5日	10年	42.9	4.27%	2.31
宁夏一期	8月11日	5年	22	3.98%	2.48
宁夏二期	8月11日	7年	16.5	4.17%	2.28
宁夏三期	8月11日	10年	16.5	4.26%	2.11
青岛市一期	8月18日	5年	10	3.96%	2.60
青岛市二期	8月18日	7年	7.5	4.18%	2.72
青岛市三期	8月18日	10年	7.5	4.25%	2.47
浙江省一期	8月19日	5年	54.8	3.96%	2.46
浙江省二期	8月19日	7年	41.1	4.17%	2.42
浙江省三期	8月19日	10年	41.1	4.23%	2.49
北京市一期	8月21日	5年	42	4.00%	2.78

续表

债券名称	招标时间	期限	金额（亿元）	票面利率	投标倍数
北京市二期	8月21日	7年	31.5	4.18%	2.68
北京市三期	8月21日	10年	31.5	4.24%	2.62
上海市一期	9月11日	5年	50.4	4.01%	2.89
上海市二期	9月11日	7年	37.8	4.22%	2.96
上海市三期	9月11日	10年	37.8	4.33%	2.95
深圳市一期	10月23日	5年	16.8	3.63%	2.98
深圳市二期	10月23日	7年	12.6	3.79%	3.00
深圳市三期	10月23日	10年	12.6	3.81%	2.67

资料来源：根据路透社中文网资料整理自制。

附录 E:

```
f1=ezplot（'(1/2 + 0.73 × (x – 0.73)).^2'，[0，2]）;
hold on
f2=ezplot（'0.5^2'，[0，2]）;
f3=ezplot（'2×exp（–2×x）'，[0，2]）;
set（f1，'Color'，'b'，'Line'，'–'）
set（f2，'Color'，'g'，'Line'，'––'）
set（f3，'Color'，'c'，'Line'，'–'）
delete（get（gca，'title'））
axis（[0 2 0 2.5]）
xlabel（'项目收益'）
ylabel（'分配规则'）
legend（'s(x)'，'s_{\lambda}(x)'，'f(x，1/2)=2exp(–2x)'，'Location'，
'northwest'）
quiver（0.2，0.75，–0.2，–0.5，'k'，'maxheadsize'，0.4）
quiver（1，1，–0.27，–0.75，'k'，'maxheadsize'，0.4）
text（0.2，0.8，'s_{\lambda}(x) = 0.25'）
text（1，1.05，'x = 0.73'）
```

参考文献

安国俊:《市政债券是地方政府融资市场化的路径选择》,《中国金融》2011 年第 11 期。

巴曙松、刘孝红、牛播坤:《转型时期中国金融体系中的地方治理与银行改革的互动研究》,《金融研究》2005 年第 5 期。

白艳萍:《国债拍卖理论综述》,《经济与社会发展》2007 年第 2 期。

保尔·米尔格罗姆:《拍卖理论与实务》,杜黎、胡奇英译,清华大学出版社 2006 年版。

蔡志明:《拍卖理论与实验研究》,《经济科学》1999 年第 2 期。

曹鸿涛:《美国场外债券市场的债券交易监管及其启示》,《上海金融》2005 年第 2 期。

曾国安、陈会玲:《美国市政债券风险管理制度及其启示》,《理论月刊》2011 年第 8 期。

陈抗、Arye L.Hillman、顾清扬:《财政集权与地方政府行为变化——从援助之手到攫取之手》,《经济学(季刊)》2002 年第 4 期。

陈中东、罗敏:《抓住时机,优化国债发行利率》,《市场周刊(理论研究)》2006 年第 10 期。

储敏伟、高风敏:《我国市政债券市场发展探析》,《上海金融学院学报》2005 年第 3 期。

邓子基、范玉洁:《我国地方政府自行发债的理论及管理方式探讨》,《当代财经》2012 年第 6 期。

樊纲:《论"国家综合负债"——兼论如何处理银行不良资产》,《经济研究》1999 年第 5 期。

范从来:《论城市建设举债的理论基础和方式——对南京市的实证分析》,《南京社会科学》2002 年第 1 期。

冯静:《我国地方政府发债面临的问题及对策》,《财政研究》2009 年第 4 期。

傅智辉：《地方债发行制度分析及改革建议》，《新金融》2014a 年第 4 期。
傅智辉：《中国市政债券市场监管制度研究》，博士学位论文，财政部财政科学研究所，2014b 年。
高培勇：《构建中的中国公共财政框架》，《国际经济评论》2001 年第 1 期。
郭濂：《改善地方债发行体制机制》，《中国金融》2014 年第 22 期。
韩立岩、牟晖、王哲兵：《市政债券的风险识别与控制策略》，《管理世界》2005 年第 3 期。
韩立岩、王哲兵：《市政债券的风险与监管》，《经济导刊》2004 年第 1 期。
韩立岩、郑承利、罗雯、杨哲彬：《中国市政债券信用风险与发债规模研究》，《金融研究》2003 年第 2 期。
何骏、郭岚：《上海试点发行地方政府债券制度优化研究》，《经济体制改革》2013 年第 3 期。
洪银兴、曹勇：《经济体制转轨时期的地方政府功能》，《经济研究》1996 年第 5 期。
黄瑞刚、张旭昆：《拍卖理论综述》，《经济学动态》2005 年第 3 期。
吉尔伯特·赖尔：《心的概念》，徐大建译，商务印书馆 1992 年版。
蒋先玲：《我国发行市政债券可行性的分析》，《经济问题》2006 年第 3 期。
金太军：《当代中国中央政府与地方政府关系现状及对策》，《中国行政管理》1999 年第 7 期。
康璞、周宏、张巍：《道德风险下的信息与监督—— 一个理论综述》，《会计研究》2009 年第 5 期。
黎凯、叶建芳：《财政分权下政府干预对债务融资的影响——基于转轨经济制度背景的实证分析》，《管理世界》2007 年第 8 期。
李实、J.奈特：《中国财政承包体制的激励和再分配效应》，《经济研究》1996 年第 5 期。
李霞：《地方债利率略高于国债属正常》，《人民日报（海外版）》2009 年 4 月 17 日第 5 版。
李湛、曹萍、曹昕：《我国地方政府发债现状及风险评估》，《证券市场导报》2010 年第 12 期。
梁伟：《基于谈判的多物品拍卖机制研究》，硕士学位论文，复旦大学，2009 年。
刘冬雨：《我国市政债券发行过程中的风险防范与控制》，《金融与经济》2006

年第 9 期。

刘尚希、赵全厚:《政府债务：风险状况的初步分析》,《管理世界》2002 年第 5 期。

刘尚希、赵晓静:《中国：市政收益债券的风险与防范》,《管理世界》2005 年第 3 期。

刘尚希:《财政风险：一个分析框架》,《经济研究》2003 年第 5 期。

刘谊:《我国地方财政风险及其防范研究》，博士学位论文，重庆大学，2005 年。

卢兴杰:《我国地方政府融资平台问题研究》，博士学位论文，西南财经大学，2012 年。

鲁耀斌:《招标投标理论模型及其决策支持系统的研究》，博士学位论文，华中理工大学，1997 年。

罗雯、韩立岩:《美国市政债券市场概况及其对我国的借鉴》,《经济与管理研究》2002 年第 6 期。

马恩涛、于洪良:《财政分权、地方债务控制与预算软约束》,《管理评论》2014 年第 2 期。

马海涛、马金华:《解决我国地方政府债务的思路》,《当代财经》2011 年第 7 期。

马海涛、温来成:《中国市政债券制度设计研究报告》，中国财政经济出版社 2013 年版。

马克·布劳格:《经济学方法论》，黎明星、陈一民、季勇译，北京大学出版社 1990 年版。

梅琳:《关于我国地方债问题的一些思考》,《中国市场》2014 年第 14 期。

苗丽静:《市政收益债券的运作与风险规避》,《金融研究》2005 年第 8 期。

缪小林、伏润民、王婷:《地方财政分权对县域经济增长的影响及其传导机制研究——来自云南 106 个县域面板数据的证据》,《财经研究》2014 年第 9 期。

牟放:《化解我国地方政府债务风险的新思路》,《中央财经大学学报》2008 年第 6 期。

帕特里克·博尔顿、马赛厄斯·德瓦特里庞:《合同理论》，费方域、蒋士成译，格致出版社 2008 年版。

钱先航、曹廷求、李维安:《晋升压力、官员任期与城市商业银行的贷款行为》，《经济研究》2011 年第 12 期。

钱怡君、计国忠：《波兰市政债券的发展及其对我国的启示》，《南京财经大学学报》2004 年第 3 期。

裘华鸣：《我国基础设施债券发行中存在的问题及对策研究》，《财经论丛》2000 年第 2 期。

上海财经大学公共政策研究中心：《2010 中国财政发展报告——国家预算的管理与法制化进程》，上海财经大学出版社 2010 年版。

宋芳秀：《中国准市政债券发展研究》，《经济体制改革》2002 年第 6 期。

宋立：《市政收益债券：解决地方政府债务问题的重要途径》，《管理世界》2004a 年第 2 期。

宋立：《美国的市政债券及对我国的启示》，《宏观经济管理》2004b 年第 9 期。

孙宁华：《经济转型时期中央政府与地方政府的经济博弈》，《管理世界》2001 年第 3 期。

孙培源、施东晖：《基于 CAPM 的中国股市羊群行为研究——兼与宋军、吴冲锋先生商榷》，《经济研究》2002 年第 2 期。

滕飞：《进一步理顺地方债发行机制》，《证券时报》2015 年 7 月 9 日。

田国强、汤敏：《激励、信息及经济机制设计理论》，商务印书馆 1989 年版。

田国强：《中国国营企业改革与经济体制平稳转轨的方式和步骤——中国经济改革的三阶段论》，《经济研究》1994 年第 11 期。

田国强：《经济机制设计理论与信息经济学》，上海人民出版社 1995 年版。

田国强：《一个关于转型经济中最优所有权安排的理论》，《经济学（季刊）》2001 年第 1 期。

田国强：《和谐社会构建与现代市场体系完善》，《经济研究》2007 年第 3 期。

万迪昉、张雄、方栋、张慧芬：《基于金融契约的控制权配置对公司内部治理影响的研究》，《管理学报》2010 年第 5 期。

王刚、韩立岩：《我国市政债券管理中的风险防范与控制研究》，《财经研究》2003 年第 7 期。

王国刚、张扬：《厘清债务关系支持地方长期债券市场发展——兼析地方政府性债务的政策选择》，《经济学动态》2014 年第 9 期。

王美今、林建浩、余壮雄：《中国地方政府财政竞争行为特性识别："兄弟竞争"与"父子争议"是否并存?》，《管理世界》2010 年第 3 期。

王治国、郭菊娥：《地方自行发债的现状分析及其治理策略》，载西安交通大学中国管理问题研究中心《中国社会治理发展报告》，科学出版社 2016 年版。

王治国、张攀：《什么驱动了地方政府赤字？——来自陕西省的经验证据》，《公共管理学报》2015 年第 4 期。

王治国、周晨、刘娜：《社会体制改革、意识培养与社会系统稳定性——基于社会燃烧理论的分析》，《理论与改革》2015 年第 5 期。

王治国：《隐匿信息下的地方政府自行发债最优监管契约》，《经济学动态》2015a 年第 4 期。

王治国：《隐匿行为下的地方自行发债最优金融监管契约》，第十五届中国经济学年会会议论文集，2015b 年。

奚君羊、马永渡：《国债拍卖方式的理论探讨及其检验》，《上海金融》2005 年第 3 期。

夏永祥、王常雄：《中央政府与地方政府的政策博弈及其治理》，《当代经济科学》2006 年第 2 期。

肖然：《我国土地财政对地方政府财政风险的影响》，硕士学位论文，西南财经大学，2010 年。

肖治合：《美国市政债券及其对中国的启示》，《首都师范大学学报（社会科学版）》2009 年第 5 期。

谢志军：《中国债券拍卖方式比较分析》，《金融研究》2006 年第 5 期。

杨大楷：《国债综合管理》，上海财经大学出版社 2000 年版。

亚当·斯密：《国富论》，胡长明译，人民日报出版社 2009 年版。

杨辉、张丽洁：《我国发展市政债券的战略选择》，《中国货币市场》2008 年第 3 期。

杨瑞龙、杨其静：《阶梯式的渐进制度变迁模型——再论地方政府在我国制度变迁中的作用》，《经济研究》2000 年第 3 期。

姚玉萍：《我国发展市政债券市场的初步探讨》，《商业经济》2005 年第 5 期。

袁静：《城市建设举债的理论基础》，《财政研究》2001 年第 11 期。

张春霖：《如何评估我国政府债务的可持续性?》，《经济研究》2000 年第 2 期。

张春霖：《加入 WTO 后的国际竞争对国家财政体系的挑战》，《财政研究》2002 年第 1 期。

张磊、杨金梅：《美国市政债券的发展经验及其借鉴》，《武汉金融》2010 年第 1 期。

张陆伟:《波兰地方政府融资发展过程及对我国的借鉴意义》,《中国社会科学院研究生院学报》2007 年第 2 期。

张平:《地方债发行利率奇低是祸不是福》,《投资北京》2011 年第 12 期。

张旺:《我国发行地方政府债券探讨》,《经济理论与经济管理》2002 年第 5 期。

张维迎:《博弈论与信息经济学》,上海人民出版社 2004 年版。

张雄、万迪昉:《全球化背景下的金融产品创新及其风险防范问题探讨——基于不完全契约理论视角》,《外国经济与管理》2009 年第 10 期。

张晏、龚六堂:《地区差距、要素流动与财政分权》,《经济研究》2004 年第 7 期。

赵志耘、郭庆旺:《论中国财政分权程度》,《涉外税务》2005 年第 11 期。

周黎安、李宏彬、陈烨:《相对绩效考核:中国地方官员晋升机制的一项经验研究》,《经济学报》2005 年第 1 期。

周业安、赵晓男:《地方政府竞争模式研究》,《管理世界》2002 年第 12 期。

朱红军、陈继云、喻立勇:《中央政府、地方政府和国有企业利益分歧下的多重博弈与管制失效——宇通客车管理层收购案例研究》,《管理世界》2006 年第 4 期。

朱颂梅、唐德善:《城市水业引入市政债券的可行性分析与风险防范》,《价格月刊》2007 年第 10 期。

Abbink K., Brandts J., Pezanis-Christou P., "The Spanish Auction for Government Securities: A Laboratory Analysis", (2001-3-1), http://digital.csic.es/handle/10261/1906.

Aghion P., Dewatripont M., Rey P., "On Partial Contracting", European Economic Review, Vol. 46, No. 4-5, 2002, p.745-753.

Álvarez F., Mazón C., Cerdá E., "Treasury Auctions in Spain: A Linear Approach", Spanish Economic Review, Vol. 5, No. 1, 2003, p.25-48.

Armantier O., Sbal E., "Estimation and Comparison of Treasury Auction Formats When Bidders are Asymmetric", Journal of Applied Econometrics, Vol. 21, No. 6, 2006, p.745-779.

Arrow K.J., Essays in the Theory of Risk-Bearing, Amsterdam: North-Holland Press, 1970.

Atkeson A., "International Lending with Moral Hazard and Risk of Repudiation", Econometrica, Vol. 59, No. 4, 1991, p.1069-1089.

Ausubel L.M., Cramton P., "Auctioning Securities", Digital Repository at the University of Maryland (DRUM), (1998), http://drum. lib.umd.edu/handle/1903/7065.

Ausubel L.M., Cramton P., "Demand Reduction and Inefficiency in Multi-Unit Auctions", Digital Repository at the University of Maryland (DRUM), (2002), http://drum. lib.umd.edu/handle/1903/7062.

Ausubel L.M., "An Efficient Ascending-Bid Auction for Multiple Objects", American Economic Review, Vol. 94, No. 5, 2004, p.1452-1475.

Back K., Zender J.F., "Auctions of Divisible Goods: On the Rationale for the Treasury Experiment", The Review of Financial Studies, Vol. 6, No. 4, 1993, p.733-764.

Bahl R., Tumennasan B., "How Should Revenues from Natural Resources Be Shared in Indonesia", in Alm J., Martinez-Azquez J., Indrawati S.M., eds. Reforming Intergovernmental Fiscal Relations and the Rebuilding of Indonesia: The "Big Bang" Program and Its Economic Consequences. Cheltenham: Edward Elgar Publishing, 2004, p.199-233.

Baker G., Gibbons R., Murphy K.J., "Contracting for Control", (2006), http://www-leland.stanford.edu/group/site/archive/site_2006/web% 20session% 206/gibbons.pdf.

Banerjee A., Beggs A., "Efficiency in Hierarchies: Implementing the First-Best Solution by Sequential Actions", The RAND Journal of Economics, Vol. 20, No. 4, 1989, p.637-645.

Baron D.P., Myerson R.B., "Regulating a Monopolist with Unknown Costs", Econometrica, Vol. 50, No. 4, 1982, p.911-930.

Ben-Shahar O., Gulati M., "Partially Odious Debts?", Law and Contemporary Problems, Vol. 70, No. 3, 2007, p.47-82.

Bikhchandani S., Huang C.F., "Auctions with Resale Markets: An Exploratory Model of Treasury Bill Markets", The Review of Financial Studies, Vol. 2, No. 3, 1989, p.311-339.

Bikhchandani S., Huang C.F., "The Economics of Treasury Securities Markets", The Journal of Economic Perspectives, Vol. 7, No. 3, 1993, p.117-134.

Bolton P., Rosenthal H., "Political Intervention in Debt Contracts", Journal of

Political Economy, Vol. 110, No. 5, 2002, p.1103–1134.

Bratton W.W., McCahery J.A., "Incomplete Contracts Theories of the Firm and Comparative Corporate Governance", Theoretical Inquiries in Law, Vol. 2, No. 2, (2001–6–11), http: //www.degruyter.com/view/j/til.2001.2.issue–2/issue–files/til.2001.2.issue–2.xlm.

Bulow J., Klemperer P., "Auctions versus Negotiations", American Economic Review, Vol. 86, No. 1, 1996, p.180–194.

Chari V.V., Weber R., "How the US Treasury Should Auction Its Debt", Quarterly Review, Vol. 16, No.4, 1992, p. 14–23.

Cooper R., Ross T.W., "Product Warranties and Double Moral Hazard", The RAND Journal of Economics, Vol. 16, No. 1, 1985, p.103–113.

Daripa A., "A Theory of Treasury Auctions", Journal of International Money and Finance, Vol. 20, No. 6, 2001, p.743–767.

Davoodi H., Zou H.F., "Fiscal Decentralization and Economic Growth: A Cross–Country Study", Journal of Urban Economics, Vol. 43, No. 2, 1998, p.244–257.

Demougin D., Fluet C., "Monitoring versus Incentives", European Economic Review, Vol. 45, No. 9, 2001, p.1741–1764.

Demski J.S., Sappington D.E., "Resolving Double Moral Hazard Problems with Buyout Agreements", The RAND Journal of Economics, Vol. 22, No. 2, 1991, p.232–240.

Dewatripont M., Jewitt L., Tirole J., "Multitask Agency Problems: Focus and Task Clustering", European Economic Review, Vol. 44, No. 4–6, 2000, p. 869–877.

Dewatripont M., Maskin E., "Credit and Efficiency in Centralized and Decentralized Economies", The Review of Economic Studies, Vol. 62, No. 4, 1995, p. 541–555.

Dewatripont M., "Renegotiation and Information Revelation over Time: The Case of Optimal Labor Contracts", The Quarterly Journal of Economics, Vol. 104, No. 3, 1989, p.589–619.

Dillinger W.R., Decentralization and Its Implications for Urban Service Delivery, Washington, D.C.: World Bank, 1994.

Dillinger W.R., Webb S.B., "Fiscal Management in Federal Democracies: Argentina and Brazil", Washington, D.C.: World Bank, 1999.

Dybvig P.H., Lutz N.A., "Warranties, Durability, and Maintenance: Two-Sided Moral Hazard in a Continuous-Time Model", Review of Economic Studies, Vol. 60, No. 3, 1993, p.575-597.

Edelman B., Ostrovsky M., Schwarz M., "Internet Advertising and the Generalized Second-Price Auction: Selling Billions of Dollars Worth of Keywords", American Economic Review, Vol. 97, No. 1, 2007, p.242-259.

Emons W., "Warranties, Moral Hazard, and the Lemons Problem", Journal of Economic Theory, Vol. 46, No. 1, 1988, p. 16-33.

Engelbrecht-Wiggans R., Milgrom P.R., Weber R. J., "Competitive Bidding and Proprietary Information", Journal of Mathematical Economics, Vol. 11, No. 2, 1983, p.161-169.

Eswaran M., Kotwal A., "A Theory of Contractual Structure in Agriculture", American Economic Review, Vol. 75, No. 3, 1985, p.352-367.

Fagart M.C., Bernard S.D., "Auditing Policies and Information Systems in Principal-Agent Analysis", CIRANO, No. 36, (2002), http: //www.cirano.qc.ca/ files/publications/2002s-18.pdf.

Fama E.F., "Agency Problems and the Theory of the Firm", Journal of Political Economy, Vol. 88, No. 2, 1980, p.288-307.

Faure-Grimaud A., Laffont J.J., Martimort D., "Transaction Costs of Collusion and Organizational Design", USC Center for Law, Economics & Organization Research Paper, No. c01-17, (2001-4-11), http: //ssrn.com/abstract=279523.

Fehr E., Hart O.D., Zehnder C., "Contracts as Reference Points-Experimental Evidence", Cambridge: National Bureau of Economic Research, No. 10397, 2008.

Feldman R.A., Reinhart V., "Auction Format Matters: Evidence on Bidding Behavior and Seller Revenue", Washington, D.C.: International Monetary Fund (IMF), 1995.

Filiz-Ozbay E., Ozbay E.Y., "Anticipated Loser Regret in Third Price Auctions",

Economics Letters, Vol. 107, No. 2, 2010, p.217–219.

Fleming M.J., Remolona E.M., "What Moves the Bond Market", Economic Policy Review, Vol. 3, No. 4, 1997, p.31–50.

Flight R.L., Henley J.R., Robicheaux R.A., "A Market-Level Model of Relationship Regulation", Journal of Business Research, Vol. 61, No. 8, 2008, p.850–858.

Friedman M., A Program for Monetary Stability, New York: Fordham University Press, 1960.

Fudenberg D., Hölmstrom B., Milgrom P., "Short-Term Contracts and Long-Term Agency Relationships", Journal of Economic Theory, Vol. 51, No. 1, 1990, p.1–31.

Georganas S., Kagel J., "Asymmetric Auctions with Resale: An Experimental Study", Journal of Economic Theory, Vol. 146, No. 1, 2011, p.359–371.

Gibbard A., "Manipulation of Voting Schemes: A General Result", Econometrica, Vol. 41, No. 4, 1973, p.587–601.

Glosten L.R., "Insider Trading, Liquidity, and the Role of the Monopolist Specialist", Journal of Business, Vol. 62, No. 2, 1989, p.211–235.

Golosinski D., West D.S., "Double Moral Hazard and Shopping Center Similarity in Canada", Journal of Law, Economics & Organization, Vol. 11, No. 2, 1995, p.456–478.

Gordy M.B., "Hedging Winner's Curse with Multiple Bids: Evidence from the Portuguese Treasury Bill Auction", Review of Economics and Statistics, Vol. 81, No. 3, 1999, p.448–465.

Green J.R., Stokey N.L., "A Comparison of Tournaments and Contracts", Journal of Political Economy, Vol. 91, No. 3, 1983, p.349–364.

Gresik T.A., "Rationing Rules and European Central Bank Auctions", Journal of International Money and Finance, Vol. 20, No. 6, 2001, p.793–808.

Grossman S.J., Hart O., "An Analysis of the Principal-Agent Problem", Econometrica, Vol. 51, No. 1, 1983, p.7–45.

Grossman S.J., Hart O., "The Costs and Benefits of Ownership: A Theory of Vertical and Lateral Integration", Journal of Political Economy, Vol. 94, No. 4, 1986, p.691–719.

Hansen R.G., "Auctions with Endogenous Quantity", The RAND Journal of Economics, Vol. 19, No. 1, 1988, p.44–58.

Harris M., Raviv A., "Optimal Incentive Contracts with Imperfect Information", Journal of Economic Theory, Vol. 20, No. 2, 1979, p.231–259.

Hart O., Hölmstrom B., "A Theory of Firm Scope", Cambridge: National Bureau of Economic Research, No.14613, 2008.

Hart O., Moore J., "Incomplete Contracts and Renegotiation", Econometrica, Vol. 56, No. 4, 1988, p.755–785.

Hart O., Moore J., "Agreeing Now to Agree Later: Contracts That Rule out But Do not Rule in", Cambridge: National Bureau of Economic Research, No. 10397, 2004.

Hart O., Moore J., "Contracts as Reference Points", Cambridge: National Bureau of Economic Research, No.12706, 2006.

Hart O., Moore J., "Incomplete Contracts and Ownership: Some New Thoughts", American Economic Review, Vol. 97, No. 2, 2007, p.182–186.

Hart O., "Economica Coase Lecture: Reference Points and the Theory of the Firm", Econometrica, Vol. 75, No. 299, 2008, p.404–411.

Hart O., "Financial Contracting", Journal of Economic Literature, Vol. 39, No. 4, 2001, p.1079–1100.

Hart O., "Noncontractible Investments and Reference Points", Games, Vol. 4, No. 3, 2013, p.437–456.

Hausch D.B., Ziemba W.T., Rubinstein M., "Efficiency of the Market for Racetrack Betting", Management Science, Vol. 27, No. 12, 1981, p. 1435–1452.

Hölmstrom B., "Moral Hazard and Observability", The Bell Journal of Economics, Vol. 10, No. 1, 1979, p.74–91.

Hölmstrom B., "Moral Hazard in Teams", The Bell Journal of Economics, Vol. 13, No. 2, 1982, p.324–340.

Hölmstrom B., Milgrom P., "Multitask Principal–Agent Analyses: Incentive Contracts, Asset Ownership, and Job Design", Journal of Law, Economics, & Organization, No. 7, 1991, p.24–52.

Hölmstrom B., "Managerial Incentive Problems: A Dynamic Perspective",

Review of Economic Studies, Vol. 66, No. 1, 1999, p.169–182.

Hortacsu A., McAdams D., "Mechanism Choice and Strategic Bidding in Divisible Good Auctions: An Empirical Analysis of the Turkish Treasury Auction Market", Journal of Political Economy, Vol. 118, No. 5, 2010, p.833–865.

Hsieh C.T., Klenow P.J., "Misallocation and Manufacturing TFP in China and India", Quarterly Journal of Economics, Vol. 124, No. 4, 2009, p.1403–1448.

Hurwicz L., "Optimality and Informational Efficiency in Resource Allocation Processes", in Arrow K. J., Karlin S., Suppes P., eds. Mathematical Social Sciences. Stanford: Stanford University Press, 1960, p.27–46.

Hurwicz L., "On Informationally Decentralized Systems", in Mcguire C.B., Radner R., eds. Decision and Organization. Amsterdam: North-Holland Press, 1972, p.297–336.

Hurwicz L., "The Design of Mechanisms for Resource Allocation", American Economic Review, Vol. 63, No. 2, 1973, p.1–30.

Ianchovichina E., Liu L., Nagarajan M., "Subnational Fiscal Sustainability Analysis: What Can We Learn from Tamil Nadu?", Economic and Political Weekly, Vol. 42, No. 52, 2008, p.111–119.

Inman R.P., "Transfers and Bailouts: Enforcing Local Fiscal Discipline with Lessons from US Federalism", in Rodden J.A., Eskeland G.S., Litvack J., eds. Fiscal Decentralization and the Challenge of Hard Budget Constraints, Cambridge: The MIT Press, 2003, p.35–59.

Jensen M.C., Meckling W.H., "Theory of the Firm–Managerial Behavior, Agency Costs and Ownership Structure", Journal of Financial Economics, Vol. 3, No. 4, 1976, p.305–360.

Jewitt I., "Information Order in Decision and Agency Problems", Nuffield College, 2007.

Jia J., Zhang Q., Zhang Q., et al., "Revenue Generation for Truthful Spectrum Auction in Dynamic Spectrum Access", Proceedings of the Tenth ACM International Symposium on Mobile ad hoc Networking and Computing, (2009), p.3–12, http: //dl.acm.org/citation.cfm?id=1530751.

Keen M.J., Kotsogiannis C., "Does Federalism Lead to Excessively High Taxes", American Economic Review, Vol. 92, No. 1, 2002, p.363-370.

Kelly T., "Generalized Knapsack Solvers for Multi-Unit Combinatorial Auctions: Analysis and Application to Computational Resource Allocation", in Faratin P., RodrI'Guez-Aguilar J.A., eds. Agent-Mediated Electronic Commerce Ⅵ Theories for and Engineering of Distributed Mechanisms and Systems, Berlin: Springer-Verlag Berlin Heidelberg, 2005, p.73-86.

Kessel R.A., "The Cyclical Behavior of the Term Structure of Interest Rates", in Guttentag J.M., Ed. Essays on Interest Rates, New York: National Bureau of Economic Research, 1971, p.337-390.

Keynes J. M., General Theory of Employment, Interest and Money, New Delhi: Atlantic Publishers & Dist, 2007, p.115-118.

Kim C.J., "Dynamic Linear Models with Markov-Switching", Journal of Econometrics, Vol. 60, No. 1-2, 1994, p.1-22.

Kim S.K., Suh Y.S., "Conditional Monitoring Policy under Moral Hazard", Management Science, Vol. 38, No. 8, 1992, p.1106-1120.

Klemperer P., "Auctions: Theory and Practice", (2004-4-5), http: //ssrn.com/abstract=491563.

Kling C.L., Zhao J.H., "On the Long-Run Efficiency of Auctioned VS. Free Permits", Economics Letters, Vol. 69, No. 2, 2000, p.235-238.

Krishna K., Tranaes T., "Allocating Multiple Units", Economic Theory, Vol. 20, No. 4, 2002, p.733-750.

Krishna V., Perry M., "Efficient Mechanism Design", (1997-4-27), http: //ssrn.com/abstract=64934.

Kroft K., "Takeup, Social Multipliers and Optimal Social Insurance", Journal of Public Economics, Vol. 92, No. 3-4, 2008, p.722-737.

Kyle A.S., "Continuous Auctions and Insider Trading", Econometrica, Vol. 53, No. 6, 1985, p.1315-1336.

Laffont J.J., Martimort D., The Theory of Incentives: The Principal-Agent Model, Princeton: Princeton University Press, 2002.

Laffont J.J., Tirole J., "Using Cost Observation to Regulate Firms", Journal of Political Economy, Vol. 94, No. 3, 1986, p.614-641.

Laffont J.J., Tirole J., "The Dynamics of Incentive Contracts", Econometrica, Vol. 56, No. 5, 1988, p.1153–1175.

Laffont J.J., Tirole J., "A Theory of Incentives in Procurement and Regulation", Cambrige: The MIT Press, 1993.

Lafontaine F., "Agency Theory and Franchising: Some Empirical Results", The RAND Journal of Economics, Vol. 23, No. 2, 1992, p.263–283.

Lal R., "Improving Channel Coordination through Franchising", Marketing Science, Vol. 9, No. 4, 1990, p.299–318.

Lall R., Hofman B., "Decentralization and the Government Deficit in China", in Roy J., Ed. Macroeconomic Management and Fiscal Decentralization, Washington, D.C.: World Bank, 1995, p.195–220.

Lambert R.A., "Long–Term Contracts and Moral Hazard", The Bell Journal of Economics, Vol. 14, No. 2, 1983, p.441–452.

Lazear E.P., Rosen S., "Rank –Order Tournaments as Optimum Labor Contracts", Journal of Political Economy, Vol. 89, No. 5, 1981, p.841–864.

Lazear E.P., "The Power of Incentives", American Economic Review, Vol. 90, No. 2, 2000, p.410–414.

Lebrun B., "Revenue Ranking of First–Price Auctions with Resale", Journal of Economic Theory, Vol. 145, No. 5, 2010, p.2037–2043.

Lewis C.M., Mody A., "The Management of Contingent Liabilities: A Risk Management Framework for National Governments", in Trwin T., Klein M., Perry G., et al., eds. Dealing with Public Risk in Private Infrastructure. Washington, D.C.: World Bank, 1997, p.131–153.

Lewis G., "Asymmetric Information, Adverse Selection and Online Disclosure: The Case of Ebay Motors", The American Economic Review, Vol. 101, No. 4, 2011, p.1535–1546.

Lin J.Y., Liu Z., "Fiscal Decentralization and Economic Growth in China", Economic Development and Cultural Change, Vol. 49, No. 1, 2000, p.1–21.

Liu L., Waibel M., "Subnational Insolvency: Cross –Country Experiences", World Bank Economic Policy Research and Debt Department, 2007.

Liu L., Waibel M., "Subnational Borrowing, Insolvency and Regulation", in

Shah A., Ed. Macro Federalism and Local Finance, Washington, D.C.: World Bank, 2008, p.215-241.

Malcomson J.M., Spinnewyn F., "The Multiperiod Principal-Agent Problem", Review of Economic Studies, Vol. 55, No. 3, 1988, p.391-407.

Malvey P.F., Archibald C.M., Flynn S.T., "Uniform-Price Auctions: Evaluation of the Treasury Experience", U.S. Treasury Report on Experiments with Uniform Price Auctions, (1997), http: //www.ustreas.gov/offices/domestic-finance/debt-management/auctions-study/final.pdf.

Mann D.P., Wissink J.P., "Money-Back Contracts with Double Moral Hazard", The RAND Journal of Economics, Vol. 19, No. 2, 1988, p.285-292.

Maskin E., Qian Y.Y., Xu C.G., "Incentives, Information, and Organizational Form", Review of Economic Studies, Vol. 67, No. 2, 2000, p.359-378.

Maskin E., Riley J., Hahn F., "Optimal Multi-Unit Auctions" in Hahn F., Ed. The Economics of Missing Markets, Information, and Games, New York: Oxford University Press, 1989, p.312-335.

Maskin E., Tirole J., "Unforeseen Contingencies and Incomplete Contracts", Review of Economic Studies, Vol. 66, No. 1, 1999a, p.83-114.

Maskin E., Tirole J., "Two Remarks on the Property-Rights Literature", Review of Economic Studies, Vol. 66, No. 1, 1999b, p.139-149.

Maskin E., Tirole J., "Public-Private Partnerships and Government Spending Limits", International Journal of Industrial Organization, Vol. 26, No. 2, 2008, p.412-420.

Maskin E., "Nash Equilibrium and Welfare Optimality", Review of Economic Studies, Vol. 66, No. 1, 1999, p.23-38.

Maskin E., "On Indescribable Contingencies and Incomplete Contracts", European Economic Review, Vol. 46, No. 4-5, 2002, p.725-733.

Maskin E., "The Theory of Implementation in Nash Equilibrium: A survey", Social Goals and Social Organization: Essays in Memory of Elisha Pazner, 1985, p.173-204.

McAfee R.P., McMillan J., "Analyzing the Airwaves Auction", The Journal of Economic Perspectives, Vol. 10, No. 1, 1996, p.159-175.

McAfee R.P., McMillan J., "Auctions and Bidding", Journal of Economic

Literature, Vol. 25, No. 2, 1987a, p.699–738.

McAfee R.P., McMillan J., "Auctions with Entry", Economics Letters, Vol. 23, No. 4, 1987b, p.343–347.

McAfee R.P., McMillan J., "Bidding Rings", American Economic Review, Vol. 82, No. 3, 1992, p.579–599.

McMillan J., "Selling Spectrum Rights", The Journal of Economic Perspectives, Vol. 8, No. 3, 1994, p.145–162.

Melumad N.D., Reichelstein S., "Centralization versus Delegation and the Value of Communication", Journal of Accounting Research, No. 25, 1987, p.1–18.

Merton R. C., Bodie Z., "Deposit Insurance Reform: A Functional Approach", Carnegie –Rochester Conference Series on Public Policy, Amesterdam: North–Holland Press, Vol. 38, 1993, p.1–34.

Michael M.L., "Business Ethics: The Law of Rules", Business Ethics Quarterly, Vol. 16, No. 4, 2006, p.475–504.

Milgrom P., Roberts J., "Limit Pricing and Entry under Incomplete Information: An Equilibrium Analysis", Econometrica, Vol. 50, No. 2, 1982a, p.443–459.

Milgrom P., Weber R.J., "A Theory of Auctions and Competitive Bidding", Econometrica, Vol. 50, No. 5, 1982b, p.1089–1122.

Milgrom P., "Auction Theory" in Truman F. Bewley ed. Advances in Economic Theory: Fifth World Congress, Cambridge: Cambridge University Press, 1987, p.1–32.

Milgrom P., "Auctions and Bidding: A Primer", Journal of Economic Perspectives, Vol. 3, No. 3, 1989, p.3–22.

Mirrlees J., "Notes on Welfare Economics, Information and Uncertainty", in Balch M., Mcfadden D., Wu S., eds. Essays on Economic Behavior under Uncertainty, Amsterdam: North–Holland Press, 1974, p.243–261.

Montinola G., Qian Y., Weingast B.R., "Federalism, Chinese Style: The Political Basis for Economic Success in China", World Politics, Vol. 48, No. 01, 1995, p.50–81.

Mookherjee D., "Optimal Incentive Schemes with Many Agents", Review of

Economic Studies, Vol. 51, No. 3, 1984, p.433–446.

Musgrave R.A., "Theory of Public Finance: A Study in Public Economy", New York: Mcgraw–Hill, 1959.

Myerson R.B., "Incentive Compatibility and the Bargaining Problem", Econometrica, Vol. 47, No. 1, 1979, p.61–74.

Myerson R.B., "Multistage Games with Communication", Econometrica, Vol. 54, No. 2, 1986, p.323–358.

Myerson R.B., "Optimal Auction Design", Mathematics of Operations Research, Vol. 6, No. 1, 1981, p.58–73.

Nalebuff B.J., Stiglitz J.E., "Prizes and Incentives: Towards A General Theory of Compensation and Competition", The Bell Journal of Economics, Vol. 14, No. 1, 1983, p.21–43.

Nikolowa R., "Mutual Monitoring versus Incentive Pay in Teams", Annals of Economics and Statistics, No. 93/94, 2009, p.161–182.

Nisan N., "Bidding and Allocation in Combinatorial Auctions", Proceedings of the 2nd ACM Conference on Electronic Commerce, (2000), http://dl.acm.org/citation.cfm? id=352872.

Nyborg K.G., Rydqvist K., Sundaresan S.M., "Bidder Behavior in Multi–unit Auctions: Evidence from Swedish Treasury Auctions", Journal of Political Economy, Vol. 110, No. 2, 2002, p.394–424.

Nyborg K.G., Sundaresan S.M., "Discriminatory versus Uniform Treasury Auctions: Evidence from When–Issued Transactions", Journal of Financial Economics, Vol. 42, No. 1, 1996, p.63–104.

Oates W.E., Fiscal Federalism, New York: Harcourt Brace Jovanovich, 1972.

Paul W.J., De Bijl, "Strategic Delegation of Responsibility in Competing Firms", (1995), https://pure.uvt.nl/portal/files/522049/33.pdf.

Pauly M.V., "Over Insurance and Public Provision of Insurance: The Roles of Moral Hazard and Adverse Selection", The Quarterly Journal of Economics, Vol. 88, No. 1, 1974, p.44–62.

Peterson G.E., "Banks or Bonds? Building a Municipal Credit Market", Washington, D.C.: The Urban Institute, 2002.

Priest G.L., "A Theory of the Consumer Product Warranty", The Yale Law

Journal, Vol. 90, No. 6, 1981, p.1297–1352.

Qian Y.Y., Barry W., "China's Transition to Markets: Market-Preserving Federalism, Chinese Style", Journal of Policy Reform, Vol.1, No. 2, 1996, p.149–185.

Qian Y.Y., "A Theory of Shortage in Socialist Economies Based on the 'Soft Budget Constraint'", The American Economic Review, Vol. 84, No. 1, 1994, p.145–156.

Rajan R.G., Zingales L., "Which Capitalism? Lessons from the East Asian Crisis", Journal of Applied Corporate Finance, Vol. 11, No. 3, 1998, p. 40–48.

Rasmusen E.B., "Explaining Incomplete Contracts as the Result of Contract-Reading Costs", Advance in Economic Analysis & Policy, Vol. 1, No. 1, 2001, p.1–39.

Reinhart V., Belzer G., "Some Evidence on Bid Shading and the Use of Information in the US Treasury's Auction Experiment", Washington, D.C.: Board of Governors of the Federal Reserve System, 1996.

Romano R.E., "Double Moral Hazard and Resale Price Maintenance", The RAND Journal of Economics, Vol. 25, No. 3, 1994, p.455–466.

Ross S.A., "The Economic Theory of Agency: The Principal's Problem", American Economic Review, Vol. 62, No. 2, 1973, p.134–139.

Rothschild M., Stiglitz J., "Equilibrium in Competitive Insurance Markets: An Essay on the Economics of Imperfect Information", The Quarterly Journal of Economics, Vol. 90, No. 4, 1976, p.629–649.

Saiegh S.M., Tommasi M., "An Incomplete-Contracts Approach to Intergovernr-mental Transfer Systems in Latin America", in Burki S.J., Perry G.E., Eid F. et al., eds. Annual World Bank Conference on Development in Latin America and the Caribbean, Washington, D.C.: World Bank, 1999, p. 127–144.

Schmidt K.M., Schnitzer M., "The Interaction of Explicit and Implicit Contracts", Economics Letters, Vol. 48, No. 2, 1995, p.193–199.

Simon D.P., "Markups, Quantity Risk, and Bidding Strategies at Treasury Coupon Auctions", Journal of Financial Economics, Vol. 35, No. 1,

1994a, p.43–62.

Simon D.P., "The Treasury's Experiment with Single–Price Auctions in the Mid–1970s: Winner's or Taxpayer's Curse?", The Review of Economics and Statistics, Vol. 76, No. 4, 1994b, p.754–760.

Shih V., Adolph C., Liu M., "Getting Ahead in the Communist Party: Explaining the Advancement of Central Committee Members in China", American Political Science Review, Vol. 106, No. 1, 2012, p.166–187.

Song J.J., Regan A., "Combinatorial Auctions for Transportation Service Procurement: The Carrier Perspective", Transportation Research Record, No. 1833, 2003, p.40–46.

Spence M., Zeckhauser R., "Insurance, Information, and Individual Action", American Economic Review, Vol. 61, No. 2, 1971, p.380–387.

Spence M., "Job Market Signaling", The Quarterly Journal of Economics, Vol. 87, No. 3, 1973, p.355–374.

Stigler G.J., "Perfect Competition, Historically Contemplated", Journal of Political Economy, Vol. 65, No. 1, 1957, p.1–17.

Teich J.E., Wallenius H., Wallenius J., et al., "A Multi–Attribute E–Auction Mechanism for Procurement: Theoretical Foundations", European Journal of Operational Research, Vol. 175, No. 1, 2006, p.90–100.

Tenorio R., "Revenue Equivalence and Bidding Behavior in A Multi–Unit Auction Market: An Empirical Analysis", The Review of Economics and Statistics, Vol. 75, No. 2, 1993, p.302–314.

Thomas J., Worrall T., "Self–Enforcing Wage Contracts", Review of Economic Studies, Vol. 55, No. 4, 1988, p.541–554.

Tiebout C.M., "A Pure Theory of Local Expenditures", Journal of Political Economy, Vol. 64, No. 5, 1956, p.416–424.

Tirole J., "Cognition and Incomplete Contracts", American Economic Review, Vol. 99, No. 1, 2009, p.265–294.

Tirole J., "Incomplete Contracts: Where Do We Stand", Econometrica, Vol. 67, No. 4, 1999, p.741–781.

Tresch R.W., Public Finance: A Normative Theory (Second Edition), London: Academic Press, 2002.

Tsao C.S., Vignola A.J., "Price Discrimination and the Demand for Treasury's Long Term Securities", Washington, D.C.: Department of Treasury, 1977.

Umlauf S.R., "An Empirical Study of the Mexican Treasury Bill Auction", Journal of Financial Economics, Vol. 33, No. 3, 1993, p.313-340.

Vickrey W., "Counter speculation, Auctions, and Competitive Sealed Tenders", Journal of Finance, Vol. 16, No. 1, 1961, p.8-37.

Wang J.D., Zender J.F., "Auctioning Divisible Goods", Economic Theory, Vol. 19, No. 4, 2002, p.673-705.

Wang Z.G., Ma L., "Fiscal Decentralization in China: A Literature Review", Annals of Economics and Finance, Vol. 15, No. 2, 2014, p.305-324.

Weingast B.R., "Second Generation Fiscal Federalism: Implications for Development", Journal of Urban Economics, Vol. 65, No. 3, 2009, p. 279-293.

Wheaton W.C., "Decentralized Welfare Provision: Is There A 'Race to the Bottom'?", (1999-2-25), http: //Ssrn.Com/Abstract=143308.

Wildasin D.E., "Nash Equilibria in Models of Fiscal Competition", Journal of Public Economics, Vol. 35, No. 2, 1988, p.229-240.

Wildasin D.E., "Interjurisdictional Capital Mobility: Fiscal Externality and A Corrective Subsidy", Journal of Urban Economics, Vol. 25, No. 2, 1989, p.193-212.

Williamson O.E., "The Theory of the Firm as Governance Structure from Choice to Contract", Journal of Economic Perspectives, Vol. 16, No. 3, 2002, p. 171-195.

Wilson R., "Auctions of Shares", The Quarterly Journal of Economics, Vol. 93, No. 4, 1979, p.675-689.

Xie D.Y., Zou H.F., Davoodi H., "Fiscal Decentralization and Economic Growth in the United States", Journal of Urban Economics, Vol. 45, No. 2, 1999, p.228-239.

Xu X.S., Levin D., Ye L.Y., "Auctions with Entry and Resale", Games and Economic Behavior, No. 79, 2013, p.92-105.

Yew S.L., Zhang J., "Optimal Social Security in A Dynastic Model with Human Capital Externalities, Fertility and Endogenous Growth", Journal of Public

Economics, Vol. 93, No. 3–4, 2009, p.605–619.

Zeckhauser R., "Medical Insurance: A Case Study of the Tradeoff between Risk Spreading and Appropriate Incentives", Journal of Economic Theory, Vol. 2, No. 1, 1970, p.10–26.

Zhang T., Zou H.F., "Fiscal Decentralization, Public Spending, and Economic Growth in China", Journal of Public Economics, Vol. 67, No. 2, 1998, p.221–240.

Zhang X.Q., Feng J., " Price Cycles in Online Advertising Auctions", Proceedings of the 26th International Conference on Information Systems (ICIS), (2005), p. 61, http://aisel.aisnet.org/icis2005/? utm_source=aisel.aisnet.org%2ficis2005%2f61&utm_medium=pdf&utm_campaign=pdfcoverpage.

Zheng C.Z., "Optimal Auction with Resale", Econometrica, Vol. 70, No. 6, 2002, p.2197–2224.

索 引

F

G

H

J

L

M

N

P

R

S

X

Y

Z

后 记

本书是我在北京大学光华管理学院进行博士后研究期间完成的。博士生涯的六年，是我一生中成长最快的时期。正是在这段时间，我较系统地学习了包括数学、经济学、金融学、管理学、哲学、历史学等在内的大量课程，结识了许多能够让我获得终生教益的良师益友。在这段时间，我静下心来，不断思考社会、人生等诸多问题，境界不断提高，思维的深度和广度得到极大的延拓。过去、现在以及未来，我都不会对这段追求真理之路感到懊悔。遗憾的只是时光匆匆！回首往昔，有太多的酸甜苦辣，难以尽述。

本书写作过程中得到以下老师的指导与帮助，谨在此深表感谢！他们分别是吴建南教授、李怀祖教授、Eric S. Maskin 教授、万迪昉教授、郭菊娥教授、Yew-Kwang Ng 教授、邹恒甫教授、周国富教授、王汝渠教授、聂辉华教授、王鲁平副教授、李双燕副教授、陈恭平研究员、阎波副教授、宫汝凯老师。同时，我的家人也给予我默默地支持，我将永远铭记在心中！

并不讳言，我有理想，也有抱负！横渠先生尝语云："为天地立心，为生民立命，为往圣继绝学，为万世开太平。"这是无数知识分子追求的"仁者气象"和"天地情怀"，自然也是我的理想。《左传·襄公二十四年》："太上有立德，其次有立功，其次有立言，虽久不废，此之谓三不朽。"我虽不才，愿以此勉励自己。对我而言，三不朽只是一个梦想。相对于立功，我更愿意在立德、立言的道路上努力。尤其是在燕园这片土地上，除了那种浓浓的家国情怀，我更希望在追求真理的道路上走得远一些，这就是我的抱负。所有关注的目光，恰似大海中的灯塔，照亮我前进的路，也给予我奋然前行的决心、力量和勇气！我将继续在追求崇高德行和真理、实现理想和抱负的道路上执着前行。

能力、工具等各方面的限制，使得书中错误、疏漏在所难免，敬请批评！

王治国

2016 年 12 月

专家推荐表

第五批《中国社会科学博士后文库》专家推荐表 1			
推荐专家姓名	黄有光	行政职务	
研究专长	中国经济问题、福利经济学与公共政策	电　　话	
工作单位	南洋理工大学	邮　　编	
推荐成果名称	基于拍卖与金融契约的地方政府自行发债机制设计研究		
成果作者姓名	王治国		

（对书稿的学术创新、理论价值、现实意义、政治理论倾向及是否达到出版水平等方面做出全面评价，并指出其缺点或不足）

我和治国相识于 2010 年 10 月，当时，我为他们班讲授 *Theoretical Frontier of Economics* 这门课程。我亲自授课，亲自改作业，亲自出考题，亲自监考和阅卷，他得了不错的分数，引起了我的关注。课程结束后，我们在一起聊了很多，包括经济学，数学，甚至宇宙学。他给我的印象是谦逊，尊敬师长，好学上进。这一点，也在我们后来的交往中得到了证实。2016 年 1 月 17 日，他给我写信，讲他在申请资助，拟将“基于拍卖与金融契约的地方政府自行发债机制设计研究”这项研究成果出版。我知道他对学问和真理的执着，很愿意为此写点什么。

2011 年，他选择地方债问题作为研究题目时，曾征求过我的意见。当时中国刚刚开始试水地方政府自行发债，开展实证研究没有数据支持；开展理论研究，难度大且并非主流，他顶着压力，完成了这个题目。首先从治学的精神上来讲是值得推崇的。为了完成这项研究，他到实业界做了认真的调研，并旁听了大量的经济学及数学课程。无论严寒酷暑，从不懈怠，他追求真理的精神，我为之感动。

在全球经济明显下行的态势下，中国经济不能独善其身，增速也在下滑，融资平台的债务风险一度几乎把中国的经济拖到“财政悬崖”。地方债务危机引发了社会各界的高度关注，自行发债成为地方政府化解增量债务风险的重要途径，被寄予厚望。中央、地方财政分权及地方官员晋升博弈的背景下，地方具有强烈的融资需求，而中央希望地方为当地提供更多的公共物品，也就是说，地方与中央的目标函数并不完全一致，进而为地方政府与银行合谋的出现提供条件。治国博士将转移支付引入经典的模型，对地方债发行时屡次出现的“利率倒挂”的成因及其对经济的影响进行了理论阐述。结论表明，地方政府为承销商提供转移支付是原因之一，社会总福利因而受到损失。为了克服现有发行机制中的政银合谋、行政干预地方债券市场化定价机制等潜在的问题，提出相应的机制设计思路，并将其模型化，研究结论为决策者选择更合理的定价机制提供了理论依据。同时，由于中央政府隐性担保的存在，地方政府往往默认中央承担“兜底”责任，任期错配的存在进一步加剧了地方官员的道德风险，一旦取得发债资格，地方政府往往会高枕无忧，拆东墙补西墙、在职消费等广泛存在，这些现象不但无助于化解增量债务风险，还可能累积新的债务风险。治国博士根据中国的现实情境构建理论模型，将中央政府的隐性担保、地方政府的道德风险纳入统一的分析框架，同时考虑了声誉效应，根据理论推导结论得出中央设计监管机制的原则。总之，这部著作勾勒出一幅地方自行发债定价机制及监管机制的框架，为国家推进地方自行发债工作提供了重要的理论支撑。

该著作结构框架安排合理，研究方法科学，引证资料翔实；写作认真、规范；文字表述准确、流畅；论点明晰；逻辑严谨，结论有力。系统地综述了国内外对该选题及相关领域发展现状与问题的研究动态，体现了治国博士独立从事科学研究的能力，研究具有重要的理论价值和现实意义，达到了国内外同类研究的前沿水平。

治国博士曾经向我请教他以后的职业选择，我建议他选择学术这条道路，虽然艰难，但从长期来看，效用是高的。从他的发展道路来看，不能说完全采纳了我的建议，至少与我期望的一致。我相信他会为学界贡献更多的知识和思想，他有这个雄心和能力。

签字：黄有光

2015 年 11 月 8 日

说明：该推荐表由具有正高职称的同行专家填写。一旦推荐书稿入选《博士后文库》，推荐专家姓名及推荐意见将印入著作。

<table>
<tr><td colspan="4">第五批《中国社会科学博士后文库》专家推荐表 2</td></tr>
<tr><td>推荐专家姓名</td><td>黄涛</td><td>行政职务</td><td>北京大学战略研究所所长</td></tr>
<tr><td>研究专长</td><td>博弈论、宏观经济模型</td><td>电　　话</td><td></td></tr>
<tr><td>工作单位</td><td>北京大学光华管理学院</td><td>邮　　编</td><td>100871</td></tr>
<tr><td>推荐成果名称</td><td colspan="3">基于拍卖与金融契约的地方政府自行发债机制设计研究</td></tr>
<tr><td>成果作者姓名</td><td colspan="3">王治国</td></tr>
</table>

（对书稿的学术创新、理论价值、现实意义、政治理论倾向及是否达到出版水平等方面做出全面评价，并指出其缺点或不足）

理论的分析和创新对于实践问题的指导有着重要意义。即使不说理论分析更为重要，无可争辩的是，近些年来它并没有获得其应得的关注。在学者们试着用实证方法努力抓住变量之间微妙而深邃的关系时，也不免忽视了其背后蕴含的一整套有机的理论构架。如果能够将理论分析提高到与实证研究相当的地位，做到两者并举，我想对于中国经济问题的研究都是大有裨益的。近些年来中国经济面临的一个持久性的难题就是地方政府债务问题。它在我们国家的政治体制、财政体制及经济发展任务的现实条件下诞生出来，并持续地成为短期甚至中期内我们经济管理和改革的一个现实问题。新的《预算法》的修订也正是针对这些问题在制度上做出的重要铺垫。

王治国博士的《基于拍卖与金融契约的地方政府自行发债机制设计研究》正是对上述两点做出的回应，让我们看到了该领域研究中的一丝新意。针对一级市场持续出现的"利率倒挂"现象、流动性不足、融资成本过高，以及二级市场的剧烈波动等现象，作者从机制设计的视角对地方债发行的定价机制和监管策略进行了研究。这些研究不仅厘清了地方政府债券发行中存在的各种问题的关键理论逻辑，也针对债券发行的定价机制做出了充分而有用的分析。特别是通过对比不同的拍卖和定价机制所对应的地方政府收入、承销商激励以及整个社会福利水平，作者给出了逻辑上较为完备的政策选择依据。紧接其后，作者还对不对称信息和隐匿行为下的金融监管问题进行了理论分析，从而与前述两项研究一同构成了一个完整的逻辑框架。这一框架的建立对我国当前地方政府债务问题的解决，甚至是对于中央和地方政府的财政关系，都有着深远的意义。

事实上，将信息经济学、激励理论以及拍卖理论等经典理论用以研究当前中国现实问题是一种值得提倡的做法，也应当成为未来中国经济问题研究的一个方向。特别是对于涉及政府行为的研究课题，这一做法尤为值得考虑。原因在于这些理论虽多产生于市场以及企业问题的研究，而政府（包括中央和多级的地方政府）本身就是一个体量庞大的组织，内生于组织的各种激励问题都可以加以利用，且我们也可将其看作市场里的一个特殊的参与者。这里的应用问题的应用细节非常值得斟酌，不可随意套用。王治国博士的研究也可看作上述做法的参与和推动。

我们期待这项研究的结果能够在未来的研究中取得新的拓展，并能应用到我国地方政府债券的发行、定价以及监管工作当中去。

签字：

2016 年 1 月 25 日